Springer-Lehrbuch

Björn Rasch
Malte Friese
Wilhelm Hofmann
Ewald Naumann

Quantitative Methoden 1

Einführung in die Statistik für Psychologen
und Sozialwissenschaftler

4., überarbeitete Auflage

Mit 86 Abbildungen und 19 Tabellen

 Springer

Prof. Dr. Björn Rasch
Universität Fribourg
Fribourg
Schweiz

Dr. Ewald Naumann
Fachbereich I – Psychologie
Universität Trier
Trier

Prof. Dr. Malte Friese
Universität des Saarlandes
Saarbrücken

Prof. Dr. Wilhelm Hofmann
Universität zu Köln
Köln

Zusätzliches Material zu diesem Buch finden Sie auf http://www.lehrbuch-psychologie.de

ISBN 978-3-662-43523-6   ISBN 978-3-662-43524-3 (eBook)
DOI 10.1007/978-3-662-43524-3

Die Deutsche Nationalbibliothek verzeichnet diese Publikation in der Deutschen Nationalbibliografie;
detaillierte bibliografische Daten sind im Internet über http://dnb.d-nb.de abrufbar.

Planung: Joachim Coch, Heidelberg
Projektmanagement: Judith Danziger, Heidelberg
Lektorat: Stefanie Teichert, Itzehoe
Projektkoordination: Heidemarie Wolter, Heidelberg
Umschlaggestaltung: deblik Berlin
Fotonachweis Umschlag: © PIKSEL/iStock/Thinkstock
Herstellung: Fotosatz-Service Köhler GmbH – Reinhold Schöberl, Würzburg

Springer Verlag ist Teil der Fachverlagsgruppe Springer Science+Business Media
www.springer.com

Vorwort zur 4. Auflage

Wir freuen uns, mit der 4. Auflage eine überarbeitete Fassung der Bücher Quantitative Methoden vorlegen zu können. Deutlich sichtbar wurde das Layout der Bücher verändert und an das gemeinsame Layout der Springer-Bücher für das Bachelorstudium angepasst. Die Umstellung auf das neue Layout hat für den Inhalt der Bücher natürlich keine Konsequenzen. Allerdings mussten wir aus Platzgründen die Formelsammlung und das Glossar in das Internet auslagern. Wir hoffen, dass Sie als unsere geschätzten Leserinnen und Leser sich diese Dokumente herunterladen und ausdrucken können.

Die Umstellung des Layouts geht neben der ansprechenden Optik mit weiteren Vorteilen einher. Unser Buch ist nun auch in mehreren elektronischen Versionen erhältlich und kann auf verschiedenen E-Book-Readern gelesen werden. Zusätzlich haben wir zusammen mit dem Springer-Verlag das im Internet verfügbare Material zu diesem Buch ergänzt:

- Im Online-Lerncenter zu diesem Buch können Sie über virtuelle **Lernkarten** die Bedeutung verschiedener Begriffe und Definitionen selbstständig einüben und sich selber abfragen.
- Ganz neu haben wir für diese Auflage zu zahlreichen Formeln, Verteilungen etc. kurze **Lernvideos** erstellt: Formeln können besser verstanden werden, wenn sie nicht nur abgedruckt, sondern in einem Video Schritt für Schritt erläutert werden.
- Als weitere ganz wichtige Ergänzung freuen wir uns sehr, dass Herr Prof. Karsten Rincke von der Universität Regensburg umfangreiche **Begleitmaterialien zu diesem Buch für das Statistikprogramm R** erarbeitet hat. Wir möchten uns bei ihm an dieser Stelle ganz herzlich für seinen Einsatz und das hervorragende Produkt bedanken.
- Ebenfalls auf der Website befinden sich die bereits zuvor verfügbaren, umfangreichen Zusatztexte **SPSS-Ergänzungen, G*Power-Ergänzungen** sowie zur Übung konkrete **Datensätze etc.**
- Neu in der 4. Auflage: Es befinden sich nun auch die Formelsammlung sowie das Glossar mit den wichtigsten Definitionen auf der Website.

All diese Zusatzmaterialien finden Sie zusammen mit den Zusatzmaterialien von anderen Lehrbüchern des Springer-Verlags auf **http://www.lehrbuch-psychologie.de.** – Sie finden dort die Materialien, wenn Sie auf dieser Seite auf dem Buchcover klicken.

Bei der Erstellung der 4. Auflage haben wir Hilfe von verschiedenen Seiten bekommen, für die wir uns sehr herzlich bedanken möchten. Vor allem möchten wir uns für die Korrekturanmerkungen unserer Leserinnen und Leser bedanken. Herr Julius Frankenbach hat uns bei der Überarbeitung der ergänzenden Dateien im Internet zu SPSS und G*Power unterstützt. Einen großen Dank möchten wir dem Team des Springer-Verlags aussprechen, das die Umsetzung des neuen Layouts übernommen hat und unser Buch damit fit für zukünftige Anforderungen und Erweiterungen gemacht hat. Dieser Dank gilt neben der Lektorin Stefanie Teichert, Frau Judith Danziger und Herrn Michael Barton insbesondere Herrn Joachim Coch vom Springer-Verlag für seine vielen guten Ideen, sein Engagement und seine wertschätzende Betreuung dieses Projektes.

Sie als Leserinnen und Leser möchten wir auffordern, uns Ihre Kritik und Ihr Lob an diesen Büchern weiterhin mitzuteilen (Kontakt über http://www.lehrbuch-psychologie.de). Ihre Rückmeldungen sind bei der Gestaltung der Bücher für uns sehr wertvoll.

Fribourg (CH)/Saarbrücken/Köln/Trier, im April 2014
Björn Rasch, Malte Friese, Wilhelm Hofmann, Ewald Naumann

Vorwort und Einleitung

Liebe Studierende der Sozialwissenschaften!

Herzlich willkommen im Studium der Psychologie, Pädagogik oder Soziologie. Sie haben sich für eine sozialwissenschaftliche Disziplin entschieden und wahrscheinlich hatten Sie für diese Entscheidung ebenso viele unterschiedliche Beweggründe, wie es inhaltliche Facetten Ihres Faches gibt. Einige von Ihnen werden sich für die eher anwendungsorientierten Gebiete interessieren, einige eher für die Grundlagenforschung und das wissenschaftliche Arbeiten. Im Grundstudium wird Ihnen hauptsächlich die Fähigkeit, wissenschaftlich zu denken und zu arbeiten vermittelt. Dazu gehört natürlich das Wissen um den aktuellen inhaltlichen Erkenntnisstand Ihrer Disziplin, aber auch das Wissen um die Art und Weise, wie man zu diesen Erkenntnissen gelangt: die Forschungsmethoden.

Warum Forschungsmethoden in den Sozialwissenschaften?

Die Bedeutung von Forschungsmethoden ist in allen wissenschaftlichen Disziplinen zentral. Inhaltliche Theorien und Hypothesen wären gehaltlos, wenn man nicht zeigen könnte, dass es tatsächlich stichhaltige, beobachtbare Fakten gibt, die für oder gegen diese Theorien und Hypothesen sprechen. In den Sozialwissenschaften ist ein fundiertes Methodenwissen häufig von noch größerer Relevanz als in den klassischen Naturwissenschaften: Während Physiker, Biologen, Chemiker usw. relativ leicht mithilfe empirischer (d. h. beobachtbarer) Experimente ihre inhaltlichen Hypothesen testen können, stehen die Sozialwissenschaftler oft genug vor dem Problem, dass sich das, was untersucht werden soll, nicht so einfach untersuchen lässt.

Nehmen Sie einmal an, Sie testen die Intelligenz von einigen Frauen und Männern und stellen fest, dass Frauen im Durchschnitt ein wenig intelligenter sind. Aber können Sie daraus schließen, dass dies für alle Frauen und Männer in Deutschland gilt? Oder müssten Sie dafür erst alle Menschen testen? Dies würde einen unglaublichen Aufwand erfordern. Sie werden in diesem Buch Methoden kennenlernen, mit denen Sie statistisch bewerten können, inwieweit Sie Ihre Ergebnisse verallgemeinern dürfen.

Mit der Methodik des wissenschaftlichen Arbeitens stehen und fallen ganze Theorien. Deshalb ist ein fundiertes Wissen über das methodische Repertoire unentbehrlich und das ist auch der Grund, weshalb der methodischen Ausbildung in Ihrem Studium so viel Platz eingeräumt wird.

Keine Angst vor der Statistik!

Die erste Veranstaltung dieser Art beschäftigt sich in der Regel mit einer Einführung in die Statistik. Grob gesagt geht es um die Frage, wie man mit empirisch gewonnenen Daten umgeht, wie man sie darstellt, wie man sie auswertet, wie man das Ergebnis dieser Auswertung interpretiert. Vielleicht kennen Sie den folgenden Satz von Ihren Kommilitonen oder sogar von sich selbst: »Vor Statistik graut‹s mir am meisten..., in Mathe war ich noch nie so gut!«. Dazu ein paar aufmunternde Worte: Als Autoren dieses Buches und als Forscher glauben wir, dass es für Sozialwissenschaftler nicht zwingend notwendig ist, die Mathematik hinter jedem wichtigen Verfahren zu beherrschen, um methodisch kompetent zu arbeiten. Es genügt unseres Erachtens, die einzelnen Verfahren zu kennen und zu wissen, für welche Fragestellungen sie geeignet sind, wie sie durchgeführt werden und v. a., wie man ihre Ergebnisse inhaltlich interpretiert. Daher verzichten wir in diesem Buch auf einen allzu tiefen Einstieg in mathematische Beweise, Formeln und Theorien. Das Ziel ist nicht, dass Sie nach der Lektüre Formeln herleiten oder beweisen können. Die Mathematik ist nur der Handwerkskoffer, den Sie als Forscher mit sich herumtragen, die Methoden nur das Werkzeug. Das, worum es eigentlich geht, sind sozialwissenschaftliche Inhalte.

Ohnehin wird es durch die aktuellen und benutzerfreundlichen Computerprogramme (z. B. SPSS) eher die Ausnahme als die Regel sein, dass Sie eine Datenauswertung überhaupt noch einmal »per Hand« machen müssen. Meist bedarf es nur eines Mausklicks und blitzschnell liegt Ihnen die Auswertung von riesigen Datenmengen vor. Die Zeiten, in denen man sich als Sozialwissenschaftler selbst einen Nachmittag mit dem Taschenrechner im Büro einschließen musste, sind endgültig vorbei. Infolgedessen kann es auch nicht mehr das Lernziel eines Studierenden der Sozialwissenschaften sein, Formeln auswendig zu lernen. Stattdessen sollte Ihnen die Fähigkeit vermittelt werden zu erkennen, bei welcher inhaltlichen Fragestellung welches Auswertungsverfahren angemessen ist. Das Rechnen überlassen wir dann dem Computer. Die vorhandenen Programme sind präzise und schnell, ersetzen aber in keiner Weise Ihre methodische Kompetenz.

Bei den »Quantitativen Methoden« geht es also nur sehr selten um echte Mathematik. Wir wollen mit diesem Lehrbuch die Basis für ein methodisches Expertenwissen legen, welches Ihnen erlauben wird, inhaltliche Fragestellungen mithilfe einer geeigneten Methode zu bearbeiten. Gleichzeitig sollen Sie lernen, bei der Lektüre sozialwissenschaftlicher Literatur zu hinterfragen, ob andere Wissenschaftler diese Schritte auf eine angemessene Weise realisiert haben und deren Aussagen auf einer sauberen Methodik fußen.

Das vorliegende Buch ist als Einführung in die Statistik gedacht. Es widmet sich einigen grundlegenden statistischen Verfahren, die in der Forschungspraxis sehr häufig eingesetzt werden. Im Gegensatz dazu behandelt z. B. das Lehrbuch von Bortz und Schuster (2010) etliche Themen und Verfahren, die über den Fokus dieser Einführung hinausgehen. »Der Bortz« bietet eine detaillierte Beschreibung der mathematischen Hintergründe, auf die wir an den gegeben Stellen verweisen werden. Als Nachschlagewerk und für die weitere methodische Ausbildung möchten wir die Anschaffung eines solchen umfangreichen Lehrbuches dringend empfehlen. Das vorliegende Werk kann und möchte einen solchen Anspruch auf Vollständigkeit nicht erfüllen. Vielmehr wollen wir mit diesem Buch Studierenden den Einstieg in die häufig gefürchtete Statistik der Sozialwissenschaften erleichtern.

Aufbau und Benutzung des Buches

»Quantitative Methoden« liegt in zwei Bänden vor. Band 1 behandelt die Deskriptiv- und Inferenzstatistik sowie die Verfahren des *t*-Tests und der Korrelation bzw. Regression. Band 2 geht auf die Varianzanalyse ein sowie auf einige Verfahren für rang- und nominalskalierte Daten.

Die einzelnen Kapitel haben stets die gleiche Struktur: Nach der Vorstellung der Lernziele für das jeweilige Kapitel folgt eine allgemeine Einleitung, die das Kapitel in groben Zügen vorstellt. Danach folgen in klarer Gliederung die einzelnen inhaltlichen Abschnitte. An manchen Stellen finden Sie kleine Zusammenfassungen nach einzelnen Unterkapiteln; am Ende jedes Kapitels folgen eine umfassendere Zusammenfassung und Übungsaufgaben.

Im Anhang des ersten Bandes finden Sie eine Sammlung der wichtigsten Tabellen und ergänzend im Internet auf http://www.lehrbuch-psychologie.de eine Formelsammlung sowie ein Glossar mit kurzen Erklärungen der wichtigsten Fachtermini.

Dem Layout dieses Buches und der verwendeten Sprache liegen umfangreiche Vorarbeiten zugrunde. Unser Ziel war es, die wesentlichen Inhalte der Statistik für Sozialwissenschaftler didaktisch und strukturell anspruchsvoll aufzuarbeiten. Mithilfe von psychologischer, pädagogischer und sprachwissenschaftlicher Fachliteratur erarbeiteten wir Kriterien für eine optimale Textverständlichkeit und maximalen Lernerfolg. Ein ganz wesentlicher Bestandteil des Konzeptes liegt, neben anderen, in der Erreichung eines mittleren Schwierigkeitsgrades der Textpassagen. Mithilfe vieler Querverweise und Rekapitulationen versuchen wir auf übergreifende Zusammenhänge auch zwischen den Kapiteln aufmerksam zu machen. Schließlich unterstreichen die zahlreichen Hinweise auf praktische Anwendungsmöglichkeiten das Anliegen dieses Buches: die Vermittlung eines guten Verständnisses der statistischen Grundlagen, die für die praktische Arbeit als Sozialwissenschaftler unentbehrlich sind. Frei nach dem Grundsatz: So wenig Mathematik wie möglich, so viel wie nötig.

Beispieldatensatz

Als eines von mehreren didaktischen Hilfsmitteln in diesem Buch dient ein Beispieldatensatz, der immer wieder auftauchen wird. Dem Datensatz liegt ein psychologisches Experiment zugrunde, das wir an dieser Stelle zum besseren Verständnis kurz erläutern.

Die theoretische Grundlage des Versuchs liegt in der Levels-of-Processing-Theorie von F. Craik und R. S. Lockhart (1972), einem theoretischen Ansatz, der sich mit dem Prozess der Aneignung von Gedächtnisinhalten befasst. Diesem Ansatz zufolge sollten Reize, die »tiefer« verarbeitet werden,

Deskriptive Statistiken

Abhängige Variable: Gesamtzahl erinnerter Adjektive

Geschlecht		Verarbeitungsbedingung			
		strukturell	bildhaft	emotional	Gesamt
männlich	Mittelwert	6,3750	10,0667	10,7143	9,1923
	Standardabweichung	2,8954	3,6148	4,0143	4,0051
	N	16	15	21	52
weiblich	Mittelwert	7,5882	11,4000	12,9655	10,5408
	Standardabweichung	3,2485	4,3332	4,1532	4,4978
	N	34	35	29	98
Gesamt	Mittelwert	7,2000	11,0000	12,0200	10,0733
	Standardabweichung	3,1623	4,1404	4,2064	4,3675
	N	50	50	50	150

■ **Abb. 1** Gesamtzahl erinnerter Adjektive im Beispielexperiment

später auch wieder besser erinnert werden. Die Tiefe der Verarbeitung kann durch entsprechende Instruktionen an die Versuchspersonen variiert werden. In diesem Experiment wurden Adjektive dargeboten, die »strukturell«, »bildhaft« und »emotional« verarbeitet werden sollten. Die Instruktionen hierzu lauteten:

▬ Strukturell: »Lesen Sie das Wort, das Ihnen dargeboten wird, und schreiben Sie dann möglichst schnell auf, aus wie vielen Konsonanten und Vokalen das Wort besteht.«
▬ Bildhaft: »Lesen Sie das Wort, das Ihnen dargeboten wird, und beurteilen Sie dann möglichst schnell auf einer Skala von 1 bis 7, wie leicht das Wort ein mentales Bild erzeugt.«
▬ Emotional: »Lesen Sie das Wort, das Ihnen dargeboten wird, und beurteilen Sie dann möglichst schnell auf einer Skala von 1 bis 7, wie stark der emotionale Gehalt dieses Wortes ist.«

Einen oberflächlichen »Level« der Verarbeitung erreicht die »strukturelle« Verarbeitungsbedingung, weil die Versuchspersonen beim Zählen der Konsonanten und Vokale die inhaltliche Bedeutung des Wortes weniger beachten. Die »bildhafte« und die »emotionale« Verarbeitung hingegen stellen einen tieferen »Level« dar, weil es hier auf die inhaltliche Bedeutung des Wortes ankommt: Wenn man sich mit dem Inhalt eines Wortes auseinandersetzen muss, verarbeitet man das Wort eben »tiefer« und die Wahrscheinlichkeit, dass es einem später wieder einfällt, ist größer.

Jeweils 50 Personen bildeten eine Versuchsbedingung, es nahmen also insgesamt 150 Personen an dem Experiment teil. Ihnen wurden sechzig Adjektive jeweils zwei Sekunden lang dargeboten. Nach etwa 20 Minuten wurden die Versuchspersonen aufgefordert, die zuvor dargebotenen Wörter frei zu erinnern. Zum Zeitpunkt der Präsentation der Wörter wussten sie allerdings nicht, dass sie diese zu einem späteren Zeitpunkt reproduzieren sollten. Die Ergebnisse sind in ■ Abb. 1 dargestellt, unterteilt nach den drei Verarbeitungsbedingungen und nach dem Geschlecht.

Der gesamte Datensatz kann unter http://www.lehrbuch-psychologie.de kostenlos als SPSS-Datei heruntergeladen werden. Damit können Sie die Beispielrechnungen im Buch eigenständig durchführen und Ihre Ergebnisse mit denen aus dem Buch vergleichen. Wir können Ihnen das praktische Arbeiten mit dem Datensatz nur ans Herz legen, denn das ist die beste Art, ein methodisches Verständnis zu entwickeln und zu vertiefen.

Danksagungen

Bei der Verwirklichung dieses Projektes haben uns eine Reihe von Personen und Institutionen unterstützt, denen wir an dieser Stelle herzlich danken möchten. Dazu gehört die Universität Trier, die sich zweimal mit Fördermitteln aus dem Topf »Verbesserung der Lehre« engagierte. Mario Gollwitzer danken wir dafür, uns mit seinen Tutorien und seinem Skript an die Statistik für Psychologen herangeführt zu haben. Als inhaltliche Ratgeber unterstützten uns Matthias Blümke, Klaus-Dieter Horlacher, Martin Neumann, Manfred Schmitt und Christian Unkelbach. Unser Dank gilt weiterhin dem Springer-Verlag, besonders Frau Svenja Wahl für die freundliche Zusammenarbeit.

An dieser Stelle bleibt uns nur noch, Sie als Leser oder Leserin aufzufordern, uns Ihre positiven wie negativen Erfahrungen mit diesem Buch mitzuteilen. Lassen Sie uns Ihre Meinung, Anmerkungen und Kommentare wissen und sparen Sie nicht mit konstruktiver Kritik. Nur auf diese Weise kann dieses Buch seinen Anspruch erfüllen, sich stetig zu verbessern und kommenden Generationen von Studierenden einen sicheren Pfad in die Statistik zu weisen.

Trier/Heidelberg, im Februar 2004
Björn Rasch, Malte Friese, Wilhelm Hofmann, Ewald Naumann
Kontakt und Informationen auf http://www.lehrbuch-psychologie.de

Inhaltsverzeichnis

Anhang

Autoren

Prof. Dr. Björn Rasch
Kognitive Biopsychologie und Methoden
Universität Fribourg
Rue P.-A-de-Faucigny 2
CH-1701 Fribourg

Prof. Dr. Malte Friese
Arbeitseinheit Sozialpsychologie
Universität des Saarlandes
Fachrichtung Psychologie
Campus A2 4
D-66123 Saarbrücken

Prof. Dr. Wilhelm Hofmann
Social and Economic Cognition
Department Psychologie
Universität zu Köln
Richard-Strauss-Str. 2
D-50931 Köln

Dr. Ewald Naumann
Psychophysiologisches Labor
Fachbereich I – Psychologie
Universität Trier
Universitätsring
D-54286 Trier

1 Deskriptive Statistik

Björn Rasch, Malte Friese, Wilhelm Hofmann, Ewald Naumann

B. Rasch et al., *Quantitative Methoden 1*,
DOI 10.1007/978-3-662-43524-3_1, © Springer-Verlag Berlin Heidelberg 2014

Lernziele

- Wie sind empirische Daten typischerweise in einem Statistikprogramm wie SPSS organisiert und dargestellt?
- Mit welchen typischen Diagrammen lassen sich statistische Daten deskriptiv gut darstellen?
- Was sind die vier häufigsten Skalentypen? Was sind ihre Gemeinsamkeiten und Unterschiede?

- Was sind die wichtigsten Maße der zentralen Tendenz und wie lassen sie sich berechnen?
- Was sind gängige Dispersionsmaße und wie lassen sie sich berechnen?
- Was ist der Unterschied zwischen Stichprobe und Population?
- Was ist mit einer »Standardisierung« von Daten gemeint und wofür ist sie vorteilhaft?

Die deskriptive Statistik beschäftigt sich mit der Organisation, Darstellung und Zusammenfassung von Daten, um sie übersichtlich und für den Betrachter leicht fassbar zu machen. Zu diesen Zwecken bedient sie sich verschiedener Mittel wie Tabellen und Diagrammen (► Abschn. 1.1). Grafische Darstellungen haben die Fähigkeit, komplexe Zusammenhänge schnell und einfach verständlich zu machen. Auf der anderen Seite sind mit ihrer Anwendung eine Reihe von Problemen verbunden. Mit der Einführung verschiedener Skalentypen ebnet ► Abschn. 1.2 den Weg zu einem qualifizierten Umgang mit Daten. Das Zusammenfassen von Daten geschieht mittels verschiedener mathematischer Kennwerte (► Abschn. 1.3). Sie bilden die Grundlage für viele weitere statistische Konzepte. Zum Abschluss des Kapitels werden wir uns mit der Standardisierung von Daten beschäftigen, die ein unverzichtbares Instrument für jeden empirischen Sozialwissenschaftler darstellt.

Dieses erste Kapitel bildet das Fundament für alle folgenden Fragestellungen. Die Einfachheit einiger der hier behandelten Probleme sollte aber nicht Anlass dazu geben, die Wichtigkeit der Materie zu unterschätzen. Je besser und tief gehender Ihr Ver-

1

ständnis dieses Kapitels sein wird, desto leichter wird Ihnen auch die Beschäftigung mit den folgenden, etwas weniger trivialen Konzepten fallen.

1.1   Organisation und Darstellung von Daten

Die systematische Darstellung gesammelter Daten ermöglicht deren Auswertung.

Die anschauliche Darstellung von Daten ermöglicht eine systematische Betrachtung der Werte und erlaubt erste Schlüsse ohne komplizierte statistische Verfahren. Die Grundlage des folgenden Kapitels bildet ein psychologischer Gedächtnistest, der in der Einleitung bereits ausführlich erläutert wurde. Nach der Durchführung eines solchen Tests erhalten wir eine große Menge Rohdaten, die in dieser Form wenig Aussagekraft besitzt. Im Folgenden geht es darum, diese Datenmenge zu strukturieren, um sie tabellarisch wie grafisch darstellen zu können. Zunächst werden wir das der Einfachheit halber für eine kleine Auswahl von $N = 10$ Versuchspersonen aus dem Gedächtnisexperiment tun. Der gesamte Datensatz wird erst ab ► Kap. 2 zur Anwendung kommen.

1.1.1   Aufbereitung von Messdaten

Dieser Unterpunkt beschäftigt sich mit der tabellarischen Darstellung von Daten. Sie stellt normalerweise den ersten Schritt nach einer Datenerhebung dar.

Datenmatrix

Datenmatrizen werden z. B. mittels des Computerprogramms SPSS hergestellt.

In einer Datenmatrix werden allen gesammelten Informationen Zahlen zugeordnet. Dies geschieht z. B. mittels des Computerprogramms SPSS. Bei der Erstellung einer Datenmatrix in SPSS sieht der Computerbildschirm aus wie das folgende Datenfenster, in dem die Daten von 10 Versuchspersonen eingetragen sind (◘ Abb. 1.1). Die erste Zeile zeigt die verschiedenen erfassten Variablen in abgekürzter Form. Dies sind im Einzelnen:

- »sex«: Geschlecht
- »alter«: Alter
- »bed«: Verarbeitungsbedingung
- »negativ«: Anzahl erinnerter negativer Adjektive
- »neutral«: Anzahl erinnerter neutraler Adjektive
- »positiv«: Anzahl erinnerter positiver Adjektive
- »ges«: Gesamtzahl erinnerter Adjektive

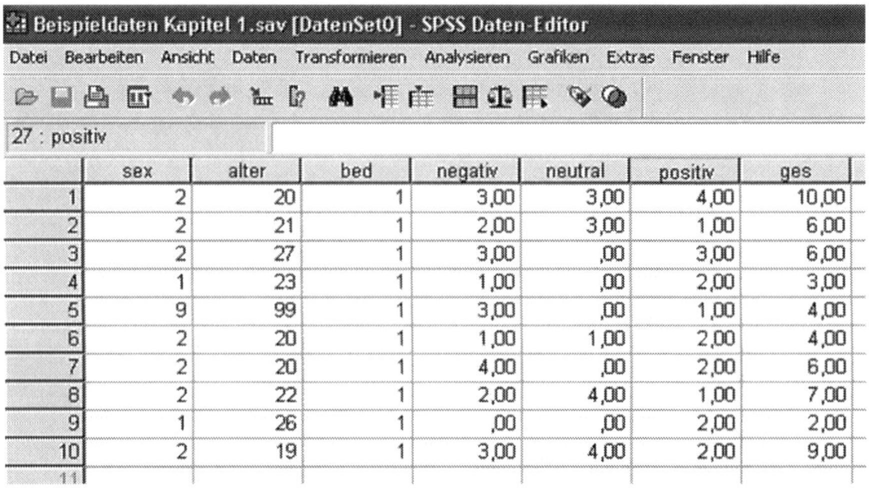

Beispieldaten Kapitel 1.sav [DatenSet0] - SPSS Daten-Editor

Datei   Bearbeiten   Ansicht   Daten   Transformieren   Analysieren   Grafiken   Extras   Fenster   Hilfe

27 : positiv

	sex	alter	bed	negativ	neutral	positiv	ges
1	2	20	1	3,00	3,00	4,00	10,00
2	2	21	1	2,00	3,00	1,00	6,00
3	2	27	1	3,00	,00	3,00	6,00
4	1	23	1	1,00	,00	2,00	3,00
5	9	99	1	3,00	,00	1,00	4,00
6	2	20	1	1,00	1,00	2,00	4,00
7	2	20	1	4,00	,00	2,00	6,00
8	2	22	1	2,00	4,00	1,00	7,00
9	1	26	1	,00	,00	2,00	2,00
10	2	19	1	3,00	4,00	2,00	9,00
11							

◘ **Abb. 1.1** Datenfenster SPSS

Die erste Spalte teilt den Versuchspersonen fortlaufende Nummern zu. Alle Versuchspersonen haben hier die Adjektive strukturell verarbeitet (bed = 1).

Kodierung

Um alle erhobenen Daten in einer Matrix wiedergeben zu können, ist es notwendig, den unterschiedlichen Ausprägungen der Variablen Zahlen zuzuordnen. Dies ist immer dann einfach, wenn eine der Variablen in der Untersuchung sowieso aus Zahlen besteht, wie bei der Variable »Alter«. Anders verhält es sich bei Variablen wie z. B. »Geschlecht«, dessen Ausprägungen erst »kodiert« werden müssen. Eine Kodierung könnte folgendermaßen aussehen:

Variable: Geschlecht	Ausprägungen:	männlich	= 1
		weiblich	= 2
Variable: Verarbeitungsbedingung	Ausprägungen:	strukturell	= 1
		bildhaft	= 2
		emotional	= 3

> Verschiedene Variablen müssen erst kodiert werden, bevor sie in einer Datenmatrix verarbeitet werden können.

Fehlende Werte

Warum steht in der Datenmatrix bei Versuchsperson Nr. 5 unter »sex« eine Neun? Bei einer Datenerhebung schleichen sich immer wieder Fehler ein, die ganz unterschiedliche Ursachen haben können: Jemand schaut bei seinem Nachbarn ab, jemand kannte die Untersuchung schon, ein anderer hat keine Lust und füllt die Fragebögen gar nicht oder nur unvollständig aus. Letzteres war offensichtlich bei Versuchsperson Nr. 5 der Fall: Sie hat an dem Gedächtnisexperiment teilgenommen, aber keine oder eine nicht eindeutige Geschlechts- und Altersangabe gemacht. Die vorhandenen Daten (die Anzahl erinnerter Adjektive) sind in diesem Fall aber trotzdem verwertbar. Es wäre möglich, dieses Feld einfach frei zu lassen. SPSS würde das leere Feld dann als einen fehlenden Wert erkennen. Allerdings sind solche fehlenden Werte leichter im Datensatz zu erkennen, wenn sie durch bestimmte Zahlen gekennzeichnet sind. In SPSS gibt es in der Variablenansicht die Möglichkeit, bestimmte Zahlen oder ganze Wertebereiche als fehlende Werte zu definieren. Diese Kodierung erfolgt mit Zahlen, die außerhalb des Wertebereichs liegen. Unsere vollständige Kodierung für die Variable »Geschlecht« sieht also wie folgt aus:

> Zahlen außerhalb des Wertebereichs markieren fehlende Werte.

Variable: Geschlecht	Ausprägungen:	männlich	= 1
		weiblich	= 2
		fehlend	= 9

Analog verhält es sich mit der Variable »Alter«. Per Konvention kennzeichnen die Zahlen neun, 99 etc. fehlende Werte, sofern sie außerhalb des Wertebereichs liegen. Zu beachten ist, dass eine null unter »neutral« bei Versuchsperson Nr. 5 keineswegs einem »leeren Feld« entspricht, denn die null ist ja Teil des Wertebereichs: Die Versuchsperson hat kein einziges neutrales Adjektiv erinnert.

> Fehlende Werte werden meist mit 9 oder 99 gekennzeichnet.

1.1.2 Organisation von Daten

Eine Datenmatrix wie die aus dem ▶ Abschn. 1.1.1 ist eine Möglichkeit der tabellarischen Darstellung von erhobenen Daten. Durch diese Art der Darstellung lassen sich die Charakteristika jeder einzelnen Versuchsperson erkennen. Allerdings gibt es noch andere Perspektiven, die Daten zu betrachten: So kann die Frage interessieren, wie häufig z. B. zwei oder sechs Wörter erinnert wurden. Eine sogenannte Häufigkeitsverteilung ist dafür die geeignete Darstellungsmethode (◘ Abb. 1.2). Das Programm SPSS bietet solche Häufigkeitstabellen an. Sie sind zu erzeugen über den Menüpunkt »Analysieren« → »Deskriptive Statistiken« → »Häufigkeiten«. Das Programm erstellt die

1

□ Abb. 1.2 SPSS-Tabelle
(Häufigkeitsverteilung)

Gesamtzahl erinnerter Wörter

		Häufigkeit	Prozent	Gültige Prozente	Kumulierte Prozente
Gültig	2,00	1	10,0	10,0	10,0
	3,00	1	10,0	10,0	20,0
	4,00	2	20,0	20,0	40,0
	6,00	3	30,0	30,0	70,0
	7,00	1	10,0	10,0	80,0
	9,00	1	10,0	10,0	90,0
	10,00	1	10,0	10,0	100,0
	Gesamt	10	100,0	100,0	

gewünschten Tabellen von allen Variablen, die aus der links abgebildeten Liste aller Variablen in das rechte Feld »Variable(n)« bewegt wurden.

Aus dieser Darstellung ist nicht mehr ersichtlich, welche Ergebnisse eine einzelne, konkrete Versuchsperson erzielt hat. Stattdessen sind hier die Ergebnisse der Gesamtgruppe aller Versuchspersonen besser zu erkennen.

Absolute Häufigkeit

Die erste Spalte zeigt die Anzahl erinnerter Adjektive an, »Häufigkeit« die entsprechende absolute Häufigkeit dieser Anzahl. So wurden genau sechs Wörter von insgesamt drei Versuchspersonen erinnert.

Prozent und gültige Prozente

Die dritte Spalte »Prozent« dokumentiert die Prozentwerte der Häufigkeiten, ebenso wie die Spalte »Gültige Prozente«. Sie ist nur dann von Interesse, wenn einzelne Werte ungültig sind.

Kumulierte Prozente

Schließlich addiert die letzte Spalte »Kumulierte Prozente« diese Prozentwerte auf (kumulieren = anhäufen). Werden alle erhobenen Daten berücksichtigt, summieren sich die Prozentwerte zu 100 auf.

Absolute Häufigkeit f_k

Die Abkürzung f_k (für frequency) bezeichnet die absolute Häufigkeit eines Werts k. Laut □ Abb. 1.2 ist die absolute Häufigkeit des Werts sechs gleich drei, also $f_{k=6} = 3$. Das bedeutet, dass drei Personen je sechs Adjektive erinnert haben.

Die relative Häufigkeit ist definiert als die absolute Häufigkeit f_k dividiert durch den Stichprobenumfang n, also:

$$f_{rel_k} = \frac{f_k}{n}$$

Relative Häufigkeit f_{rel_k}
Prozentuale Häufigkeit $\%_k$

Die relative Häufigkeit des Werts sechs ist demnach 0,3.

Durch Multiplikation der relativen Häufigkeit mit 100 ergibt sich die prozentuale Häufigkeit, abgekürzt $\%_k$:

$$\%_k = f_{rel_k} \cdot 100\%$$

30 % der Personen haben sechs Wörter erinnert.

Welchen Nutzen hat eine solche Häufigkeitsverteilung? Sie gestattet Aussagen wie: »Sechs oder weniger Adjektive wurden von 70 % der Versuchspersonen erinnert.« oder »20 % der Versuchspersonen erinnerten mehr als sieben Wörter.« Weiterhin ist ersichtlich, dass Werte von zehn Versuchspersonen erhoben wurden, die zwischen zwei und zehn Adjektiven erinnerten. Fragestellungen wie diese sind in den empirischen Sozialwissenschaften häufig von Bedeutung.

1.1.3 Darstellung von Daten

Die grafische Darstellung von Daten ist noch wesentlich anschaulicher als eine Tabelle allein, obwohl sie keinerlei neue Information enthält. Je nach Art der Variable, die wiedergegeben werden soll, gibt es verschiedene Möglichkeiten der Repräsentation.

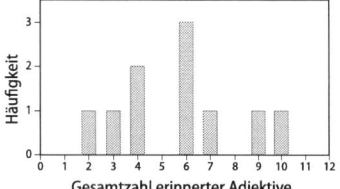

◘ **Abb. 1.3** Absolute Häufigkeiten in einem Histogramm

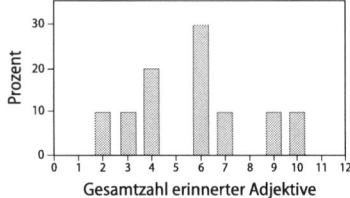

Abb. 1.4 Prozentuale Häufigkeiten

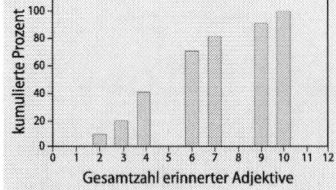

◘ **Abb. 1.5** Kumulierte prozentuale Häufigkeiten

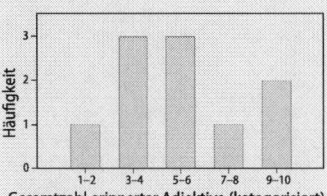

◘ **Abb. 1.6** Kategorisierung

Das Histogramm

In einem Histogramm (Säulendiagramm) sind die Häufigkeiten der Messwerte abzulesen. Auf der Abszisse (x-Achse) werden die Ausprägungen der Variablen oder deren Kategorien abgetragen, auf der Ordinate (y-Achse) wird die Häufigkeit dieser Ausprägungen angezeigt.

In dem Histogramm in ◘ Abb. 1.3 sind die absoluten Häufigkeiten abgetragen. Es stellt das grafische Äquivalent zu der Spalte »Frequency« der SPSS-Häufigkeitsverteilung (◘ Abb. 1.2) dar.

Doch auch alle weiteren Spalten lassen sich grafisch zum Ausdruck bringen. In ◘ Abb. 1.4 sind auf der Ordinate nicht mehr die absoluten, sondern die prozentualen Häufigkeiten abgetragen.

Das Histogramm in ◘ Abb. 1.5 bildet die kumulierten prozentualen Häufigkeiten ab. Bei Berücksichtigung aller Werte erreicht die letzte Säule dabei 100 %.

In ◘ Abb. 1.6 sind jeweils zwei mögliche Ausprägungen zu einer Kategorie zusammengefasst. Eine solche Vorgehensweise kann in verschiedenen Fällen sinnvoll sein, wenn die Datenstruktur vereinfacht werden soll oder wenn Aussagen über Bereiche anstelle von Einzelwerten interessieren (z. B. über Zeitspannen mehrerer Messeinheiten). Dabei ist es wichtig, dass die Kategorien nur in begründeten Sonderfällen unterschiedliche Größen haben, da sonst eine Verzerrung des Datenmaterials die Folge sein kann.

Das Kreisdiagramm

Das Kreisdiagramm (◘ Abb. 1.7) eignet sich für nominalskalierte Variablen wie z. B. Geschlecht (vgl. ▸ Abschn. 1.2.1). Auch dieses Diagramm stellt verschiedene Ausprägungen einer Variablen dar. Seine Interpretation ist sehr einfach. Die ganze Information, die in dem Kreisdiagramm steckt, war auch schon in der Datenmatrix aus ▸ Abschn. 1.1 enthalten. Jetzt ist sie allerdings auf einen Blick ersichtlich. Natürlich beinhaltet die Datenmatrix auch noch weit mehr Informationen als die in dem Kreisdiagramm allein behandelte Frage der Geschlechterverteilung unter den Versuchspersonen.

In SPSS lassen sich leicht Grafiken für unterschiedliche Zwecke erstellen. Eine Erläuterung für die Varianten Histogramm und Kreisdiagramm finden Sie auf der Internetseite zu diesem Buch.

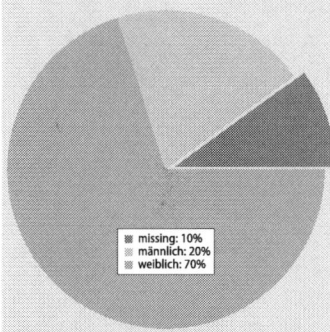

■ missing: 10%
■ männlich: 20%
■ weiblich: 70%

◘ **Abb. 1.7** Kreisdiagramm

▸ Erläuterungen zur Erstellung von Histogrammen und Kreisdiagrammen mit SPSS auf http://www.lehrbuch-psychologie.de

Kritischer Umgang mit Grafiken

Grafische Darstellungen ermöglichen ein schnelles Verständnis verschiedener Sachverhalte. Sie bergen aber auch gewisse Risiken, die bei der Betrachtung solcher Abbildungen zu beachten sind. Die Gefahr möglicher Verzerrungen wurde schon bei der Behandlung der Histogramme genannt.

Per Konvention hat die Ordinate etwa ⅔ bis ¾ der Länge der Abszisse. Die Einhaltung dieses Richtwerts ist angezeigt, um etwaigen Verzerrungen vorzubeugen. Durch Maßstabsverzerrung auf Ordinate und Abszisse kann die Form einer Verteilung vorgetäuscht werden. Um solchen Verzerrungen nicht zu erliegen, sind die kri-

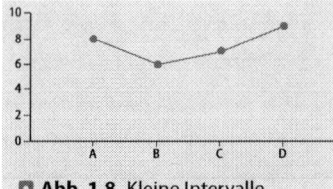

Abb. 1.8 Kleine Intervalle

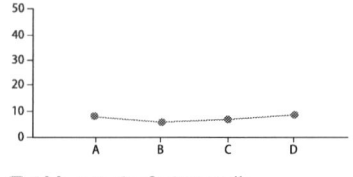

Abb. 1.9 Große Intervalle

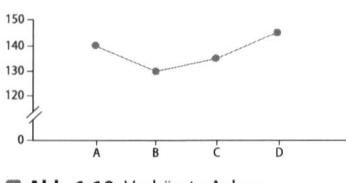

Abb. 1.10 Verkürzte Achse

tische Betrachtung und Prüfung der gewählten Maßstäbe solcher Darstellungen erforderlich. Die ◪ Abb. 1.8 und ◪ Abb. 1.9 verdeutlichen diesen Sachverhalt: Der Unterschied zwischen den Werten erscheint in der ersten Abbildung viel größer als in der zweiten.

Soll aus Gründen der Platzersparnis eine verkürzte Achse eingesetzt werden, so muss dies durch zwei Trennlinien an der entsprechenden Stelle kenntlich gemacht werden (◪ Abb. 1.10).

1.2   Skalentypen

Es gibt vier hierarchisch geordnete Skalentypen:
– Nominalskala
– Ordinalskala
– Intervallskala
– Verhältnisskala

Die Zuordnung von Zahlen zu einem Ereignis oder einer Eigenschaft ist eine Begebenheit, die jedem von uns täglich widerfährt. Verschiedene Buslinien haben verschiedene Nummern, Sportergebnisse werden oft in Zahlen ausgedrückt, ganz gleich ob diese für erzielte Zeiten, Punkte oder Tore stehen. Doch nach welchen Gesetzen erfolgen diese Zuordnungen? Während ein qualitativer Unterschied zwischen ein oder drei erzielten Toren sofort ersichtlich ist, macht eine solche Bewertung bei unterschiedlichen Buslinien keinen Sinn. Offensichtlich gibt es feste Regeln, nach denen einer Variablen Zahlen zugeordnet werden, die die Quantität oder Qualität dieser Variablen widerspiegeln sollen. Diese Regeln werden durch vier verschiedene Skalentypen verkörpert: der Nominal-, der Ordinal-, der Intervall- und der Verhältnisskala. Aufgrund ihrer unterschiedlichen Aussagekraft spricht man im Allgemeinen von vier Skalenniveaus. Skalenniveaus sind in allen empirischen Sozialwissenschaften von entscheidender Bedeutung, denn erst sie ermöglichen den sinnvollen Umgang mit statistischen Verfahren.

Achtung: Mit Zahlen allein sind natürlich die verschiedensten Rechenoperationen möglich. Sobald den Zahlen aber Ausprägungen sozialwissenschaftlicher Merkmale zugeordnet sind, müssen wir uns Gedanken darüber machen, welche mathematischen Operationen mit diesen Zahlen auch inhaltlich erlaubt und sinnvoll sind. Genau dies geschieht bei der Festlegung eines Skalenniveaus. Diese Festlegung hängt von zwei Faktoren ab:

a.   Den Eigenschaften des zu messenden Merkmals
b.   Der Art der Abbildung des Merkmals durch das Messinstrument

Jeder Skalentyp erlaubt andere mathematische Transformationen.

Die Skalenniveaus folgen einer Hierarchie: Je höher die Stufe auf der Leiter der Skalenniveaus ist, desto vielfältiger sind auch die Aussagemöglichkeiten. Der Preis dafür sind die Einschränkungen bei der Transformierbarkeit der Daten. Transformation meint das Ausdrücken derselben Sachverhalte mit anderen Zahlen. Erlaubte Transformationen sind alle diejenigen mathematischen Umwandlungen von Daten, die keinen Aussageverlust zur Folge haben. Je höher das Skalenniveau, desto weniger Transformationen sind erlaubt. Die Hierarchie beginnt bei der rudimentärsten aller Skalen, der Nominalskala.

1.2.1 Die Nominalskala

Die Nominalskala bildet das niedrigste Skalenniveau. Dies bedeutet keineswegs, dass sie keine sinnvollen Aussagen zulässt, sondern zollt lediglich der Tatsache Tribut, dass die Nominalskala die wenigsten, nämlich nur zwei Annahmen bei der Messung einer Variablen macht. Zahlen auf Nominalskalenniveau markieren verschiedene Qualitäten oder Kategorien der Variable. Die zwei Annahmen oder Regeln bei der Zuweisung von Zahlen sind:

1. Unterschiedlichen Merkmalsausprägungen werden unterschiedliche Zahlen zugeordnet (Exklusivität).
2. Es existiert eine Zahl für jede beobachtete oder potenziell bestehende Merkmalsausprägung (Exhaustivität).

Diese Annahmen gelten für alle vier Skalentypen, für die Nominalskala sind sie aber die einzigen.

Zahlen auf dem Nominalskalenniveau unterscheiden also nur zwischen Gleich- und Verschiedenheit. Der zugewiesene numerische Wert ist ohne Bedeutung. Wichtig ist lediglich, dass unterschiedlichen Merkmalsausprägungen auch unterschiedliche Zahlen zugeteilt werden.

Da für die Nominalskala lediglich die Verschiedenheit bzw. Gleichheit der zugeordneten Zahlen relevant ist, sind mit diesen beliebige Transformationen möglich. Zahlen, die vor der Umwandlung gleich waren, müssen dies auch danach sein. Zahlen, die vorher unterschiedlich waren, müssen auch danach unterschiedlich sein. Transformationen, die dies gewährleisten, heißen eineindeutige Transformationen: $x_1 \neq x_2$.

Ein Beispiel für eine Nominalskala sind die Rückennummern einer Sportmannschaft, von denen jeder Spieler eine andere trägt. Welche dies speziell ist, hat keinen Belang für den primären Zweck der Nummern, der Unterscheidungsmöglichkeit der Spieler.

Die Rückennummern dürfen theoretisch nach beliebigen Regeln umgeformt werden, solange auch nach der Transformation jede Nummer in jeder Mannschaft nur einmal existiert.

> Die Nominalskala macht Aussagen über Gleichheit/Verschiedenheit von Merkmalsausprägungen.

> Die Nominalskala erlaubt alle eineindeutigen Transformationen.

1.2.2 Die Ordinalskala

Die Ordinalskala schließt die Aussagen der Nominalskala (Gleichheit und Verschiedenheit) mit ein. Sie trifft aber noch eine weitere Annahme, abgesehen von der Exklusivität und der Exhaustivität. Um dem Ordinalskalenniveau zu entsprechen, müssen die zugeordneten Zahlen folgende zusätzliche Bedingung erfüllen:

3. Die Zahlen repräsentieren Unterschiede einer bestimmten Größe in Bezug auf die Merkmalsausprägung.

Die Ordinalskala erlaubt also Größer-Kleiner-Aussagen über die Merkmalsausprägungen und bringt sie auf diese Weise in eine Reihenfolge. Deshalb wird die Ordinalskala oft auch Rangskala genannt. Über die Größe der Unterschiede zwischen den einzelnen Rängen macht diese Skala keine Aussage. Die zugeordneten Zahlen müssen keineswegs aufeinander folgen. Sie können frei gewählt werden, solange die Größer-Kleiner-Relation gewahrt bleibt.

Für mögliche Transformationen gibt es bei der Ordinalskala im Vergleich mit der Nominalskala nur die Einschränkung, dass die vor der Umformung herrschende Reihenfolge auch nach dieser noch bestehen muss. Umwandlungen dieser Art heißen monotone Transformationen.

> Die Ordinalskala macht zusätzlich zur Gleichheit/Verschiedenheit Aussagen über Größer-Kleiner-Relationen von Merkmalsausprägungen.

> Die Ordinalskala erlaubt alle monotonen Transformationen.

Die Reihenfolge des Einlaufs bei einem 100-Meter-Lauf stellt ein Beispiel einer Ordinalskala dar. Jeder Läufer erzielt eine bestimmte Platzierung gemäß seinem Eintreffen im Ziel. Eine Rangreihe entsteht. Die Abstände zwischen den einzelnen Läufern bleiben aber unbeachtet, denn auch wenn zwischen dem Ersten und Zweiten nur wenige Hundertstel lägen und der Dritte erst Sekunden danach ins Ziel käme, würde sich an der Reihenfolge nichts ändern. Die Bedingungen der Ordinalskala wären auch erfüllt, wenn dem Ersten die Zahl 5, dem Zweiten die 8 und dem Drittplatzierten die 12 zugeordnet würde.

1.2.3 Die Intervallskala

Die Intervallskala ist die wichtigste Skala in den Sozialwissenschaften.

Die Intervallskala ist die wichtigste und am häufigsten verwendete Skala in den empirischen Sozialwissenschaften, da meistens davon ausgegangen wird, dass sehr viele der gemessenen Variablen die Anforderungen dieses Skalentyps erfüllen, also »Intervallskalenqualität« haben. Zusätzlich zu den drei bisher getroffenen Annahmen macht die Intervallskala eine vierte:

4. Gleich große Abstände zwischen zugeordneten Zahlen repräsentieren gleich große Einheiten des Konstrukts.

Sie macht Aussagen über die Größe der Unterschiede zwischen den Merkmalsausprägungen.

Während die Ordinalskala nur Aussagen über die Größer-Kleiner-Relation von Merkmalsausprägungen macht, spezifiziert die Intervallskala die Abstände zwischen den Ausprägungen. Die entscheidende Folge von Annahme 4 ist das Vorhandensein von Äquidistanz. Sie besagt, dass ein bestimmter Zahlenabstand (ein Intervall) immer den gleichen Qualitätsunterschied in der Merkmalsausprägung abbildet. Als Anfangspunkt kann jede Zahl dienen und auch die mathematische Größe einer Einheit ist variabel. Die Intervallskala ermöglicht Aussagen wie: »Das Merkmal A ist bei Versuchsperson 1 um drei Einheiten größer als bei Person 2.«

Die Intervallskala erlaubt nur lineare Transformationen.

Die Intervallskala lässt nur Transformationen zu, bei denen die Äquidistanz gewahrt bleibt. Dies sind alle linearen Transformationen der Form $y = a \cdot x + b$. Mathematisch ist jedoch die Wahrung der Äquidistanz ein großer Vorteil, denn dies macht viele mathematische Operationen wie z. B. die Berechnung des Mittelwerts erst möglich (▶ Abschn. 1.3.1).

Die Messung der Temperatur in Grad Celsius oder Fahrenheit stellt ein Beispiel einer Intervallskala dar. Der Abstand zwischen 10 °C und 20 °C ist genauso groß wie zwischen 30 °C und 40 °C. Transformiert nach der Formel $y = 1{,}8 \cdot x + 32$ zur Umrechnung dieser Temperaturen in die Einheit °F, ergibt das erste Paar Werte von 50 °F und 68 °F, das zweite Paar von 86 °F und 104 °F. Hierbei handelt es sich zwar nun nicht mehr um Werte der Temperaturskala nach Celsius (sondern nach Fahrenheit), die Transformation ist aber im Sinne der Intervallskala erlaubt, denn die Äquidistanz bleibt erhalten.

Die Aussage, 20 °C sei doppelt so warm wie 10 °C ist allerdings nicht zulässig, wie bereits aus den entsprechenden Angaben in Fahrenheit (50 °F und 68 °F) deutlich wird. Der Grund dafür ist in der Abwesenheit eines absoluten Nullpunktes der Temperaturskala zu suchen. Null Grad Celsius ist nicht gleichbedeutend mit der Abwesenheit von Temperatur, sondern vielmehr ein Punkt auf dieser Skala.

Eine Skala die einen solchen absoluten Nullpunkt besitzt und gleichzeitig die vier bisher diskutierten Bedingungen erfüllt, heißt Verhältnisskala.

1.2.4 Die Verhältnisskala

Die Verhältnisskala macht Aussagen über das Verhältnis von Merkmalsausprägungen.

Die Verhältnisskala oder Ratioskala ist die aussagekräftigste aller Skalen. Sie schließt die Annahmen der Nominal-, Ordinal- und Intervallskala ein, macht aber noch eine Annahme mehr:

5. Der Anfangspunkt der Skala kennzeichnet einen definierten Nullpunkt.

Eine Verhältnisskala beginnt also mit dem Punkt Null. Dieser Punkt ist nicht willkürlich festgelegt, wie dies bei den anderen drei Skalentypen der Fall ist. Der Nullpunkt einer Verhältnisskala ist dort lokalisiert, wo die Variable aufhört zu existieren.

Das Verhältnis zweier Zahlen dieses Skalentyps spiegelt genau das Verhältnis der entsprechenden Merkmalsausprägungen in der Realität wider. So sind Aussagen möglich wie: »Das Merkmal A ist bei Versuchsperson 1 doppelt so stark ausgeprägt wie bei Person 2.« Da die in den Sozialwissenschaften untersuchten Variablen selten einen absoluten Nullpunkt erreichen können (z. B. Intelligenz oder Extraversion), findet die Verhältnisskala in diesen Wissenschaften kaum Anwendung.

Um die zahlreichen Bedingungen der Verhältnisskala nicht zu verletzen, sind nur noch sogenannte Ähnlichkeitstransformationen erlaubt. Das sind Transformationen der Art $y = a \cdot x$.

Beispiele für eine Verhältnisskala sind Länge, Gewicht oder Licht, das in einen Raum fällt. Bei absoluter Dunkelheit ist diese Variable nicht mehr zu messen. Ein anderes Beispiel: Eine Eiche misst 5 Längeneinheiten (LE), eine Kastanie 10 LE. Die Kastanie ist doppelt so lang wie die Eiche. Transformiert nach $y = 3 \cdot x$ ergeben sich für die Eiche 15 LE und für die Kastanie 30 LE. An der doppelten Länge der Kastanie hat sich auch nach der Transformation nichts geändert.

1.2.5 Festlegung des Skalenniveaus

Noch einmal zur Verdeutlichung: Bei der Festlegung auf ein Skalenniveau gibt es zwei bestimmende und damit auch limitierende Faktoren: Das zu messende sozialwissenschaftliche Konstrukt sowie die Abbildung des Konstrukts durch das Messinstrument. Nur wenn beide die gestellten Anforderungen erfüllen, ist die Wahl eines Skalentyps zu vertreten.

Betrachten wir als Erstes die limitierende Wirkung des zu messenden Konstrukts anhand einiger Beispiele: Das Konstrukt »Geschlecht« hat zwei Ausprägungen. Diese Ausprägungen stehen aber in keiner Größer-Kleiner-Relation und weisen keine bestimmbare Distanz zueinander auf. Das Konstrukt umfasst eine reine Einteilung und legt damit das Skalenniveau auf nominaler Ebene fest. Ein weiteres Beispiel sind Diagnosen: Die Einteilung von Patienten nach Krankheiten bildet eine nominalskalierte Variable.

Ein anderer Fall liegt z. B. in dem Gedächtnisexperiment vor. Das psychologische Konstrukt »Gedächtnis« beinhaltet Aussagen über Größer-Kleiner-Relationen und Abstände von Gedächtnisleistungen. Jeder Mensch hat demnach eine bestimmte Gedächtnisleitung und ist auf einem Kontinuum lokalisierbar. Das Konstrukt »Gedächtnis« erlaubt deshalb eine Messung mindestens auf Intervallskalenniveau. Nun stellt sich die Frage, ob das Messinstrument die vorhandenen Distanzen korrekt abbildet. Spiegeln sich die in der Realität vorhandenen relativen Abstände der Personen in den Ergebnissen des Tests wider?

Die Grafiken machen den Unterschied der zwei Ebenen deutlich: Die ◨ Abb. 1.11, ◨ Abb. 1.12 und ◨ Abb. 1.13 setzen alle die gleichen Relationen der Personen in der Realität voraus. In ◨ Abb. 1.11 bildet der Test die relativen Abstände korrekt ab. Dieser Test liefert intervallskalierte Daten. ◨ Abb. 1.12 zeigt einen Test, in dem die relativen Abstände nicht mit der Realität übereinstimmen. Es ergeben sich ordinale Daten. ◨ Abb. 1.13 zeigt eine Reduzierung auf Nominalskalenniveau, auf dem neben den relativen Abständen auch die Informationen über die Größer-Kleiner-Relationen bzw. die Reihenfolge der Personen verloren gehen.

In der Praxis kommt es oft vor, dass die benutzten Messinstrumente Daten auf einem niedrigeren Skalenniveau liefern als theoretisch möglich. In vielen Fällen ver-

---

Sie findet in den Sozialwissenschaften nur selten Anwendung.

Die Verhältnisskala erlaubt alle Ähnlichkeitstransformationen.

Das Skalenniveau bezieht sich auf das zu messende Konstrukt und die Abbildung des Konstrukts durch das Messinstrument.

Realität:

Abbildung durch das Messinstrument:

◨ **Abb. 1.11** Beispiel für das Abbilden der Realität auf einer Intervallskala

Realität:

Abbildung durch das Messinstrument:

◨ **Abb. 1.12** Beispiel für das Abbilden der Realität auf einer Ordinalskala

Realität:

Abbildung durch das Messinstrument:

◨ **Abb. 1.13** Beispiel für das Abbilden der Realität auf einer Nominalskala

1

Die Festlegung des Skalenniveaus ist schwierig und erfolgt meist nach Plausibilitätsargumenten.

zichten Wissenschaftler auf eine differenziertere Erfassung ihres Untersuchungsgegenstands, weil sie diese für ihre Datenauswertungen nicht benötigen. Oder eine bessere Operationalisierung ist aus inhaltlichen Gründen nicht möglich. Auch viele etablierte Testverfahren wie z. B. Intelligenztests bleiben häufig den Nachweis schuldig, dass sie das erfasste Konstrukt auf einer Intervallskala abbilden.

Statistisch gesehen ist der Nachweis, welches Skalenniveau vorliegt, äußerst aufwendig. Dazu gibt es eine eigene Spezialdisziplin, die Messtheorie. Wenn das Skalenniveau nicht durch entsprechend aufwendige Verfahren bestimmt wurde, erfolgt eine Festlegung nach Plausibilitätsargumenten: Diagnosen der Art »1 = Depression, 2 = Schizophrenie, 3 = Phobie« haben Nominalskalenniveau. Bei Messwerten wie z. B. dem »IQ« in Intelligenztests oder der »Anzahl erinnerter Wörter« in einem Gedächtnisexperiment geht man vom Intervallskalenniveau aus. Sind die Messwerte aus gut konstruierten psychologischen Tests gewonnen, so kann man relativ sicher sein, dass Intervallskalenqualität vorliegt. Weitere Informationen zur Feststellung des Skalenniveaus sind bei Steyer und Eid (1993) zu finden.

Eine Übersicht der vier Skalentypen zeigt ◻ Tab. 1.1.

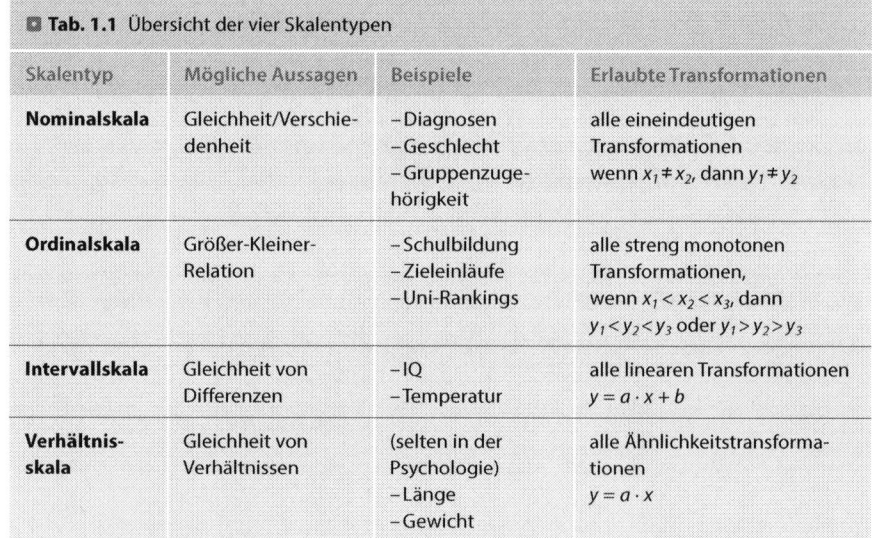

◻ **Tab. 1.1** Übersicht der vier Skalentypen

Skalentyp	Mögliche Aussagen	Beispiele	Erlaubte Transformationen
Nominalskala	Gleichheit/Verschiedenheit	–Diagnosen –Geschlecht –Gruppenzugehörigkeit	alle eineindeutigen Transformationen wenn $x_1 \neq x_2$, dann $y_1 \neq y_2$
Ordinalskala	Größer-Kleiner-Relation	–Schulbildung –Zieleinläufe –Uni-Rankings	alle streng monotonen Transformationen, wenn $x_1 < x_2 < x_3$, dann $y_1 < y_2 < y_3$ oder $y_1 > y_2 > y_3$
Intervallskala	Gleichheit von Differenzen	–IQ –Temperatur	alle linearen Transformationen $y = a \cdot x + b$
Verhältnis-skala	Gleichheit von Verhältnissen	(selten in der Psychologie) –Länge –Gewicht	alle Ähnlichkeitstransformationen $y = a \cdot x$

1.3 Statistische Kennwerte

Statistische Kennwerte geben über bestimmte Eigenschaften eines Datenkollektivs oder einer Verteilung zusammenfassend Auskunft.

Nach der grafischen Darstellung von Datenmaterial und den unterschiedlichen Skalenniveaus kommen wir nun zu den statistischen Kennwerten. Der Sinn statistischer Kennwerte besteht darin, bestimmte Eigenschaften einer Verteilung numerisch wiederzugeben, sodass mit ihnen gerechnet werden kann. Aus vielen Einzelwerten werden also einige wenige resultierende Werte gebildet, die die gesamte Verteilung beschreiben. Die hier behandelten statistischen Kennwerte sind in zwei Gruppen unterteilt: die Maße der zentralen Tendenz und die Dispersionsmaße. Maße der zentralen Tendenz repräsentieren alle Messwerte einer Verteilung zusammenfassend, Dispersionsmaße hingegen geben Auskunft über die Variation der Messwerte, also darüber, wie unterschiedlich ein Merkmal verteilt ist.

1.3.1 Maße der zentralen Tendenz

Es gibt verschiedene Möglichkeiten, die Einzelwerte einer Verteilung durch einen Wert zu repräsentieren. Wir werden uns im Folgenden mit den drei gebräuchlichsten

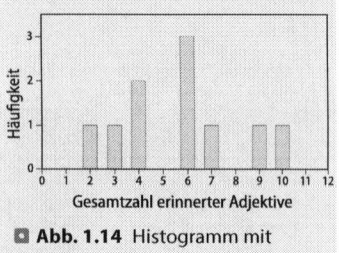

◻ **Abb. 1.14** Histogramm mit Modus = 6

Maßen der zentralen Tendenz oder »Lokationsstatistiken« beschäftigen: dem Modalwert, Medianwert und arithmetischen Mittel.

Modalwert

Der Modalwert oder Modus ist derjenige Wert, welcher in einer diskreten Verteilung am häufigsten vorkommt. Folglich ist er auch der Wert, der am wahrscheinlichsten ist, wenn wir aus der Gesamtheit der Messwerte zufällig ein Ergebnis herausgreifen. In einer grafischen Darstellung zeigt sich der Modalwert als Maximum (◨ Abb. 1.14). Die Berechnung des Modalwerts erfordert lediglich Nominalskalenqualität der entsprechenden Variablen.

Grafen mit einem Modus und ohne weitere relative Hochpunkte heißen unimodal und eingipflig. Gibt es in einer Verteilung zwei voneinander getrennte, gleich hohe Maximalwerte, so sprechen wir von einer bimodalen Verteilung. Liegen mehrere Maximalwerte nebeneinander, so bezeichnen wir die Verteilung als breitgipflig. In dem Fall, dass zwar ein Modus, aber mehrere relative Hochpunkte auftreten, ist die Verteilung unimodal und mehrgipflig.

Betrachten wir die ◨ Abb. 1.14: Der Modus hat hier den Wert sechs, denn diese Zahl kommt in der Verteilung dreimal und damit am häufigsten vor.

> Der am häufigsten vorkommende Wert einer Verteilung heißt Modalwert.

Medianwert

Der Medianwert oder kurz Median ist der Wert, von dem alle übrigen Werte im Durchschnitt am wenigsten abweichen, sodass die Summe der Abweichungsbeträge minimal ist. Mathematisch kann man zeigen, dass dieser Wert eine Verteilung halbiert. Es liegen also genauso viele Messwerte über wie unter dem Median.

Liegt eine ungerade Anzahl von Messwerten vor, so ist der Median leicht bestimmbar: Wir ordnen die Werte der Größe nach, und der in der Mitte stehende Wert ist der Median. In dem Datensatz 1, 2, 4, 5, 7, 7, 9 ist der Median $Md = 5$. Bei einem Datensatz mit gerader Anzahl von Fällen ordnen wir die Zahlen ebenso. Die numerische Mitte der beiden mittleren Zahlen ist der Median. In der Verteilung 2, 2, 3, 6 beträgt der Median folglich 2,5. Die Berechnung des Medianwerts erfordert mindestens Ordinalskalenqualität.

> Der Median teilt eine Verteilung in zwei Hälften.

Arithmetisches Mittel

Das arithmetische Mittel $\bar{x}$ oder der Mittelwert ist das gebräuchlichste Maß der zentralen Tendenz. Es gibt den Durchschnitt aller Messergebnisse wieder. Rechnerisch ist das arithmetische Mittel die Summe aller Werte dividiert durch deren Anzahl n:

$$\bar{x} = \frac{\sum_{i=1}^{n} x_i}{n}$$

> Das arithmetische Mittel gibt den Durchschnittswert einer Verteilung an.

Mathematisch ist das arithmetische Mittel der Wert, bei dem die Summe der quadrierten Abweichungen aller Werte von diesem Mittelwert minimal wird. Die Berechnung des arithmetischen Mittels setzt voraus, dass die Daten mindestens Intervallskalenqualität besitzen, da Informationen über die Abstände zwischen den einzelnen Zahlen mit einfließen.

> Die Berechnung des Mittelwerts ist nur bei mindestens intervallskalierten Daten erlaubt.

Diese Bedingung wird im Alltag oft leichtfertig übergangen. So ist beispielsweise die Intervallskalenqualität von Schulnoten zweifelhaft. Spiegeln die Abstände zwischen den Noten tatsächlich gleich große Leistungsunterschiede wider oder handelt es sich lediglich um eine Größer-Kleiner-Relation? In letzterem Falle wäre die Bildung eines arithmetischen Mittels – etwa die Berechnung eines »Abiturdurchschnittes« – statistisch gar nicht zulässig!

Nach der Formel beträgt der Mittelwert der Gesamtzahl erinnerter Adjektive des Beispieldatensatzes aus ▶ Abschn. 1.1 also:

$$\overline{x} = \frac{10+6+6+3+4+4+6+7+2+9}{10} = 5,7$$

Wenn die Daten bereits gruppiert sind, z. B. in einer Häufigkeitstabelle (▶ Abschn. 1.1.2), vereinfacht sich der Rechenaufwand, da nun gleiche Werte mit ihrer Häufigkeit multipliziert werden können.

$$\overline{x} = \frac{\sum_{k=1}^{m}(f_k \cdot x_k)}{n}$$

f_k :   Häufigkeit in der Gruppe/Kategorie k
x_k :   Kategorienmitte der Kategorie k
m :   Anzahl der Kategorien

$$\overline{x} = \frac{1\cdot 2 + 1\cdot 3 + 2\cdot 4 + 3\cdot 6 + 1\cdot 7 + 1\cdot 9 + 1\cdot 10}{10} = 5,7$$

Arithmetisches Mittel für gruppierte Daten

Wie berechnet sich das arithmetische Mittel von mehreren Mittelwerten? Wenn die betrachteten Mittelwerte aus Gruppen stammen, die alle gleich groß sind, lässt sich die Formel des arithmetischen Mittels anwenden. Im Nenner steht allerdings in diesem Fall die Anzahl der Mittelwerte p.

$$\overline{\overline{x}} = \frac{\sum_{i=1}^{p}\overline{x}_i}{p}$$

$\overline{\overline{x}}$:   Mittelwert der Mittelwerte
$\overline{x}_i$:   Mittelwert der Gruppe i
p :   Anzahl der Mittelwerte bzw. Gruppen

Das gewogene arithmetische Mittel (GAM) berechnet den Mittelwert von Mittelwerten aus unterschiedlich großen Gruppen.

Ungleiche Gruppengrößen erfordern eine Gewichtung der in die Rechnung eingehenden Mittelwerte. Diese Formel heißt gewogenes arithmetisches Mittel (GAM). Die Division erfolgt durch die Summe aller Personen. p ist die Anzahl der Mittelwerte bzw. Gruppen.

$$\overline{\overline{x}} = \frac{\sum_{i=1}^{p}(n_i \cdot \overline{x}_i)}{\sum_{i=1}^{p}n_i}$$

Bei der Bestimmung des durchschnittlichen Alters eines Schuljahrgangs liegen z. B. die Altersmittelwerte der drei einzelnen Klassen vor: 14,7, 15,4 und 14,9. Sind in jeder Klasse gleich viele Schüler, lässt sich der Durchschnitt mit $p = 3$ direkt berechnen:

$$\overline{\overline{x}} = \frac{\sum_{i=1}^{3}\overline{x}_1}{3} = \frac{14,7+15,4+14,9}{3} = 15$$

Bei ungleichen Schülerzahlen (z. B. 27, 15 und 19 Schüler pro Klasse) muss die jeweilige Klassengröße in die Berechnung mit einfließen:

$$\overline{\overline{x}} = \frac{\sum_{i=1}^{3}(n_i \cdot \overline{x}_i)}{\sum_{i=1}^{3}n_i} = \frac{27\cdot 14,7+15\cdot 15,4+19\cdot 14,9}{27+15+19} = 14,93$$

Tab. 1.2 Übersicht zu den Maßen der zentralen Tendenz für das jeweilige Skalenniveau

Skalenniveau	Maß der zentralen Tendenz
Nominal	Modus
Ordinal	Modus, Median
Intervall	Modus, Median, arithmetisches Mittel

Wir haben somit die drei gebräuchlichsten Maße der zentralen Tendenz und damit wichtige Merkmale von Datenverteilungen kennengelernt. In welchem Fall aber welches Maß am geeignetsten ist, hängt ab von mehreren, hier nicht besprochenen Eigenschaften einer Verteilung. Überwiegend liegt es an ihrer Skalenqualität: Für nominalskalierte Daten ist der Modus das einzig sinnvolle Maß, für ordinalskalierte Daten ist der Median für gewöhnlich aussagekräftiger und für eine Verteilung mit Intervallskalenqualität ist in der Regel das arithmetische Mittel am repräsentativsten.

In ⬛ Tab. 1.2 ist die Zuordnung noch einmal anschaulich dargestellt. In der Ordinal- und Intervallskala können die verschiedenen Maße theoretisch übereinstimmen. Sie tun es aber häufig nicht.

Mithilfe von SPSS lassen sich Maße der zentralen Tendenz auch für große Datensätze leicht berechnen. Eine konkrete Anleitung dazu finden Sie auf der Internetseite zu diesem Buch.

▶ Erläuterungen zur Berechnung der Maße der zentralen Tendenz mit SPSS auf http://www.lehrbuch-psychologie.de

1.3.2 Dispersionsmaße

Die im ▶ Abschn. 1.3.1 besprochenen Maße der zentralen Tendenz (Modus, Median, arithmetisches Mittel) reichen zur vollständigen Charakterisierung einer Verteilung alleine nicht aus, da z. B. sehr unterschiedliche Verteilungen von Daten zu demselben Mittelwert führen können. Wir benötigen statistische Kennwerte, die solche Verteilungen weiter unterscheiden und uns Auskunft darüber geben, wie stark die einzelnen Werte voneinander abweichen. Diese statistischen Kennwerte heißen Dispersionsmaße oder Dispersionsstatistiken. Sie sind in den Sozialwissenschaften unentbehrlich für die Datenauswertung.

Dispersionsmaße beschreiben, wie stark die einzelnen Werte in einer Verteilung vom Mittelwert abweichen.

Zur Veranschaulichung betrachten wir drei Verteilungen in ⬛ Abb. 1.15, die trotz desselben Mittelwerts eine unterschiedliche Form aufweisen, da die Messwerte unterschiedlich stark voneinander abweichen.

Die drei dargestellten Verteilungen weisen einen identischen Mittelwert auf ($\overline{x} = 10$), ihre Formen sind jedoch völlig verschieden. Man sagt: Die Messwerte streuen unterschiedlich stark. Mit »streuen« ist gemeint, dass die einzelnen Messwerte unterschiedlich stark von ihrem Mittelwert abweichen. Die durch Quadrate gekennzeichnete Kurve hat eine kleinere Streuung als die Verteilung mit den Kreisen. Mit anderen Worten: Die Werte verteilen sich bei der »Kreis-Kurve« weiter als bei der »Quadrat-Kurve«. Diese Aussagen über Dispersion bzw. Variabilität der Messwerte wollen wir nun genauer kennenlernen und sie über die Maße der Variationsbreite, der Varianz und der Standardabweichung mathematisch erfassen.

Sind unimodale Verteilungen mit gleichem Mittelwert in ihrer Form verschieden, so streuen die Messwerte unterschiedlich stark.

Variationsbreite

Die Variationsbreite (engl.: range) gibt die Größe des Bereichs an, in dem die Messwerte liegen. Sie berechnet sich über die Differenz aus dem größten und dem kleinsten Wert. In obigem Beispiel ist diese Differenz bei der »Kreis-Kurve« mit 19 – 1 = 18 am größten, bei der »Dreieck-Kurve« beträgt der Range 16 – 4 = 12.

Die Variationsbreite gibt den Bereich der Messwerte an.

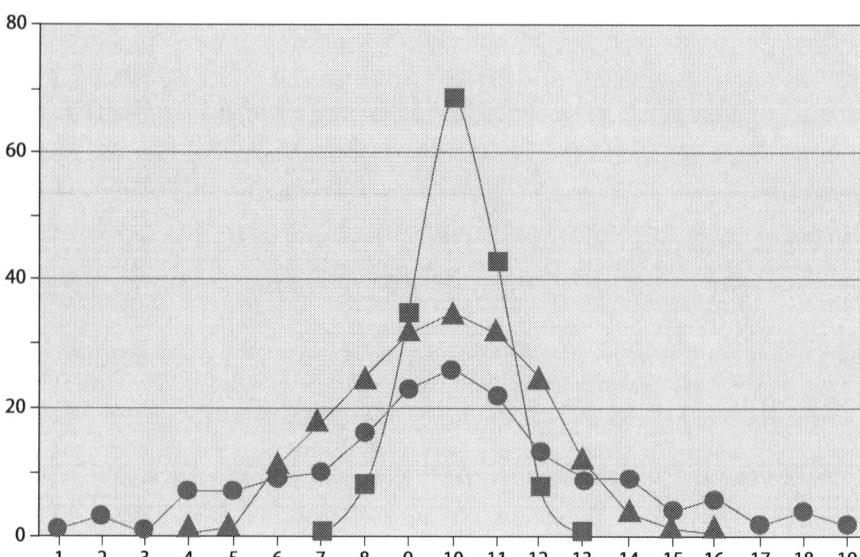

◻ Abb. 1.15 Verteilungen mit verschiedenen Formen, aber gleichem Mittelwert

Die Varianz ist ein sehr wichtiges, aber unanschauliches Maß für die Streuung der Messwerte um ihren Mittelwert.

Die Variationsbreite sagt zwar schon einiges über eine Verteilung aus, aber wie genau die Messwerte variieren, ist aus ihr alleine noch nicht ersichtlich. Wir benötigen also ein Maß, das alle Messwerte einzeln berücksichtigt. Genau das macht die Varianz.

Varianz

Die Varianz ist für Sozialwissenschaftler zweifellos das wichtigste Dispersionsmaß in der Statistik. Sie ist wie der Mittelwert nur bei intervallskalierten Daten berechenbar. Die Varianz berechnet sich aus der Summe der quadrierten Abweichungen aller Messwerte vom arithmetischen Mittel, dividiert durch die Anzahl aller Messwerte minus eins:

$$\hat{\sigma}_x^2 = \frac{\sum_{i=1}^{n}(x_i - \bar{x})^2}{n-1}$$

Das Zeichen der Varianz (Sigma) ist mit einem Dach versehen, weil diese Varianz eine aus empirischen Daten geschätzte Größe ist: Sie ist eine Schätzung der Populationsvarianz. Der Unterschied zwischen Stichprobe und Population wird in ▸ Abschn. 1.3.4 erklärt.

Die Varianz nimmt also umso größere Werte an, je stärker die Messwerte von ihrem Mittelwert abweichen. Die Quadrierung der Abweichungen im Zähler hat zwei mathematische Vorteile:

▬ Alle Abweichungen werden positiv.
▬ Größere Abweichungen werden stärker berücksichtig als kleine (Potenzfunktion: 3^2 ergibt 9, aber 6^2 ergibt bereits 36).

Wie groß ist die Varianz für die Gesamtzahl erinnerter Adjektive aus dem Gedächtnisexperiment? Der Mittelwert hierzu ist 5,7 (vgl. ▸ Abschn. 1.3.1). Die Varianz ergibt sich zu (Daten in ◻ Abb. 1.1):

$$\hat{\sigma}_x^2 = \frac{(10-5,7)^2 + (6-5,7)^2 + (6-5,7)^2 + \ldots + (9-5,7)^2}{10-1} = 6,46$$

▸ Video »Die Varianz« auf http://www.lehrbuch-psychologie.de

Dieses Ergebnis ist durch die Quadrierung schwer zu interpretieren. Wie sind z. B. »Erinnerungswerte zum Quadrat« zu verstehen? Ein Maß, das zumindest einige dieser Unannehmlichkeiten der Varianz beseitigt, ist die Standardabweichung.

Standardabweichung oder Streuung

Ziehen wir aus der Varianz die positive Wurzel, so erhalten wir einen weiteren Kennwert, nämlich die Standardabweichung oder Streuung:

$$\hat{\sigma}_x = \sqrt{\hat{\sigma}^2_x} = \sqrt{\frac{\sum_{i=1}^{n}(x_i - \overline{x})^2}{n-1}}$$

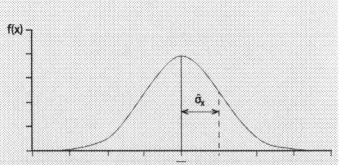

Auch die Interpretation der Standardabweichung ist nicht ganz einfach und lässt sich nur grafisch veranschaulichen (□ Abb. 1.16). Sie gibt den Abstand des Mittelwerts zum Wendepunkt einer Normalverteilung an. Damit ist die Standardabweichung ein Indikator für die Breite einer Normalverteilung. Anders ausgedrückt: Sie zeigt an, wie stark die Messwerte um den Mittelwert streuen. Die Normalverteilung wird in ▶ Kap. 2 genauer beschrieben. Wir gehen dort auch genauer auf die statistischen Aussagen der Standardabweichung ein.

Die Streuung der Anzahl positiver erinnerter Adjektive ergibt sich zu:

$$\hat{\sigma}_x = \sqrt{\hat{\sigma}^2_x} = \sqrt{6{,}46} = 2{,}54$$

In einer Normalverteilung der Anzahl der von den Versuchspersonen erinnerten positiven Adjektive beträgt der Abstand zwischen dem Mittelwert 5,7 und dem Wendepunkt 2,54 Einheiten (hier: erinnerte Wörter, □ Abb. 1.17).

Die Kennwerte Varianz und Streuung sind zwar unanschaulich und zunächst fällt es schwer, ein Gefühl für ihre Bedeutung zu erlangen. Sie sind aber für das Verständnis von empirischen Daten von sehr großer Bedeutung und damit auch für weitere Kapitel dieses Buches zentral. Wir empfehlen daher, bei Verständnisschwierigkeiten mit diesen Konzepten immer wieder zu den obigen Ausführungen und denen in ▶ Kap. 2 zurückzukehren.

□ **Abb. 1.16** Die Standardabweichung gibt den Abstand des Mittelwerts zum Wendepunkt einer Normalverteilung an

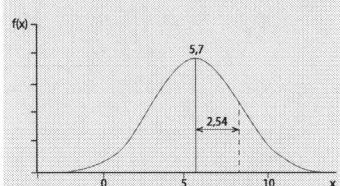

□ **Abb. 1.17** Die Standardabweichung der Anzahl der erinnerten positiven Adjektive in einer Normalverteilung mit dem Mittelwert von 5,7

1.3.3 Statistische Kennwerte und lineare Transformation

Daten auf Intervallskalenniveau lassen sich linear transformieren. Allgemein lautet die Formel einer linearen Transformation:

$$y = a \cdot x + b$$

Wie verändern sich die statistischen Kennwerte Mittelwert und Varianz bei einer solchen Transformation?

Anschaulich gesprochen variiert der Faktor a in der obigen Gleichung unter anderem die Form einer Verteilung: Ein Faktor größer 1 streckt sie (□ Abb. 1.18), ein Faktor kleiner 1 staucht sie (□ Abb. 1.19). Der addierte Wert b beeinflusst nur den Ort der Verteilung auf dem Zahlenstrahl.

Der Mittelwert der transformierten Verteilung ergibt sich durch Einsetzen des alten Mittelwerts in die Transformationsgleichung:

$$\overline{y} = a \cdot \overline{x} + b$$

Die Varianz und die Standardabweichung unterliegen bei einer linearen Transformation allein dem Einfluss des Faktors a:

$$\hat{\sigma}^2_y = a^2 \cdot \hat{\sigma}^2_x \; ; \; \hat{\sigma}_y = a \cdot \hat{\sigma}_x$$

Beispiel: Eine Verteilung mit dem Mittelwert 50 und einer Streuung von 10 wird nach der Gleichung $y = 1{,}5 \cdot x + 25$ transformiert.

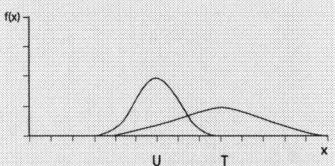

□ **Abb. 1.18** Ursprüngliche (*U*) und transformierte (*T*) Verteilung mit dem Faktor $a = 2$

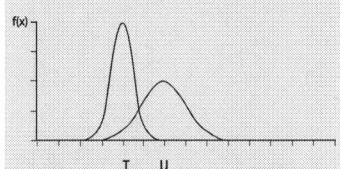

□ **Abb. 1.19** Ursprüngliche (*U*) und transformierte (*T*) Verteilung mit dem Faktor $a = 0{,}5$

$$\bar{y} = 1{,}5 \cdot 50 + 25 = 100$$

$$\hat{\sigma}_y = 1{,}5 \cdot 10 = 15$$

Die resultierende Verteilung hat einen Mittelwert von 100 und eine Streuung von 15.

Nach der formalen Betrachtung der statistischen Kennwerte einer Verteilung wollen wir an dieser Stelle auf eine Unterscheidung eingehen, die bei der Verwendung statistischer Kennwerte in den Sozialwissenschaften eine sehr wichtige Rolle spielt: die Ebenen der Stichprobe und der Population.

1.3.4 Stichprobe und Population

Die Unterscheidung zwischen Stichprobe und Population ist für alle empirisch arbeitenden Forscher zentral. Der Begriff Population bezeichnet in der Psychologie eine Grundgesamtheit von Personen, die ein Merkmal oder eine Merkmalskombination gemein haben. Beispiele für Populationen sind »Alle volljährigen Menschen der Erde«, »Alle Schulkinder in Deutschland« oder »Alle Beschäftigten der Firma X«. Allerdings sind Wissenschaftler nur selten in der Lage, Daten der gesamten interessierenden Population zu erheben. Daher befassen sie sich mit Stichproben. Stichproben sind Teilmengen von Populationen und dienen dazu, möglichst exakte Schätzungen über Letztere zu gewinnen. Sie tun dies zum einen umso besser, je größer sie sind, und zum anderen, je charakteristischer sie die Population bezüglich des relevanten Merkmals widerspiegeln (Repräsentativität).

In der Praxis ist die Ebene der Stichprobe allein nur von geringer Bedeutung. Weitaus wichtiger sind die Rückschlüsse von der Stichprobe auf die Beschaffenheit der Population. Die empirisch ermittelten Stichprobenkennwerte des arithmetischen Mittels und der Varianz bleiben also nicht nur auf ihre Stichprobe bezogen, sondern dienen in den meisten Fällen als Schätzer für die jeweiligen Populationsparameter. In dieser Funktion heißen sie Populationsschätzer. Zur Unterscheidung der Kennwerte tragen sie verschiedene Buchstaben: Lateinische Zeichen indizieren Stichproben-, griechische Populationskennwerte. Die ☐ Tab. 1.3 veranschaulicht dies.

Noch einmal zur Verdeutlichung: Auf einer theoretischen Ebene gibt es Populationsparameter. Sie sind feststehende Kennwerte einer Population. In der Praxis ist es allerdings so gut wie nie möglich, diese Parameter genau zu bestimmen. Zum einen ist die interessierende Population meist zu groß, um sie in ihrer Gesamtheit zu erfassen; zum anderen verändern sich viele Populationen in jeder Sekunde. Populationsparameter müssen deshalb durch empirische Werte geschätzt werden.

Die Weltbevölkerung ist z. B. zu groß, als dass jeder Einzelne befragt werden könnte, außerdem werden ständig Menschen geboren und andere sterben.

Empirische Kennwerte schätzen die Populationsparameter unterschiedlich genau: Während das arithmetische Mittel $\bar{x}$ einer Stichprobe einen sogenannten erwartungstreuen Schätzer des entsprechenden Populationswerts μ darstellt ($\bar{x} = \hat{\sigma}$), verhält es sich bei der Varianz etwas anders (zum Begriff der Erwartungstreue siehe ► Abschn. 2.3).

☐ **Tab. 1.3** Übersicht zu den Unterschieden in der Bezeichnung zwischen Stichprobenwerten, Populationsparametern und Schätzern

Statistischer Kennwert	Stichprobe	Population	Schätzwert
arithmetisches Mittel	$\bar{x}$	μ [Mü]	$\hat{\mu}$
Varianz/Streuung	s^2 / s	σ^2 / σ	$\hat{\sigma}^2 / \hat{\sigma}$

Mathematisch kann gezeigt werden, dass die Stichprobenvarianz s^2 die Populationsvarianz σ^2 systematisch um den Faktor $n / (n-1)$ unterschätzt. Dies erklärt, warum in der Varianzformel nicht durch die Stichprobengröße n, sondern durch $n-1$ dividiert wird.

$$\hat{\sigma}_x^2 = s_x^2 \cdot \frac{n}{n-1} = \frac{\sum_{i=1}^{n}(x_i - \bar{x})^2}{n} \cdot \frac{n}{n-1}$$

Aufgrund der geringen Bedeutung der Stichprobenvarianz s^2 in der Praxis verzichten wir in diesem Buch auf deren Darstellung und arbeiten stattdessen mit dem Schätzer der Populationsvarianz. Auch SPSS arbeitet ausschließlich mit der geschätzten Populationsvarianz.

1.4   Standardisierung von Daten

Eine häufig angetroffene Aufgabe in der Psychologie, v. a. in der Testdiagnostik, besteht darin, einzelne Werte aus unterschiedlichen Tests miteinander zu vergleichen. Beispielsweise sollen die Testwerte einer Person zweier unterschiedlicher Intelligenztests verglichen werden. Da die beiden zu vergleichenden Testwerte aus unterschiedlichen Verteilungen mit unterschiedlichen Mittelwerten und Streuungen stammen, kann man nicht einfach die Absolutwerte der Person miteinander vergleichen. Die Einzelwerte müssen vielmehr zuerst an dem Mittelwert und der Streuung ihres Kollektivs relativiert und damit auf ein einheitliches Format zurückgeführt werden. Diese z-Standardisierung erfolgt nach folgender Formel:

> Einzelne Messwerte werden durch eine z-Transformation standardisiert.

$$z_i = \frac{x_i - \mu}{\sigma}$$

> Definition der z-Standardisierung

Die nach dieser Formel transformierten Werte werden z-Werte genannt. Sie gehören einer bestimmten Verteilung an, die z-Verteilung heißt und im folgenden Kapitel besprochen wird (▸ Abschn. 2.2). Diese Verteilung hat einen Mittelwert von 0 und eine Streuung von 1. Der Vorteil der z-Standardisierung besteht darin, dass sie Werte liefert, die unabhängig von Mittelwert und Streuung der ursprünglichen Verteilung interpretierbar sind. Identische z-Werte beschreiben in ihrer jeweiligen Ausgangsverteilung auch gleichwertige Merkmalsausprägungen. Neben der Vergleichsmöglichkeit von Einzelwerten aus verschiedenen Tests lassen sich die z-Werte überdies zur Bildung eines arithmetischen Mittels aus verschiedenen Testwerten nutzen.

> z-standardisierte Werte sind unabhängig von dem Mittelwert und der Streuung der ursprünglichen Verteilung.

Ein Beispiel: In zwei Intelligenztests IT-1 und IT-2, die Verteilungen mit unterschiedlichen Mittelwerten und Streuungen entstammen ($\mu_1 = 100$, $\sigma_1 = 15$; $\mu_2 = 50$, $\sigma_2 = 5$), erzielt eine Versuchsperson die beiden Werte $x_1 = 110$ und $x_2 = 53$. Hat sie in beiden Tests gleichwertig abgeschnitten?

Der erste Schritt ist die Transformation der Testwerte in z-Werte:

$$z_1 = \frac{110 - 100}{15} = \frac{2}{3} \approx 0{,}67; \quad z_2 = \frac{53 - 50}{5} = \frac{3}{5} = 0{,}6$$

Die Testwerte aus den beiden Intelligenztests entsprechen sich nicht exakt, was möglicherweise an nicht vermeidbaren Störgrößen liegt.

Aus den beiden z-Werten lässt sich anschließend wie folgt ein arithmetisches Mittel bilden:

$$\bar{z} = \frac{0{,}67 + 0{,}6}{2} = 0{,}635$$

Eine solche Mittelung ist mit den Rohdaten x_1 und x_2 unzulässig, erst die z-Transformation erlaubt sie.

► Video »Standardisierung von Daten« auf http://www.lehrbuch-psychologie.de

► Anleitung zur z-Standardisierung von Variablen mit SPSS auf http://www.lehrbuch-psychologie.de

Falls gewünscht, kann dieser z-Wert rücktransformiert werden. Der resultierende Wert dient als Anhaltspunkt für eine genauere Beurteilung der Intelligenz. Aus inhaltlicher Sicht bleibt aber hinzuzufügen, dass zwei unterschiedliche Intelligenztests nie völlig miteinander vergleichbar sind. Daher sind eine solche Retransformation und die folgende Interpretation des Resultates kritisch zu betrachten. Schließlich sind die für einen Test geltenden Normen ausschließlich mit Daten aus dem eigenen Verfahren entstanden und nicht ohne Weiteres mit den Werten anderer Tests vereinbar, die möglicherweise eine völlig andere theoretische Konzeption zur Grundlage haben.

Das Verständnis der oben erläuterten Formel ist sehr wichtig. Sie werden immer wieder darauf angewiesen sein, auch wenn z-Standardisierungen von Hand heute eine Ausnahme darstellen. In der ergänzenden Datei zu ► Kap. 1 auf der Internetseite finden Sie eine Anleitung zur z-Standardisierung von Variablen mithilfe von SPSS.

Zusammenfassung

Im ► Kap. 1 haben wir uns mit den grundlegenden Begriffen der deskriptiven Statistik beschäftigt. Sie sollten erste Schlüsse über die empirisch gewonnenen Daten ermöglichen. Die gesammelten Daten müssen zuerst systematisch geordnet werden, um eine sinnvolle Auswertung zu ermöglichen. Dies geschieht über eine Kodierung der Informationen und dem Eintragen in Datenmatrizen, in denen die Werte jeder einzelnen Versuchsperson erkennbar bleiben. Um Charakteristika der gesamten Gruppe aller Versuchspersonen erkennen zu können, werden Häufigkeitsverteilungen erstellt. Besonders gut erkennbar sind die Eigenschaften einer Datenmenge in grafischen Darstellungen. Diese können allerdings auch leicht Informationen verzerren.

Die Daten müssen einem von vier Skalentypen zugeordnet werden. Je nach Niveau besitzen diese Skalentypen unterschiedliche Aussagequalität und erlauben unterschiedliche Transformationen.

Die Maße der zentralen Tendenz (Modus, Median und arithmetisches Mittel) sind statistische Kennwerte, die Verteilungen zusammenfassend repräsentieren. Ihre Verwendbarkeit hängt vom Skalenniveau der Verteilung ab. Die Dispersionsmaße charakterisieren eine Verteilung hinsichtlich der Variation der Messwerte. Während die Variationsbreite lediglich über die Breite einer Verteilung informiert, beziehen die Varianz und die Standardabweichung alle Einzelwerte mit ein.

Die z-Standardisierung ist eine sehr häufig gewählte Vorgehensweise. Sie ermöglicht den Vergleich von Messwerten aus unterschiedlichen Datenkollektiven, indem sie Rohdaten in z-Werte mit einem Mittelwert von 0 und einer Streuung von 1 überführt.

Im folgenden Kapitel wollen wir näher auf die Verteilungseigenschaften von Merkmalen eingehen, die eine noch eingehendere Analyse unserer Daten erlauben. Dabei werden wir genauer auf die theoretische Grundlage von Verteilungen eingehen. Die in diesem Kapitel präsentierten Grundkenntnisse werden dort wie auch in den übrigen Kapiteln das Fundament bilden.

1.5   Aufgaben zu Kapitel 1

1.5.1   Verständnisaufgaben

Aufgabe 1

Welche der folgenden Aussagen sind zutreffend?
a. Der Modalwert ist der Wert einer Verteilung, der die größte Auftretenswahrscheinlichkeit hat.
b. Wenn die Messwerte nur als ganze Zahlen vorliegen, muss der Median auch eine ganze Zahl sein.
c. Der Mittelwert ist formal definiert als die an der Anzahl der Messwerte relativierte Summe der Einzelwerte.
d. Es kann nur einen Modalwert geben.
e. Der Mittelwert liegt so, dass die Summe der quadrierten Abweichungen der Werte vom Mittelwert minimal ist.
f. Die Bestimmung des arithmetischen Mittels aus einer nominalskalierten Variablen ist inhaltlich sinnvoll.
g. Wird in einer Untersuchung die soziale Schicht der Versuchsperson erfasst, so kann es sich nur um eine nominalskalierte Größe handeln.
h. Auf Ordinalskalenniveau sind alle linearen Transformationen erlaubt.

Aufgabe 2

Bestimmen und diskutieren Sie die Skalentypen der folgenden Beispiele:
a. Postleitzahlen
b. Gewicht (kg), das ein Kind hochheben kann
c. Körperliche Verfassung, gemessen am Gewicht (kg), das ein Kind hochheben kann
d. Metrisches System zur Distanzmessung
e. Schulnoten
f. Intelligenz, gemessen an der Anzahl der Aufgaben in einem Test

1.5.2   Anwendungsaufgaben

Aufgabe 1

Eine Lehrerin entnimmt dem Duden eine Zufallsstichprobe von 300 Wörtern der Alltagssprache, die sie ihren Schülern diktiert. Sie zählt anschließend bei jedem Schüler die Anzahl der richtig geschriebenen Worte und nennt diese Summe ein Maß für die »Allgemeine Rechtschreibfähigkeit«. Mit welchem Skalentyp können diese Daten dargestellt werden?

Aufgabe 2

Gegeben sind die Werte: 13; 28; 26; 19; 15; 16.
a. Ermitteln Sie das arithmetische Mittel, die Varianz und die Standardabweichung!
b. Transformieren Sie alle Werte nach der Gleichung $y = 2x + 5$ und wiederholen Sie Aufgabenteil a.
c. Überführen Sie die Werte in z-Werte.

Aufgabe 3

Die Messwerte zweier Gruppen sind wie in der nebenstehenden Tabelle angegeben:
a. Berechnen Sie Mittelwerte und Varianzen der beiden Gruppen.
b. Berechnen Sie den Gesamtmittelwert und die Gesamtvarianz aller Personen. Warum ist die Gesamtvarianz so groß?

Gruppe A	Gruppe B
13	28
11	26
10	25
9	24
7	22

Vp-Nr.	Geschlecht	Alter
1	w	19
2	w	21
3	m	22
4	w	20
5	w	19
6	m	20
7	w	24
8	w	20
9	w	21
10	m	23
11	m	27
12	w	19
13	w	21
14	m	22
15	w	20

Aufgabe 4

Eine Alters- und Geschlechtsumfrage, durchgeführt an 15 Studierenden der Pädagogik, liefert die Ergebnisse in dieser Tabelle:

a. Welche Skalenqualitäten besitzen die beiden erhobenen Merkmale?
b. Berechnen Sie den Prozentanteil weiblicher und männlicher Versuchspersonen.
c. Fertigen Sie eine Häufigkeitstabelle für die Variable Alter an.
d. Ergänzen Sie die Tabelle aus c. um eine Prozentwerttabelle und eine kumulierte Prozentwerttabelle.
e. Wie viel Prozent der befragten Studierenden sind zwischen 19 und 21 Jahre alt?
f. Bestimmen Sie Median und Modus der Altersvariablen.
g. Berechnen Sie das Durchschnittsalter der Versuchspersonen.
h. Sind die Studentinnen im Durchschnitt älter oder jünger als die Studenten? Wie groß ist der Unterschied?
i. Bestimmen Sie Variationsbreite, Varianz und Streuung der Altersverteilung.

Aufgabe 5

Eine Versuchsperson erhält in einem Angsttest ($\mu = 20$, $\sigma^2 = 25$) den Testwert 12. Welches Ergebnis würde sie theoretisch in einem anderen Angsttest mit $\mu = 0$ und $\sigma^2 = 100$ erreichen?

2 Inferenzstatistik

Björn Rasch, Malte Friese, Wilhelm Hofmann, Ewald Naumann

B. Rasch et al., *Quantitative Methoden 1*,
DOI 10.1007/978-3-662-43524-3_2, © Springer-Verlag Berlin Heidelberg 2014

Lernziele

- Was ist eine diskrete und was eine kontinuierliche Wahrscheinlichkeitsverteilung?
- Was ist eine Normalverteilung und welche Eigenschaften bestimmen ihre Form?
- Wie verteilen sich Wahrscheinlichkeiten unter einer Normalverteilung?
- Was ist die Standardnormalverteilung?

- Wie hängen Standardnormalverteilung und die Standardisierung von Daten aus ▶ Kap. 1 zusammen?
- Was ist eine Stichprobenkennwerteverteilung und wozu ist sie hilfreich?
- Was ist der Standardfehler des Mittelwerts, was ein Konfidenzintervall und wie hängen diese beiden Dinge miteinander zusammen?

Das folgende Kapitel ist von besonderer Bedeutung für dieses Buch, da es den Grundstein zum Verstehen aller weiteren inhaltlichen Konzepte legt. Dabei sei zunächst die Kapitelüberschrift erklärt. »Inferenzstatistik« bedeutet übersetzt »schließende Statistik«. Damit ist der Schluss von den erhobenen Daten einer Stichprobe auf Werte in der Population gemeint. Darüber mehr in ▶ Abschn. 2.3. Zunächst soll auf ein grundlegendes statistisches Phänomen, die Normalverteilung von Merkmalen, eingegangen werden. Die Annahme der Normalverteilung (▶ Abschn. 2.1) ist dabei nicht nur in diesem Kapitel ein zentrales Element, sondern Voraussetzung für alle weiterführenden Überlegungen der Inferenz- und Teststatistik. Ihr Verstehen ist daher essenziell. Die Standardnormalverteilung ist ein nützlicher Spezialfall der Normalverteilung. Sie wird in ▶ Abschn. 2.2 näher beleuchtet. Schließlich führt die Stichprobenkennwerteverteilung (▶ Abschn. 2.3) in das Gebiet der Inferenzstatistik ein.

In der Inferenzstatistik wird von Ergebnissen aus einer Stichprobe auf Populationswerte geschlossen.

2

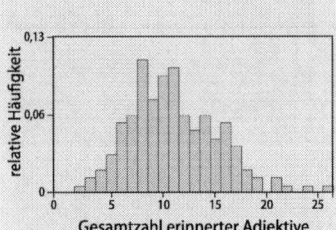

◩ Abb. 2.1 Relative Häufigkeit der Gesamtanzahl der erinnerten Wörter im Gedächtnisexperiment (*n* = 150)

▶ Daten zum Gedächtnisexperiment auf http://www.lehrbuch-psychologie.de

Diskrete Wahrscheinlichkeits-verteilung

Kontinuierliche Wahrscheinlichkeits-verteilung

2.1 Die Normalverteilung

Der ▶ Abschn. 1.3 charakterisierte das arithmetische Mittel und die Varianz als zentrale Kennwerte einer Verteilung. Doch welche Aussagekraft haben sie wirklich? Inwieweit bestimmen sie die Form einer Verteilung? Diese Fragen beantwortet der folgende Abschnitt.

In der Natur sind sehr viele Merkmale normalverteilt. Dies gilt beispielsweise für die Körpergröße, Intelligenz oder das Sehvermögen. Die Normalverteilung galt sogar zeitweise als eine Art Naturgesetz. Auch wenn diese Vorstellung mittlerweile abgelehnt wird, so zeigt sie doch die herausragende Bedeutung der Normalverteilung in der Mathematik und in den empirischen Sozialwissenschaften. Sehr viele statistische Verfahren, die für wissenschaftliches Arbeiten erforderlich sind, setzen voraus, dass die relevanten Merkmale in der Population normalverteilt sind.

2.1.1 Die Normalverteilungsannahme

Betrachten wir das Diagramm der relativen Häufigkeiten in ◩ Abb. 2.1. Die Daten stammen aus dem in der Einführung erklärten Gedächtnisexperiment mit *n* = 150 Versuchspersonen. Hier ist abgetragen, wie viele Versuchspersonen (relativiert an allen Versuchspersonen) eine bestimmte Anzahl von Adjektiven erinnert haben. Mit anderen Worten geben die Säulen in dem Diagramm die Wahrscheinlichkeit an, mit der eine bestimmte Anzahl von Wörtern erinnert wurde. Es ist zu erkennen, dass eine mittlere Zahl erinnerter Adjektive wahrscheinlicher ist als eine extrem hohe oder niedrige. Alle drei Maße der zentralen Tendenz (Median, Modus, arithmetisches Mittel) scheinen sich in gegenseitiger Nähe zu befinden.

Bei der ◩ Abb. 2.1 handelt es sich um eine diskrete Wahrscheinlichkeitsverteilung. Sie zeichnet sich dadurch aus, dass

▬ alle Werte auf der *x*-Achse getrennt voneinander stehen,
▬ jedem einzelnen Wert eine bestimmte Wahrscheinlichkeit zugeordnet ist.

Die erfasste abhängige Variable kann nur Werte in Form ganzer Zahlen annehmen – schließlich ist es nicht möglich 2,5 Adjektive zu erinnern. Auf der *x*-Achse stehen in diesem Diagramm also nur ganze Zahlen, denen jeweils eine Wahrscheinlichkeit zugeordnet ist. So ist z. B. die Wahrscheinlichkeit, 14 Wörter zu erinnern, $p(14) = 0,06$.

Was wäre mit dem Histogramm geschehen, wenn wir keine Einzelpersonen, sondern Gruppen von beispielsweise zehn Versuchspersonen untersucht hätten? Die Gruppen hätten Werte erzielt, die auf mehrere Stellen nach dem Komma berechnet werden können. Das Histogramm hätte also für jede untersuchte Gruppe einen Balken dargestellt, der das spezifische Gruppenergebnis genau dargestellt hätte, ohne Bindung an ganze Zahlen. Je mehr Gruppen wir untersucht hätten, desto mehr und dichter stehende Balken hätte das Histogramm gezeigt. Stellen Sie sich vor, wir hätten unendlich viele dieser Gruppen untersucht und ihre Werte in einem Koordinatensystem abgetragen: Aus der diskreten Wahrscheinlichkeitsverteilung wäre eine kontinuierliche geworden. Das bedeutet, dass eine solche Verteilung stetig ist. Kontinuierliche Wahrscheinlichkeitsverteilungen lassen die beliebig genaue Berechnung des abgetragenen Kennwerts zu, in diesem Fall die relative Häufigkeit erinnerter Adjektive. Auf der *x*-Achse stehen also neben den ganzen Zahlen unendlich viele Zahlen mit unendlich vielen Nachkommastellen. Anstelle der einzelnen Balken für bestimmte Zahlen entsteht eine kontinuierliche Kurve.

Kontinuierliche Wahrscheinlichkeitsverteilungen zeichnen sich dadurch aus, dass
▬ der Abstand der Werte auf der *x*-Achse unendlich klein ist,
▬ einem einzelnen Wert keine bestimmte Wahrscheinlichkeit zugeordnet werden kann.

Ein anderes Beispiel für eine kontinuierliche Variable ist das Gewicht. Zwar wird es zumeist in ganzen Zahlen angegeben, tatsächlich nimmt es aber unendlich viele verschiedene Ausprägungen zwischen diesen ganzen kg-Werten an, z. B. 8,657 kg.

Das Resultat dieses Gedankenexperiments ist eine unimodale und eingipflige Verteilung mit glockenförmigem Verlauf. Sie ist symmetrisch und nähert sich der x-Achse asymptotisch an. Dadurch sind die Werte für Median, Modus und arithmetisches Mittel identisch. Eine solche Verteilung heißt Normalverteilung.

Der Entdecker der Normalverteilung heißt Carl Friedrich Gauss. Sein Porträt war früher auf jedem Zehn-Mark-Schein abgebildet. Dort fand sich auch die mathematische Funktion der Normalverteilung:

$$f(x) = \frac{1}{\sqrt{2\pi \cdot \sigma^2}} \cdot e^{\frac{-(x-\mu)^2}{2\sigma^2}}$$

Obwohl die am Rand abgebildeten Kurven in ◨ Abb. 2.2, ◨ Abb. 2.3 und ◨ Abb. 2.4 sehr unterschiedlich sind, handelt es sich ausnahmslos um Normalverteilungen, denn die oben genannten Bedingungen sind bei allen gewahrt: Sie verlaufen glockenförmig, sind symmetrisch und die drei Maße der zentralen Tendenz fallen zusammen.

Welche Determinanten legen die Form einer Normalverteilung fest, sodass sie eindeutig identifizierbar ist? Jede Normalverteilung ist durch ihr arithmetisches Mittel und ihre Streuung vollständig determiniert. Das arithmetische Mittel ist leicht zu lokalisieren, da es mit dem Hochpunkt identisch ist. Die Streuung zeigt sich im Abstand der Wendepunkte vom Mittelwert (Wendepunkte sind die Punkte, an denen sich die Krümmung der Kurve umkehrt). Zwei Normalverteilungen mit derselben Streuung und demselben arithmetischem Mittel sind folglich identisch.

Der Mittelwert einer theoretischen Verteilung wie der unseres Gedankenexperiments (bei dem theoretisch unendlich viele Gruppen von jeweils zehn Versuchspersonen teilgenommen haben) heißt μ, die Streuung σ. Würden alle gesunden erwachsenen Menschen, also die gesamte Population, an diesem Gedächtnistest teilnehmen, entstünde eine Kurve, die sich der Normalverteilung annähert. Mittelwert und Streuung dieser Verteilung heißen μ und σ.

Der Mittelwert der Häufigkeitsverteilung aus dem Gedächtnisexperiment (◨ Abb. 2.1) beträgt 10,07 und die Streuung 4,37. Eine Normalverteilung mit diesen Werten (◨ Abb. 2.5) ähnelt wie erwartet dem Diagramm der Häufigkeitsverteilung in ◨ Abb. 2.1.

2.1.2 Wahrscheinlichkeiten unter der Normalverteilung

Die Enden jeder Normalverteilung sind Asymptoten der x-Achse. Sie nähern sich ihr an, ohne sie jemals zu berühren. Die Kurve kann also jede mögliche Ausprägung des gemessenen Merkmals abbilden. Flächen, die unter Verteilungen liegen, stellen Wahrscheinlichkeiten dar. Jede Wahrscheinlichkeit nimmt eine gewisse Fläche ein, die Gesamtfläche entspricht demzufolge einer Wahrscheinlichkeit von 1, da jeder mögliche empirische Wert unter dieser Kurve liegt. Aus der Symmetrie der Normalverteilung folgt, dass die Wahrscheinlichkeit, einen größeren Wert als den Mittelwert zu messen, $p = 0{,}5$ ist. Eine von Carl Friedrich Gauss gefundene Formel (▶ Abschn. 2.1.1) erlaubt die Wahrscheinlichkeitsberechnung beliebiger Intervalle unter der Kurve. Da eine Kurve aus unendlich vielen Punkten besteht, ist die Wahrscheinlichkeit für einen einzelnen Wert unendlich klein. Deshalb sind Wahrscheinlichkeitsberechnungen nur für Flächen, also Intervalle unter der Kurve möglich, niemals für einzelne Werte.

Für Normalverteilungen gilt, dass die Fläche, die von ± einer Standardabweichung vom Mittelwert begrenzt wird, mehr als ⅔ aller Fälle (68,26 %) beinhaltet

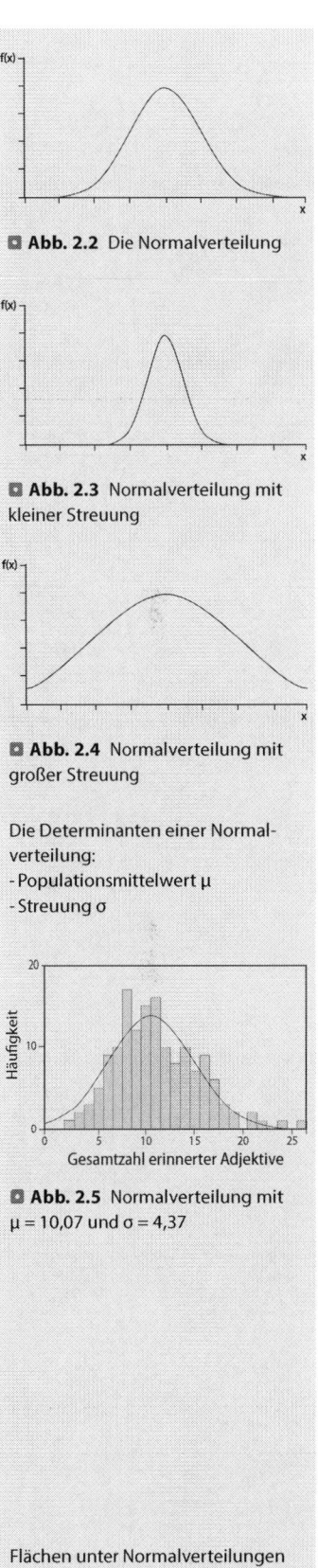

◨ **Abb. 2.2** Die Normalverteilung

◨ **Abb. 2.3** Normalverteilung mit kleiner Streuung

◨ **Abb. 2.4** Normalverteilung mit großer Streuung

Die Determinanten einer Normalverteilung:
- Populationsmittelwert μ
- Streuung σ

◨ **Abb. 2.5** Normalverteilung mit μ = 10,07 und σ = 4,37

Flächen unter Normalverteilungen stellen Wahrscheinlichkeiten dar.

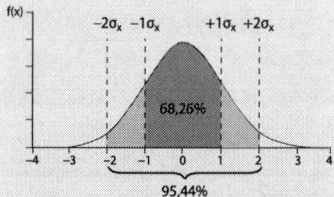

⬛ Abb. 2.6 Wahrscheinlichkeiten unter einer Normalverteilung

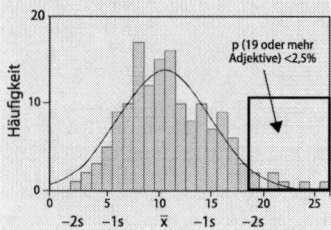

⬛ Abb. 2.7 Die Wahrscheinlichkeit, 19 oder mehr Adjektive zu erinnern

Die Standardnormalverteilung hat den Mittelwert 0 und eine Streuung von 1.

Sie ist die Verteilung der z-Werte.

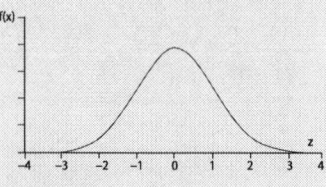

⬛ Abb. 2.8 Die Standardnormalverteilung

(⬛ Abb. 2.6). 95,44 % liegen im Bereich von ± zwei Standardabweichungen. Wenn also der Mittelwert einer Normalverteilung μ = 50 ist und die Streuung σ = 7, so liegen etwa 68 % der Fälle im Bereich von 43 bis 57. Umgekehrt ist die Wahrscheinlichkeit, dass ein Messwert um mehr als eine Standardabweichung vom Mittelwert abweicht, kleiner als 100 % − 68 % = 32 %.

Für die Sozialwissenschaften sind diese Erkenntnisse von großer Bedeutung, denn mit ihrer Hilfe ist es möglich, einen empirischen Wert an der dazugehörigen Normalverteilung zu relativieren und sein prozentuales Vorkommen unter der Kurve abzuschätzen (bzw. eines gewissen Bereiches um ihn herum). Ein Psychologe muss beispielsweise beurteilen können, ob ein gemessener Angstwert eines Patienten ein ungewöhnliches oder ein ganz alltägliches Ausmaß hat.

Wie groß war z. B. die Wahrscheinlichkeit, in dem Gedächtnisexperiment 19 oder mehr Adjektive zu erinnern? Die Fläche unter der Kurve in dem Rechteck in ⬛ Abb. 2.7 zeigt die gesuchte Wahrscheinlichkeit. Sie liegt mehr als zwei Standardabweichungseinheiten vom Mittelwert entfernt, deshalb ergibt sich eine Wahrscheinlichkeit, 19 oder mehr Adjektive zu erinnern, von kleiner als 2,5 %.

2.2 Die Standardnormalverteilung

Eine Normalverteilung ist eine symmetrische glockenförmige Kurve, die sich der x-Achse asymptotisch nähert und deren Median, Modus und arithmetisches Mittel zusammenfallen. Zwei Merkmale beschreiben eine Normalverteilung vollständig: ihr arithmetisches Mittel und ihre Streuung. Unter den unendlich vielen Normalverteilungen gibt es eine mit dem Mittelwert μ = 0 und der Streuung σ = 1. Diese wird als Standardnormalverteilung bezeichnet. Ihr kommt eine besondere Bedeutung zu, denn jede erdenkliche Normalverteilung ist durch eine einfache Transformation in diese standardisierte Form zu überführen. Dies ist die in ▶ Abschn. 1.4 behandelte z-Transformation nach der Formel:

$$z_i = \frac{x_i - \mu}{\sigma}$$

Standardnormalverteilung und z-Verteilung sind also Bezeichnungen für ein- und dieselbe Verteilung. Deren Hochpunkt befindet sich bei 0, die Wendepunkte bei −1 und +1. Da die Streuung der Standardnormalverteilung σ = 1 beträgt, lassen sich z-Werte hier direkt als Standardabweichungseinheiten vom Mittelwert auffassen. Deshalb sind auf der x-Achse z-Werte abgetragen (⬛ Abb. 2.8). Ein z-Wert von 2,5 liegt genau 2,5 Standardabweichungen vom Mittelwert entfernt.

Die Standardnormalverteilung macht den Sozialwissenschaftlern das Leben in vielen Bereichen leichter. Mit ihrer Hilfe und den eng mit ihr verknüpften z-Werten ist es problemlos möglich, die Ergebnisse mehrerer, auf unterschiedlichen Normalverteilungen basierender Messinstrumente zu vergleichen. Dies ist z. B. dann nötig, wenn untersucht werden soll, ob zwei verschiedene psychologische Tests wirklich dasselbe Konstrukt messen, oder wenn Umfragedaten fremder Institute, die mit unterschiedlichen Instrumenten arbeiten, untereinander verglichen werden sollen.

2.2.1 Wahrscheinlichkeiten unter der Standardnormalverteilung

Die Fläche unter der Kurve einer Merkmalsverteilung repräsentiert die Wahrscheinlichkeit eins. Jedes mögliche Ergebnis ist unter der Kurve lokalisierbar. Wie bei jeder Normalverteilung liegen unter dem Bereich von ± einer Standardabweichung 68,26 % der Fälle. Also gilt dies ebenso für die standardisierten z-Werte −1 und +1, denn die

sind ja als Streuungseinheiten vom Mittelwert zu verstehen. 95,44 % der Fälle liegen
zwischen den z-Werten –2 und +2.

Die z-Werte erlauben die genaue Berechnung der Wahrscheinlichkeiten bestimmter Intervalle unter der Kurve. Anhand der ▶ Tabelle A im Anhang A2 lassen sich diese
Wahrscheinlichkeiten leicht ablesen. Jedem z-Wert ist dort eine Fläche unter der Kurve zugeordnet, die dieser z-Wert nach links abschneidet. Diese Fläche ist identisch mit
der Wahrscheinlichkeit dafür, aus einer Population zufällig einen Wert zu ziehen, der
kleiner oder gleich diesem z-Wert ist. Um die Wahrscheinlichkeit eines Intervalls zu
bestimmen, muss man die Wahrscheinlichkeiten der z-Werte, die die Grenzen des
Intervalls festlegen, voneinander subtrahieren. So ist z. B. die Wahrscheinlichkeit für
einen z-Wert größer als 1,2: $p = 0,1151$, für einen z-Wert kleiner oder gleich 1,2: $p =$
0,8849 (◨ Abb. 2.9, Wahrscheinlichkeiten aus ▶ Tabelle A im Anhang A2).

Mithilfe der Standardnormalverteilung ist es nicht nur möglich, dem Bereich ab
einem gewissen z-Wert eine Wahrscheinlichkeit zuzuordnen, sondern auch direkt
gemessenen Werten aus anderen Verteilungen. Diese Werte werden dafür einer
z-Standardisierung unterzogen. Es resultiert die Wahrscheinlichkeit, dass ein empirischer Testwert oder ein größerer auftritt. Dieses Prinzip findet z. B. Anwendung bei
Intelligenztests.

In den Testmanualen sind häufig Prozentrangplätze für bestimmte Testergebnisse
angegeben. Prozentrangplätze geben an, wie viel Prozent aller Werte einer irgendwie
geformten Verteilung unter einem bestimmten Wert liegen. Sie können anhand der
kumulierten Prozentwertverteilung bestimmt werden (▶ Abschn. 1.1.2). Sind die Werte normalverteilt, so lassen sich Prozenträge anhand der Standardnormalverteilung
ermitteln. So könnte einem Intelligenzwert von 115 ($\mu = 100$; $\sigma = 15$) ein Prozentrang
von 84 zugeordnet werden (▶ Tabelle A im Anhang A2, für $z = 1$).

2.3 Die Stichprobenkennwerteverteilung

In vielen Fällen sind Sozialwissenschaftler am sogenannten Populationsparameter,
d. h. am tatsächlichen Wert eines Merkmals in der Population interessiert. Natürlich
kann nicht für jede Untersuchung die gesamte Population befragt werden. Erhebun-
gen, die die ganze Population mit einbeziehen, sind sehr aufwendig und daher äußerst
selten. Wirklich genau sind aber auch sie nicht, denn die Population ändert sich in
jedem Augenblick.

Dies gilt natürlich nur für Fragestellungen, die z. B. alle gesunden erwachsenen Menschen als Population zugrunde legen. Populationen sehr kleiner Größe, etwa die Studierenden in einem Hörsaal, können dagegen durchaus in ihrer Ganzheit untersucht werden.

Stattdessen versuchen Wissenschaftler diesen Populationsparameter durch die Erhe-
bung von Stichproben zu schätzen. An dieser Stelle wird der Grund für den Namen
dieses Kapitels ganz deutlich: Inferenzstatistik bezeichnet den Schluss von der Stichprobe auf die Population. Aber ist dieses Vorgehen überhaupt erlaubt und statistisch
zu rechtfertigen? Ist es zulässig, aus den Daten einer Stichprobe auf Eigenschaften der
Population zu schließen? Die Antwort lautet: Ja, sofern die Stichprobe möglichst repräsentativ für die interessierende Population in den interessierenden Merkmalen ist.
Wird dies gewahrt, so liefern Stichproben zuverlässige Schätzungen der Populationswerte. Ist die Stichprobe nicht repräsentativ für die Population, so kann es zu Fehlinterpretationen durch Stichprobenfehler kommen (▶ Abschn. 4.1.10).

Wie gut ist nun die mithilfe der Stichprobe vorgenommene Schätzung des Populationswerts? Würde z. B. der Mittelwert von zwei solcher Stichproben anstelle einer
einzigen nicht eine viel genauere Schätzung des Populationsmittelwerts abgeben, und
der Mittelwert von drei Stichproben eine noch genauere? Die folgenden Überlegungen

▶ Tabelle A im Anhang A2

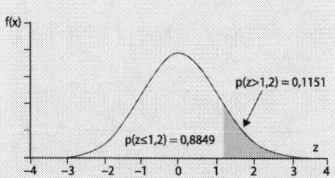

◨ **Abb. 2.9** Bestimmung der Wahrscheinlichkeit eines z-Werts

▶ Tabelle A im Anhang A2

Das Schließen von einer Stichprobe
auf die Population ist nur bei reprä-
sentativen Stichproben erlaubt.

▶ Video »Stichprobenkennwerteverteilung und Standardfehler des
Mittelwerts« auf http://www.lehr-
buch-psychologie.de

Stichprobenkennwerteverteilung
von Mittelwerten

Der Mittelwert einer Stichprobe ist
ein erwartungstreuer Schätzer des
Populationsmittelwerts.

Der Standardfehler des Mittelwerts
gibt die Genauigkeit der Schätzung
des Populationsmittelwerts an.

Der Standardfehler des Mittelwerts

Je größer die Populationsstreuung
ist, desto größer ist der Standardfehler des Mittelwerts.

beziehen sich auf das arithmetische Mittel, können aber problemlos auf andere in ▶ Abschn. 1.3 erörterte Kennwerte übertragen werden.

Nehmen wir einmal an, statt der einen hätten wir theoretisch unendlich viele, gleich große, voneinander unabhängige Stichproben erheben können, die wiederum unendlich viele, unterschiedlich große Stichprobenmittelwerte liefern. Die resultierende Verteilung dieser Mittelwerte ginge mit steigender Anzahl von Werten in eine Normalverteilung über, die sogenannten Stichprobenkennwerteverteilung von Mittelwerten. Sie umfasst alle möglichen Mittelwerte, die aus einer Stichprobe der gegebenen Größe entstehen können. Der Mittelwert dieser Stichprobenkennwerteverteilung von Mittelwerten ($\bar{\bar{x}}$) repräsentiert die Verteilung am besten, denn alle Mittelwerte streuen um ihn herum (▶ Abschn. 2.1). Deshalb ist bei einer einmaligen Ziehung einer Stichprobe ein Mittelwert in der Nähe von $\bar{\bar{x}}$ wahrscheinlicher als ein Mittelwert, der sehr weit davon entfernt ist. In der Sprache der Statistik heißt $\bar{\bar{x}}$ deshalb auch Erwartungswert von $\bar{x}$ ($E(\bar{x})$). Man kann zeigen, dass dieser Erwartungswert gleich dem Populationsmittelwert μ ist. Es gilt also $E(\bar{x}) = \mu$ (Beweis siehe Bortz und Schuster, 2010, Anhang A, S. 529). Jeder Mittelwert, der einer solchen Stichprobenkennwerteverteilung entstammt, wird als erwartungstreuer Schätzer $\hat{\mu}$ des Populationsparameters μ bezeichnet: $\bar{x} = \hat{\mu}$.

Das Dach über μ zeigt an, dass dies ein geschätzter Wert ist (▶ Abschn. 1.3.4). Generell sind alle die Kennwerte erwartungstreue Schätzer, deren Kennwerteverteilungen den jeweiligen Populationsparameter als Mittelwert haben.

2.3.1   Der Standardfehler des Mittelwerts

Die Tatsache, dass der Erwartungswert der Stichprobenkennwerteverteilung gleich dem Populationsmittelwert μ ist, eröffnet die Möglichkeit für eine beliebig genaue Schätzung eben dieses Werts, um den herum sich die Kennwerte symmetrisch verteilen. Doch wie wir in ▶ Abschn. 2.1 gesehen haben, ist jede Normalverteilung nicht nur durch ihr arithmetisches Mittel, sondern auch durch ihre Streuung charakterisiert. Die Wahrscheinlichkeit, eine gute Schätzung durch einmalige Ziehung einer Stichprobe zu erlangen, ist offensichtlich umso höher, je kleiner die Streuung der Stichprobenkennwerteverteilung ist. Die Streuung der Stichprobenkennwerteverteilung heißt Standardfehler des Mittelwerts. Mit seiner Hilfe lässt sich die Genauigkeit der Schätzung des Populationsmittelwerts beurteilen. Er ist definiert als die Streuung in einer Verteilung von Mittelwerten aus gleich großen Zufallsstichproben einer Population:

$$\sigma_{\bar{x}} = \sqrt{\frac{\sigma_x^2}{n}} = \frac{\sigma_x}{\sqrt{n}}$$

Wovon hängt die Größe des Standardfehlers ab? Zum einen ist die Streuung der Messwerte in der Population ausschlaggebend für die Streuung der Stichprobenkennwerteverteilung: Hätten alle Menschen dieselbe Merkmalsausprägung, so wäre natürlich sowohl die Streuung in der Population als auch die der Stichprobenkennwerteverteilung gleich null. Der Standardfehler wird also zwangsläufig umso größer, je größer auch die Streuung der Messwerte in der Population ist. Die Populationsstreuung steht in der Formel im Zähler (siehe Formel).

Beispiel: Hätten alle Menschen einen identischen Grad an Intelligenz, dann hätten alle Menschen einen Intelligenzquotienten von exakt 100 und der Standardfehler des Mittelwerts wäre gleich null. Da die Menschen aber unterschiedlich intelligent sind und somit der Intelligenzquotient in der Bevölkerung eine gewisse Varianz (und Streuung) aufweist, wird ihr Populationsmittelwert zwar erwartungstreu geschätzt, den exakten Wert wird aber nie jemand wissen.

Zum anderen wirkt sich der Stichprobenumfang auf den Standardfehler aus (siehe Formel). Je größer die Stichprobe ist, desto genauer wird auch ihre Schätzung sein.

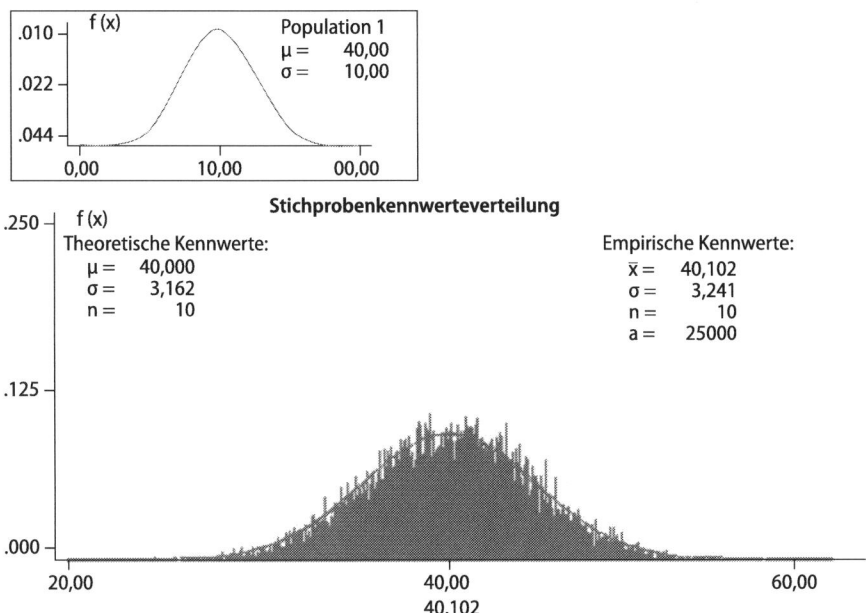

☒ Abb. 2.10 Computersimulation einer Stichprobenkennwerteverteilung mit der Stichproben-größe *n* = 10

Daraus lässt sich ableiten, dass die Mittelwerte bei großen Stichproben weniger streuen als bei kleinen Stichproben. Dadurch steigt die Chance, mit der Schätzung sehr nahe an dem wirklichen Populationsmittelwert zu liegen. Dies verdeutlichen die Computersimulationen sehr anschaulich (☒ Abb. 2.10 und ☒ Abb. 2.11). Dort sind sehr viele Zufallsstichproben einer bestimmten Größe gezogen und die resultierende Stichprobenkennwerteverteilung dargestellt. Der Vergleich zweier solcher Verteilungen mit unterschiedlichem Stichprobenumfang macht dessen Bedeutung verständlich (Maßstäbe der *x*-Achse beachten).

> Je größer die Stichprobe ist, desto kleiner ist der Standardfehler des Mittelwerts.

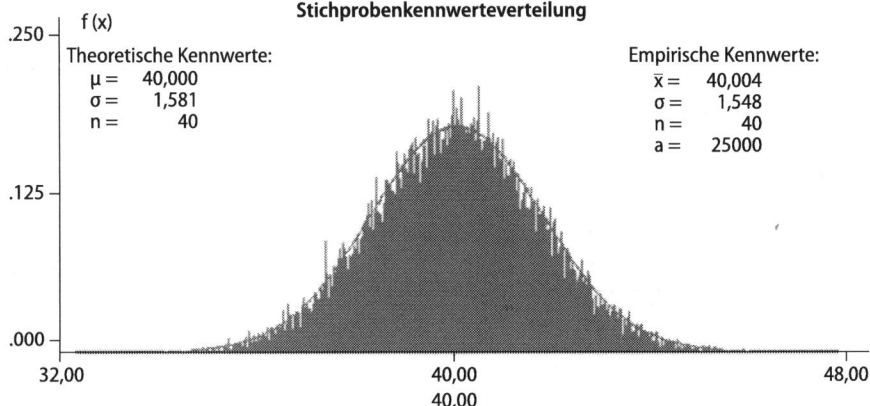

☒ Abb. 2.11 Computersimulation einer Stichprobenkennwerteverteilung mit der Stichproben-größe *n* = 40

Wenn die Größe des Standardfehlers entscheidend die Güte der Mittelwertsschätzung beeinflusst, ist es von Vorteil, auch den Standardfehler zu schätzen. Wie oben ausgeführt ist er proportional zur Populationsstreuung und verringert sich bei zunehmendem Stichprobenumfang. Mathematisch berechnet er sich wie folgt:

$$\hat{\sigma}_{\bar{x}} = \frac{\hat{\sigma}_x}{\sqrt{n}} = \sqrt{\frac{\hat{\sigma}_x^2}{n}} = \sqrt{\frac{\sum\limits_{i=1}^{n}(x_i - \bar{x})^2}{n \cdot (n-1)}}$$

Schätzung des Standardfehlers

▶ Video »Stichprobenkennwerteverteilung und Standardfehler des Mittelwerts« auf http://www.lehrbuch-psychologie.de

Ein Konfidenzintervall gibt die Präzision eines Stichprobenergebnisses an.

Noch einmal: Ein Mittelwert stellt eine umso präzisere Schätzung des Populationsparameters μ dar, je kleiner sein Standardfehler ist.

Ein großer Vorteil ist, dass die Daten einer Stichprobe ausreichen, um die Größe des Standardfehlers zu schätzen. Aufgrund einer Stichprobe können wir deshalb nicht nur den Mittelwert der Population schätzen, sondern mithilfe des Standardfehlers auch die Genauigkeit dieser Schätzung bestimmen. Die Bewertung erfolgt mithilfe unserer Kenntnisse über die Wahrscheinlichkeiten unter einer Normalverteilung (▶ Abschn. 2.1.2): Im Bereich von ± einem Standardfehler vom Stichprobenmittelwert liegen 68,26 %, zwischen ± zwei Standardfehlern 95,44 % aller möglichen Populationen mit ihrem jeweiligen Populationsmittelwert, aus denen die Stichprobe stammen könnte. Anders ausgedrückt: Mit einer Wahrscheinlichkeit von 68,26 % liegt der wahre Populationsmittelwert zwischen ± einem Standardfehler. Ein solcher Bereich heißt Vertrauensintervall oder Konfidenzintervall des Mittelwerts. Es ist ein Maß für die Präzision, mit der ein Stichprobenkennwert den »wahren« Populationsparameter schätzt.

▶ Tabelle A im Anhang A2

In der Praxis wird per Konvention meist ein Konfidenzintervall von 95 % oder 99 % bestimmt. Eine solche Berechnung erfordert den Rückgriff auf die Wahrscheinlichkeiten in einer Standardnormalverteilung. Da ein Konfidenzintervall symmetrisch um einen Mittelwert konstruiert wird, müssen wir auf den beiden Seiten der Verteilung jeweils 2,5 % bzw. 0,5 % abschneiden, um einen Wahrscheinlichkeitsbereich von 95 % oder 99 % zu erhalten. Ein z-Wert von −1,96 (−2,58) schneidet 2,5 % (0,5 %) nach links ab, ein Wert von 1,96 (2,58) schneidet denselben Bereich nach rechts ab (▶ Tabelle A im Anhang A2, bitte nachschauen). Aufgrund der Symmetrie der z-Verteilung genügt es, den Betrag von einem der beiden z-Werte zu bestimmen. Dieser Betrag muss mit dem Standardfehler des Mittelwerts multipliziert werden. Das Ergebnis wird zum Mittelwert addiert bzw. vom Mittelwert subtrahiert, um die beiden Grenzen des Konfidenzintervalls zu erhalten:

$$\text{untere Grenze} = \bar{x} - z \cdot \hat{\sigma}_{\bar{x}}$$
$$\text{oberer Grenze} = \bar{x} + z \cdot \hat{\sigma}_{\bar{x}}$$

Bestimmung eines Konfidenzintervalls um den Mittelwert

▶ Tabelle B im Anhang A2

▬ Für ein 95%-Konfidenzintervall: $z = 1{,}96$
▬ Für ein 99%-Konfidenzintervall: $z = 2{,}58$

Bei kleinen Stichproben ($N < 30$) ist allerdings die Normalverteilungsannahme häufig verletzt (siehe Bortz und Schuster, 2010, S. 87). Das korrekte Konfidenzintervall ist in diesem Fall etwas größer, als die Berechnung über z-Werte angibt. Hier empfiehlt es sich, anstatt des z-Werts den zugehörigen Wert der t-Verteilung (bei $df = n - 1$) zu ermitteln, der 2,5 % bzw. 0,5 % nach oben bzw. unten abschneidet. Die t-Verteilung wird in ▶ Abschn. 3.1.4 erklärt, die t-Werte sind der ▶ Tabelle B im Anhang A2 zu entnehmen.

Wie lautet das 95%-Konfidenzintervall zu folgendem Ergebnis?

$$\bar{x} = 15; \quad \hat{\sigma} = 5; \quad n = 64$$

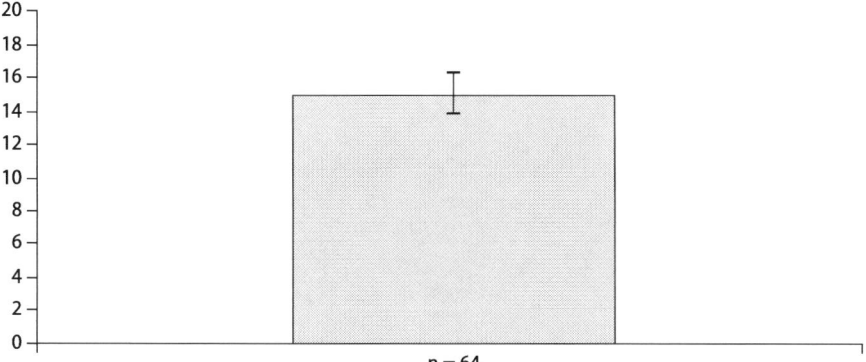

Abb. 2.12 Mittelwert mit Fehlerbalken (95%-Konfidenzintervall)

Zuerst schätzt man den Standardfehler:

$$\hat{\sigma}_{\bar{x}} = \frac{\hat{\sigma}_x}{\sqrt{n}} = \frac{5}{\sqrt{64}} = 0{,}625$$

untere Grenze des Konfidenzintervalls $= \bar{x} - z \cdot \hat{\sigma}_{\bar{x}} = 15 - 1{,}96 \cdot 0{,}625 = 13{,}775$
obere Grenze des Konfidenzintervalls $= \bar{x} + z \cdot \hat{\sigma}_{\bar{x}} = 15 + 1{,}96 \cdot 0{,}625 = 16{,}225$

Das 95%-Konfidenzintervall um den Mittelwert 15 lautet [13,775; 16,225]. Der Mittelwert stammt mit einer Wahrscheinlichkeit von 95% aus einer Population, deren Mittelwert μ zwischen 13,775 und 16,225 liegt. Ein Konfidenzintervall wird grafisch anhand eines Fehlerbalkens dargestellt (Abb. 2.12).

In den ergänzenden Dateien auf der Internetseite dieses Buches finden Sie eine Erläuterung zur Bestimmung der Konfidenzintervalls mit SPSS sowie dessen grafischer Darstellung.

► Erläuterung zur Bestimmung der Konfidenzintervalls mit SPSS auf http://www.lehrbuch-psychologie. de

Zusammenfassung

Dieses Kapitel beschäftigte sich zunächst mit der sehr wichtigen Annahme der Normalverteilung, der sehr viele Merkmale in der Bevölkerung folgen. Alle Normalverteilungen sind durch ihren glockenförmigen Verlauf gekennzeichnet und durch die Tatsache, dass Modus, Median und arithmetisches Mittel auf einen Punkt fallen. Sie sind daher symmetrisch. Flächen unter einer Normalverteilung stellen Wahrscheinlichkeiten dar. Die Wahrscheinlichkeit für einen einzelnen Punkt ist unendlich klein, da jede Kurve aus unendlich vielen Punkten besteht.

Die Standardnormalverteilung (z-Verteilung) ist ein Spezialfall der Normalverteilung mit μ = 0 und σ = 1. Auf ihrer Abszisse sind die z-Werte abgetragen, denn es handelt sich um die aus einer z-Standardisierung resultierende Verteilung. So ist es möglich, Daten zu vergleichen, die aus ursprünglich unterschiedlichen Normalverteilungen stammen.

Empirische Sozialwissenschaftler schätzen mithilfe von Stichproben die Populationskennwerte, da es meist nicht praktizierbar ist, die gesamte Population zu befragen. Die Stichprobenkennwerteverteilung umfasst alle möglichen Mittelwerte einer bestimmten Stichprobengröße. Ihr Mittelwert ist mit dem Populationsmittelwert μ identisch. Deshalb wird jeder Wert aus dieser Verteilung als erwartungstreuer Schätzer des Populationswerts bezeichnet, auch wenn zwischen den beiden Werten unter Umständen eine große Diskrepanz besteht.

▼

Ob zwischen dem Populationsparameter und seinem Schätzer tatsächlich eine solche Diskrepanz besteht, hängt wesentlich von der Streuung der Stichproben-kennwerteverteilung ab. Sie wird Standardfehler genannt. Die Größe des Standardfehlers hängt von zwei Faktoren ab: Zum einen ist er umso kleiner, je kleiner die Streuung des Merkmals in der Population ist. Zum anderen verringert er sich mit zunehmender Stichprobengröße. Je kleiner der Standardfehler ist, desto besser ist auch die Schätzung des Populationsmittelwerts durch den Mittelwert der Stichprobe.

Der Standardfehler eignet sich außerdem zur Konstruktion von Konfidenzintervallen. Ein Konfidenzintervall gibt den Bereich von Populationsparametern an, aus dem ein empirisch gefundenes Ergebnis, z. B. ein Mittelwert, mit einer bestimmten Wahrscheinlichkeit (per Konvention meist 95 % oder 99 %) stammt. Damit lässt sich die Präzision eines Ergebnisses anschaulich beurteilen.

2.4 Aufgaben zu Kapitel 2

Aufgabe 1

Wie viele und welche Merkmale sind nötig, um eine Normalverteilung vollständig zu beschreiben?

Aufgabe 2

Bestimmen Sie den z-Wert einer Standardnormalverteilung,
a. oberhalb dessen 20 Prozent der Werte liegen.
b. unterhalb dessen 65 Prozent der Werte liegen.

Aufgabe 3

Bestimmen Sie, wie viel Prozent der Fälle bei einer Normalverteilung und bei einer Standardnormalverteilung in dem Bereich »Mittelwert ± 1,5 Standardabweichungs-einheiten« liegen.

Aufgabe 4

In zwei Untertests eines Intelligenz-Struktur-Tests erzielt Mario die Werte $x_1 = 12$ und $x_2 = 23$.

$$\mu_1 = 10 \quad \mu_2 = 20$$
$$\sigma_1 = 2 \quad ; \quad \sigma_2 = 3$$

Hat Mario in beiden Tests »gleich gut« abgeschnitten?

Aufgabe 5

Ein Firmenchef möchte nur sehr intelligente Bewerber einstellen, nämlich nur solche, die in den oberen 5 % der Population liegen. Wie groß muss der IQ-Wert einer Person in einem Intelligenztest mindestens sein, um bei ihm einen Job zu bekommen?
(Intelligenztest: $\mu = 100$, $\sigma = 15$)

Aufgabe 6

Ein Test für Extraversion hat den Populationsmittelwert von $\mu = 15$ und eine Populationsstreuung von $\sigma = 2$.
a. Wie groß ist die Wahrscheinlichkeit, dass eine Versuchsperson in diesem Test einen Wert von 10 oder weniger bekommt?

b. Wie wahrscheinlich ist es, dass eine Versuchsperson einen Wert zwischen 13 und 17 erhält?
c. Ab welchem Wert kann man jemanden als außergewöhnlich extravertiert bezeichnen?
d. Ab welchem Mittelwert kann man eine Gruppe von 4 Leuten als außergewöhnlich extravertiert bezeichnen?

3 Der *t*-Test

Björn Rasch, Malte Friese, Wilhelm Hofmann, Ewald Naumann

B. Rasch et al., *Quantitative Methoden 1*,
DOI 10.1007/978-3-662-43524-3_3, © Springer-Verlag Berlin Heidelberg 2014

Lernziele

- Was ist der *t*-Test und wann wird er verwendet?
- Was sind Freiheitsgrade und wie werden sie berechnet?
- Wie wird das Ergebnis eines *t*-Tests (der »*t*-Wert«) bewertet und interpretiert?
- Unter welchen Voraussetzungen darf der *t*-Test angewendet werden?
- Was unterscheidet die Nullhypothese von der Alternativhypothese?

- Welche Effektgrößen gibt es und was sagen sie aus?
- Was bedeutet statistische Teststärke und warum ist sie so wichtig?
- Wie plane ich den »optimalen« Stichprobenumfang?
- Welche Formen des *t*-Tests gibt es und wann werden sie eingesetzt?
- Welche Schritte sind bei der Durchführung eines *t*-Tests zu beachten?

Dieses Kapitel beschäftigt sich mit einem grundlegenden statistischen Verfahren zur Auswertung erhobener Daten: dem *t*-Test. Der *t*-Test untersucht, ob sich zwei empirisch gefundene Mittelwerte systematisch voneinander unterscheiden. Mithilfe dieses Testverfahrens ist es möglich festzustellen, ob zwei betrachtete Gruppen in einem untersuchten Merkmal wirklich einen Unterschied aufweisen oder nicht. Der *t*-Test findet in vielen empirischen Sozialwissenschaften häufige Anwendung.

Das genaue Verständnis dieses vergleichsweise einfachen Tests ist von großer Bedeutung, da die theoretischen Überlegungen als Grundlage für später behandelte Auswertungsverfahren dienen. Der ► Abschn. 3.1 befasst sich zuerst mit der Entwicklung eines Grundverständnisses für den *t*-Test. In den ► Abschn. 3.2 und ► Abschn. 3.3 wird dieses Grundverständnis erweitert, sodass der *t*-Test im ► Abschn. 3.4 allgemein betrachtet werden kann. Das Kapitel schließt mit einer Anleitung zur Konstruktion eines »guten« *t*-Tests (► Abschn. 3.6) und Empfehlungen für das Lesen von *t*-Tests in der Literatur (► Abschn. 3.7).

Alle hier vorgestellten Überlegungen beziehen sich auf den *t*-Test für unabhängige Stichproben. Die Beschreibung des *t*-Tests für abhängige Stichproben in ► Abschn. 3.5

3

ist dagegen kurz gehalten. Dies gilt auch für den Einstichproben-*t*-Test (ebenfalls ▶ Abschn. 3.5). Die Unterschiede zum *t*-Test für unabhängige Stichproben sind aber in beiden Fällen auf konzeptueller Ebene nur gering. Deshalb lassen sich die in den ersten Abschnitten behandelten Konzepte ohne Schwierigkeiten übertragen.

Wir greifen in diesem Kapitel unter anderem auf folgende Begriffe zurück: arithmetisches Mittel, Streuung und Varianz aus dem ▶ Kap. 1, außerdem auf die Überlegungen zur Normalverteilung, Standardnormalverteilung und Stichprobenkennwerteverteilung aus ▶ Kap. 2. Bei Unklarheit über diese Begriffe sollten Sie die vorangegangenen Kapitel noch einmal wiederholen.

3.1   Was ist der *t*-Test?

Der folgende Abschnitt erklärt schrittweise die Fragestellung und Funktion eines *t*-Tests und die benötigten theoretischen Grundlagen: die Nullhypothese, die Stichprobenkennwerteverteilung und deren Streuung (▶ Abschn. 3.1.1 und ▶ Abschn. 3.1.2). Dies führt zur Entwicklung der Formel für den *t*-Wert und zur *t*-Verteilung. Die Form dieser Verteilung wird durch ihre Freiheitsgrade bestimmt (▶ Abschn. 3.1.3). Die weiteren Abschnitte befassen sich mit der Auswertung eines empirisch ermittelten *t*-Werts, mit dem Einfluss der Stichprobengröße sowie mit den Voraussetzungen, die für die Durchführung eines *t*-Tests gegeben sein müssen (▶ Abschn. 3.1.4 bis ▶ Abschn. 3.1.8).

3.1.1   Die Fragestellung des *t*-Tests

Der *t*-Test kann nur bei intervallskalierten Daten angewendet werden und gehört zur Gruppe der parametrischen Verfahren.

Der *t*-Test untersucht, ob sich die Mittelwerte zweier Gruppen systematisch unterscheiden.

Der Stichprobenkennwert des *t*-Tests ist die Differenz der Mittelwerte

Der *t*-Test ist eine Entscheidungsregel auf einer mathematischen Grundlage, mit deren Hilfe ein Unterschied zwischen den empirisch gefundenen Mittelwerten zweier Gruppen näher analysiert werden kann. Er liefert nur für intervallskalierte Daten zuverlässige Informationen. Deshalb gehört er zur Gruppe der parametrischen Verfahren.

Parametrische Verfahren schätzen Populationsparameter mittels statistischer Kennwerte wie dem arithmetischen Mittel oder der Varianz, für deren Berechnung die Intervallskaliertheit der Daten Voraussetzung ist.

Der *t*-Test arbeitet mit den Populationsparametern der Streuung und des arithmetischen Mittels, die mithilfe der Stichprobe geschätzt werden. Er liefert eine Entscheidungshilfe dafür, ob ein gefundener Mittelwertsunterschied rein zufällig entstanden ist oder ob es wirklich bedeutsame Unterschiede zwischen den zwei untersuchten Gruppen gibt. Mathematisch gesprochen beurteilt dieses Verfahren, ob sich zwei untersuchte Gruppen systematisch in ihren Mittelwerten unterscheiden oder nicht.

Der wichtigste Wert für die Durchführung eines *t*-Tests ist die Differenz der Gruppenmittelwerte. Diese Differenz bildet den Stichprobenkennwert des *t*-Tests:

$$\bar{x}_1 - \bar{x}_2$$

Die zentrale Frage des *t*-Tests lautet: Wie wahrscheinlich ist die empirisch gefundene oder eine größere Mittelwertsdifferenz unter allen möglichen rein theoretisch denkbaren Differenzen (◻ Abb. 3.1)?

Der *t*-Test dient wie viele andere statistische Verfahren zur Überprüfung aufgestellter Hypothesen. Dabei ist es wichtig, vor der Durchführung eines *t*-Tests die zu untersuchende Hypothese inhaltlich zu präzisieren. Die inhaltliche Hypothese muss dann in eine mathematische Schreibweise gebracht und somit in eine statistische Hypothese überführt werden. Der *t*-Test prüft damit, ob diese statistische Hypothese zutrifft.

Betrachten wir die Entwicklung der Fragestellung für einen *t*-Test anhand des in der Einführung beschriebenen Gedächtnisexperiments. In der Einleitung dieses Buches wurden die inhaltlichen Hypothesen für die verschiedenen Verarbeitungsbedin-

◻ **Abb. 3.1** Fragestellung des *t*-Tests

Die inhaltliche Hypothese muss in eine statistische Hypothese umgewandelt werden.

gungen vorgestellt. Bei einer strukturellen Verarbeitung sollten weniger Wörter als bei bildhafter bzw. emotionaler Verarbeitung erinnert werden. Zwischen bildhafter und emotionaler Verarbeitung sollte kein Unterschied in der Erinnerungsleistung auftreten. Die empirisch gefundenen Mittelwerte der einzelnen Bedingungen sind:

▸ Daten zum Gedächtnisexperiment auf http://www.lehrbuch-psychologie.de

Verarbeitungsbedingung: Anzahl erinnerter Wörter:
strukturell $\bar{x}_{strukturell} = 7{,}2$
bildhaft $\bar{x}_{bildhaft} = 11$
emotional $\bar{x}_{emotional} = 12$

Da der *t*-Test jeweils nur zwei Gruppen betrachten kann, greifen wir den Mittelwertsvergleich zwischen bildhafter und struktureller Verarbeitung heraus und wandeln die inhaltliche Hypothese in eine statistische um. Auf dieses Beispiel werden sich die meisten Rechnungen in den folgenden Abschnitten beziehen:

$$\bar{x}_{bildhaft} - \bar{x}_{strukturell} > 0$$

$\bar{x}_{bildhaft}$:   Mittelwert der erinnerten Wörter unter bildhafter Verarbeitung

$\bar{x}_{strukturell}$:   Mittelwert der erinnerten Wörter unter struktureller Verarbeitung

Die erhobenen Daten erlauben nun die Bestimmung des zu prüfenden Stichprobenkennwerts. Die Bildung der Differenz wird entscheidend durch die Formulierung der statistischen Hypothese mitbestimmt: Sie legt fest, welcher Wert vom anderen abgezogen wird.

Die Formulierung der statistischen Hypothese bestimmt die Bildung der Differenz der Mittelwerte.

$$\bar{x}_{bildhaft} - \bar{x}_{strukturell} = 11 - 7{,}2 = 3{,}8 > 0$$

Es wäre auch möglich, dieselbe inhaltliche Vorhersage umgekehrt in die statistische Hypothese zu übersetzen: Bei struktureller Verarbeitung werden weniger Wörter erinnert als bei bildhafter Verarbeitung.

$$\bar{x}_{strukturell} - \bar{x}_{bildhaft} < 0 \Rightarrow 7{,}2 - 11 = -3{,}8 < 0$$

Der Wert 3,8 ist größer als null und bestätigt zumindest in der Tendenz die inhaltliche Vorhersage. Doch stellt sich noch immer die Frage, ob es systematische Unterschiede in der Erinnerungsleistung bei unterschiedlicher Verarbeitung gibt oder ob der gefundene Unterschied zufällig aufgetreten ist.

Die maximal möglichen Differenzen liegen in dem Gedächtnisexperiment bei –60 und +60, denn es wurden insgesamt 60 Wörter präsentiert. Eine solche Maximaldifferenz träte auf, wenn die Gruppe mit bildhafter (struktureller) Erinnerung im Durchschnitt kein einziges, die Gruppe mit struktureller (bildhafter) Verarbeitung dagegen alle Wörter erinnert hätte. An dieser Stelle kommt der *t*-Test ins Spiel: Er gibt Auskunft darüber, wie wahrscheinlich ein Auftreten der Differenz von 3,8 oder einer größeren unter allen möglichen Differenzen ist (◻ Abb. 3.2).

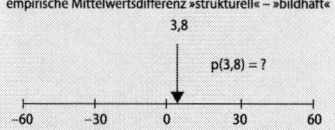

empirische Mittelwertsdifferenz »strukturell« – »bildhaft«
3,8
$p(3{,}8) = ?$

Variationsbreite der *möglichen* Mittelwertsdifferenzen

◻ **Abb. 3.2** Einordnung der empirischen Mittelwertsdifferenz

3.1.2 Die Nullhypothese

Für die Erklärung der Mittelwertsdifferenz gibt es neben der Annahme eines systematischen Unterschieds zwischen den beiden Gruppen eine weitere Möglichkeit: Die Differenz zwischen den Mittelwerten ist zufällig zustande gekommen und es gibt keinen echten Unterschied zwischen den beiden untersuchten Gruppen. Die beiden Gruppen stammen im Grunde aus zwei Populationen mit demselben Mittelwert. Die Differenz zwischen den Gruppen sollte demzufolge null betragen. Diese Annahme heißt deshalb Nullhypothese oder H_0.

Die Nullhypothese (H_0) nimmt an, dass die Mittelwertsdifferenz zufällig entstanden ist.

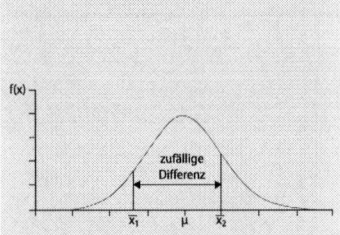

◘ Abb. 3.3 Stichprobenkennwerteverteilung von Mittelwerten mit zwei zufällig entstandenen Stichprobenmittelwerten sowie dem gemeinsamen Populationsmittelwert μ

Wie kann es überhaupt zu einer Differenz der Stichprobenmittelwerte kommen, wenn diese Stichproben aus Populationen mit einem identischen Populationsmittelwert stammen? Ein solcher Unterschied auf Stichprobenebene ist deshalb möglich, weil die Stichprobenmittelwerte aufgrund der begrenzten Anzahl von Werten in einer Stichprobe fast nie genau dem Populationsmittelwert entsprechen, sondern mit einem Stichprobenfehler behaftet sind. Dieser ist in der Regel nicht besonders groß, denn Stichprobenmittelwerte sind erwartungstreue Schätzer des Populationsmittelwerts (▶ Abschn. 2.3). Allerdings ist es durchaus möglich, dass die Mittelwerte verschiedene Punkte auf einer Stichprobenkennwerteverteilung repräsentieren und so eine Differenz zwischen den Mittelwerten zustande kommt. Der Unterschied zwischen den beiden empirisch gefundenen Mittelwerten ist also noch kein Beweis dafür, dass die Stichproben aus zwei unterschiedlichen Populationen stammen.

Unter der Annahme der Nullhypothese beruht die Variation der Stichprobenmittelwerte also auf Zufall oder – anders gesagt – auf einem Stichprobenfehler (◘ Abb. 3.3). Noch einmal: Die Nullhypothese postuliert, dass die Populationsmittelwerte der beiden Gruppen identisch sind und deshalb eine Mittelwertsdifferenz von null zu erwarten ist.

Stichprobenkennwerteverteilung unter der Nullhypothese

Unter Annahme der Nullhypothese kann eine Stichprobenkennwerteverteilung von Mittelwertsdifferenzen konstruiert werden. In ▶ Kap. 2 wurde die Stichprobenkennwerteverteilung von Mittelwerten bereits ausführlich behandelt. Zu jener besteht aber ein entscheidender Unterschied: In ▶ Kap. 2 ist der interessierende Kennwert der Mittelwert einer Stichprobe, im jetzigen Fall betrachten wir die Differenz zweier Mittelwerte. Das bedeutet also, dass auf der Abszisse der Verteilung jetzt Mittelwertsdifferenzen abgetragen sind. Alle möglichen zwei Stichprobenmittelwerte, aus denen die Differenzen gebildet werden, stammen unter Annahme der Nullhypothese aus zwei Populationen mit identischem Populationsmittelwert.

Wird aus zwei Populationen mit identischem Populationsmittelwert jeweils eine Stichprobe gezogen, so kann die Differenz der beiden Stichprobenmittelwerte theoretisch jeden beliebigen Wert annehmen. Die zu erwartende Differenz aber ist gleich null, denn die Stichprobenmittelwerte sind normalverteilt um ihren jeweiligen Erwartungswert, den Populationsmittelwert.

Da die Populationsmittelwerte identisch sind, wird sich die Mehrzahl der gefundenen Differenzen folglich in der Nähe von null befinden. Aus diesen Überlegungen resultiert nach unendlich vielen Ziehungen von Stichproben eine Normalverteilung der Mittelwertsdifferenzen mit dem arithmetischen Mittel null und einer von der Populationsstreuung und den Stichprobenumfängen abhängigen Streuung (vgl. ▶ Kap. 2). Diese Verteilung heißt Stichprobenkennwerteverteilung von Mittelwertsdifferenzen unter der Nullhypothese, ihre Streuung nennt sich Standardfehler von Mittelwertsdifferenzen. Diese Verteilung erlaubt die Bestimmung der Auftretenswahrscheinlichkeit des Bereichs einer empirisch gefundenen oder größeren Differenz (◘ Abb. 3.4). Dadurch wird eine Bewertung der gefundenen Differenz möglich (▶ Kap. 2 beinhaltet dieselbe Argumentation für den Mittelwert, jetzt geht es um Mittelwertsdifferenzen).

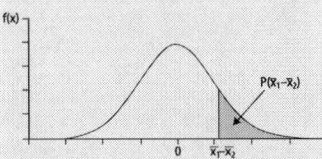

◘ Abb. 3.4 Zuordnung einer Wahrscheinlichkeit zu einer empirischen Mittelwertsdifferenz

Hinweis: Wahrscheinlichkeiten lassen sich bei kontinuierlichen Verteilungen nur für Bereiche bestimmen (▶ Abschn. 2.1.2). Wenn in diesem Buch einem einzelnen Wert eine Wahrscheinlichkeit zugeordnet wird, ist dieser als Grenze eines Bereichs zu verstehen.

Die ◘ Abb. 3.5 zeigt eine Stichprobenkennwerteverteilung von Mittelwertsdifferenzen, die durch 26.000-maliges Ziehen von jeweils zwei Stichproben mit der Größe $n = 40$ entstanden ist. Die Stichproben entstammen identischen Populationen. Die zwei kleinen Grafiken zeigen die Populationsverteilungen. Nach der Berechnung der Stichpro-

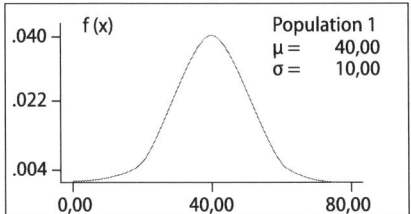 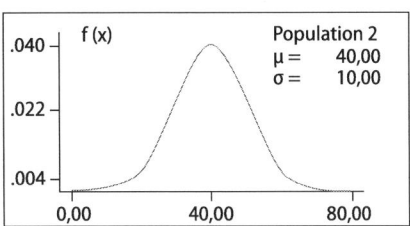

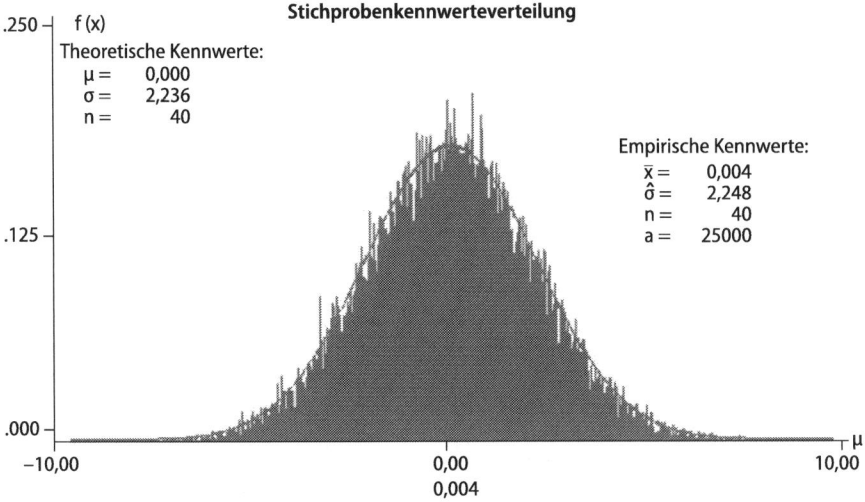

Abb. 3.5 Computersimulation einer Stichprobenkennwerteverteilung von Mittelwertsdifferenzen. Die Stichproben entstammen identischen Populationen

benmittelwerte werden diese voneinander subtrahiert. Die entstandenen Differenzen bilden den Stichprobenkennwert. In einem Koordinatensystem wird dann abgetragen, wie häufig eine bestimmte Differenz auftritt. Diese große Grafik zeigt die resultierende Stichprobenkennwerteverteilung.

In der Computersimulation ist die Form der Normalverteilung deutlich erkennbar, der Mittelwert liegt mit 0,004 sehr nahe an dem von der Nullhypothese erwarteten Mittelwert von null. Sehr kleine Differenzen um null treten also am häufigsten auf, Differenzen größer als 8 oder –8 kommen so gut wie gar nicht vor.

Für die Bestimmung der Stichprobenkennwerteverteilung ohne Simulation muss ihre Streuung (Standardfehler der Mittelwertsdifferenz) mithilfe der Stichprobe geschätzt werden. In die Formel gehen die Stichprobenumfänge der betrachteten Gruppen und die geschätzten Streuungen der zugehörigen Populationen ein. Die Formel lautet:

Standardfehler der Mittelwertsdifferenz

$$\hat{\sigma}_{\bar{x}_1 - \bar{x}_2} = \sqrt{\frac{\hat{\sigma}_1^2}{n_1} + \frac{\hat{\sigma}_2^2}{n_2}}$$

Formel für die Schätzung des Standardfehlers der Mittelwertsdifferenz

$\hat{\sigma}_{\bar{x}_1 - \bar{x}_2}$:	geschätzter Standardfehler der Mittelwertsdifferenz
n_1:	Anzahl der Versuchspersonen bzw. Beobachtungen in Stichprobe 1
$\hat{\sigma}_1^2$:	geschätzte Varianz der Population 1
n_2:	Anzahl der Versuchspersonen bzw. Beobachtungen in Stichprobe 2
$\hat{\sigma}_2^2$:	geschätzte Varianz der Population 2

Ein Beispiel aus dem Gedächtnisexperiment: Für die Mittelwertsdifferenzen der Gruppen »bildhaft« und »strukturell« soll der Standardfehler der Mittelwertsdifferenz geschätzt werden. Die Stichprobengröße ist in beiden Verarbeitungsgruppen $n_1 = n_2 = 50$, die geschätzte Populationsstreuung der bildhaft enkodierenden Gruppe beträgt 4,14, die der strukturell verarbeitenden Gruppe 3,16.

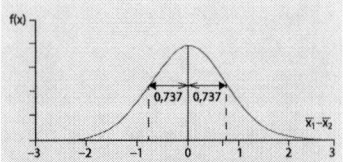

◘ Abb. 3.6 Stichprobenkennwerteverteilung von Mittelwertsdifferenzen unter der Annahme der H_0 mit $\hat{\sigma}_{\bar{x}_1-\bar{x}_2} = 0{,}737$

t-Werte sind die standardisierten Differenzen der Stichprobenmittelwerte. Die Wahrscheinlichkeit eines *t*-Werts ist über die *t*-Verteilung bestimmbar.

Allgemeine Definition des *t*-Werts

▶ Video »Der t-Wert« auf http://www.lehrbuch-psychologie.de

Definition des *t*-Werts unter der Nullhypothese

▶ Tabelle B im Anhang A2

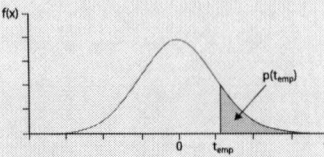

◘ Abb. 3.7 Wahrscheinlichkeit eines *t*-Werts in einer *t*-Verteilung

$$\hat{\sigma}_{\bar{x}_1-\bar{x}_2} = \sqrt{\frac{4{,}14^2}{50} + \frac{3{,}162^2}{50}} = 0{,}737$$

Der Standardfehler der Mittelwertsdifferenz beträgt also unter der Annahme der Nullhypothese 0,737. Zusammen mit dem angenommenen Mittelwert von null legt die Streuung die Form der Verteilung fest (◘ Abb. 3.6). Bei größeren Stichproben verkleinert sich der Standardfehler der Mittelwertsdifferenz (▶ Abschn. 2.3).

3.1.3 Die *t*-Verteilung

Für die Bewertung der Auftretenswahrscheinlichkeit einer empirisch gefundenen Differenz ist ein standardisiertes Maß für eine Mittelwertsdifferenz sehr hilfreich (analog zu den in ▶ Abschn. 1.4 besprochenen *z*-Werten). Die Standardisierung der Stichprobenkennwerteverteilung erfolgt ähnlich wie bei den *z*-Werten an ihrer geschätzten Streuung. Die standardisierten Stichprobenkennwerte heißen *t*-Werte, die standardisierten Verteilungen sind die *t*-Verteilungen (im Englischen auch »Student's t-distribution« genannt). Sie entsprechen nicht ganz der Standardnormalverteilung, sondern sind schmalgipfliger. Das liegt daran, dass die Form einer *t*-Verteilung von den Stichprobengrößen bzw. den Freiheitsgraden der Verteilung abhängig ist (▶ Abschn. 3.1.4 mit Exkurs). In einer *t*-Verteilung ist die Wahrscheinlichkeit für die einzelnen *t*-Werte genau ablesbar. Die allgemeine Definition des *t*-Werts lautet:

$$t_{df} = \frac{\text{empirische Mittelwertsdifferenz} - \text{theoretische Mittelwertsdifferenz}}{\text{geschätzter Standardfehler der Mittelwertsdifferenz}}$$

$$\text{formal: } t_{df} = \frac{(\bar{x}_1 - \bar{x}_2) - (\mu_1 - \mu_2)}{\hat{\sigma}_{\bar{x}_1-\bar{x}_2}}$$

Der *t*-Test findet in den meisten Fällen als Nullhypothesensignifikanztest Anwendung. Diesem *t*-Test liegt die Annahme zugrunde, dass die Populationsmittelwerte der beiden zu vergleichenden Gruppen identisch sind. Die theoretische Mittelwertsdifferenz unter der Nullhypothese ist $\mu_1 - \mu_2 = 0$ und kann bei der Berechnung weggelassen werden. Die vereinfachte Formel lautet:

$$t_{df} = \frac{\bar{x}_1 - \bar{x}_2}{\hat{\sigma}_{\bar{x}_1-\bar{x}_2}}$$

Der *t*-Test kann auch zur Testung anderer Hypothesen als der Nullhypothese dienen, in denen von einem in den Populationen vorhandenen Unterschied in den Mittelwerten ausgegangen wird. In einem solchen Fall wäre die theoretische Mittelwertsdifferenz größer null. Allerdings wird der *t*-Test nur sehr selten in dieser Form verwendet. Deshalb findet sie hier keine weitere Beachtung.

Die obige Formel ermöglicht unter Kenntnis der entsprechenden Streuung die Umrechnung einer empirischen Mittelwertsdifferenz in einen *t*-Wert. Anhand der *t*-Verteilung kann einem empirischen *t*-Wert eine Wahrscheinlichkeit zugeordnet werden, mit der exakt dieser oder ein größerer *t*-Wert unter der Annahme der Nullhypothese auftritt. Die Auftretenswahrscheinlichkeit eines positiven *t*-Werts entspricht dem Anteil der Fläche unter der Kurve, den der *t*-Wert nach rechts abschneidet (◘ Abb. 3.7). Die Wahrscheinlichkeit der verschieden *t*-Werte enthält ▶ Tabelle B im Anhang A2. Dort findet sich auch eine ausführliche Beschreibung für die Benutzung aller Tabellen sowie für die Bestimmung der Wahrscheinlichkeit negativer *t*-Werte.

3.1.4 Die Freiheitsgrade einer *t*-Verteilung

Die exakte Form der *t*-Verteilung ist trotz der Standardisierung weiterhin vom Stichprobenumfang abhängig und deckt sich aus diesem Grunde nicht exakt mit der *z*-Verteilung. Der Unterschied zwischen diesen Verteilungen ist dadurch zu erklären, dass in die Berechnung des *t*-Werts nicht einer, sondern zwei erwartungstreue Schätzer für Populationsparameter eingehen: die empirische Mittelwertsdifferenz und der geschätzte Standardfehler der Mittelwertsdifferenz (in der Formel zur Berechnung der *z*-Werte ist die Streuung kein Schätzer der Populationsstreuung, sondern bezieht sich direkt auf die Population, ▸ Abschn. 1.4). Leider liefert aber eine Formel mit zwei erwartungstreuen Schätzern kein erwartungstreues Ergebnis mehr. Mathematisch geht die *t*-Verteilung erst bei *n* = in eine *z*-Verteilung über, bei *n* < ist die *t*-Verteilung schmalgipfliger und flacher als eine *z*-Verteilung und nähert sich im Vergleich zur Standardnormalverteilung langsamer asymptotisch der *x*-Achse an. Die Freiheitsgrade der gefundenen Mittelwertsdifferenz erlauben eine genaue Beschreibung der zu verwendenden *t*-Verteilung. Sie werden in dem hier besprochenen *t*-Test durch folgende Formel berechnet:

$$df = n_1 + n_2 - 2$$

In ▣ Abb. 3.8 sind *t*-Verteilungen mit verschiedenen Freiheitsgraden eingetragen. Bei *df* = 20 schmiegt sich diese Verteilung schon sehr nahe an die Standardnormalverteilung an. Bei *df* = 120 sind die beiden Verteilungen so gut wie identisch. Es ist deutlich zu sehen, dass die *t*-Verteilung umso schmalgipfliger und flacher verläuft und sich umso zögerlicher an die *x*-Achse annähert, je kleiner die Zahl der Freiheitsgrade ist.

Die Form der *t*-Verteilung nimmt Einfluss auf die Wahrscheinlichkeit, die einem bestimmten *t*-Wert zugeordnet wird. In einer *t*-Verteilung mit wenigen Freiheitsgraden schneidet ein positiver *t*-Wert einen größeren Teil der Fläche unter der Kurve nach rechts ab als bei einer Verteilung mit vielen Freiheitsgraden (▣ Abb. 3.9). Je flacher die *t*-Verteilung, desto größer wird also die Auftretenswahrscheinlichkeit eines bestimmten *t*-Werts. Auf der praktischen Ebene ist deshalb unter Annahme der Nullhypothese eine bestimmte empirische Mittelwertsdifferenz bei großen Stichproben unwahrscheinlicher als bei kleinen Stichproben. Für die Bestimmung der Wahrscheinlichkeit eines gefundenen *t*-Werts müssen also erst die Freiheitsgrade berechnet werden, um damit die richtige Fläche unter der Kurve zu erhalten.

Die Abhängigkeit der Wahrscheinlichkeit eines *t*-Werts von seinen Freiheitsgraden wird an einem fiktiven Zahlenbeispiel deutlich: Bei einer Stichprobengröße von $n_1 = n_2 = 20$ ergebe sich ein empirischer *t*-Wert von $t_{(df=38)} = 2{,}4$. Die Wahrscheinlichkeit, dass genau dieser oder ein größerer Wert beim zufälligen Ziehen zweier Stichproben dieser Größe aus einer identischen Population auftritt, liegt nach ▸ Tabelle B im Anhang A2 bei ungefähr 1 % (bitte sehen Sie selbst nach). Ist die Stichprobengröße nur $n_1 = n_2 = 3$, so schneidet derselbe *t*-Wert mit entsprechend weniger Freiheitsgraden $t_{(df=4)} = 2{,}4$ einen Flächenanteil von ca. 5 % ab. Bei kleineren Stichproben ist es also eher wahrscheinlich, dass bestimmte Mittelwertsdifferenzen zufällig auftreten, obwohl beide Stichproben aus identischen Populationen stammen.

Nun ist es möglich, die Wahrscheinlichkeit der empirischen Mittelwertsdifferenz aus dem Erinnerungsexperiment zu berechnen. Die Stichproben bestanden aus jeweils 50 Versuchspersonen, die Anzahl der Freiheitsgrade ist also 98. Nach Einsetzen der empirischen Mittelwertsdifferenz und dem geschätzten Standardfehler der Mittelwertsdifferenz (▸ Abschn. 3.1.1) ergibt sich:

$$t_{(df=98)} = \frac{3{,}8}{0{,}737} = 5{,}16$$

Die Form der *t*-Verteilung ist von ihren Freiheitsgraden abhängig.

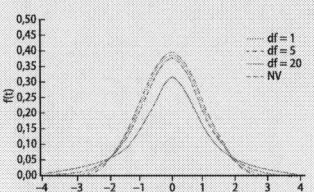

▣ **Abb. 3.8** Formen von *t*-Verteilungen in Abhängigkeit von ihren Freiheitsgraden. (Angelehnt an Bortz und Schuster, 2010, S. 75)

Bei einer geringen Anzahl von Freiheitsgraden sind große *t*-Werte unter der Nullhypothese wahrscheinlicher.

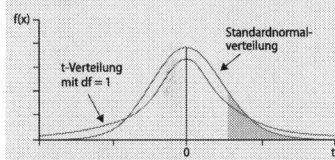

▣ **Abb. 3.9** Wahrscheinlichkeit eines *t*-Werts in Abhängigkeit der Freiheitsgrade

▸ Tabelle B im Anhang A2

Schreibweise für die Angabe einer Wahrscheinlichkeit eines *t*-Werts

▶ Tabelle B im Anhang A2

In der Zeile für *df* = 60 ist dieser Wert nicht mehr verzeichnet (▶ Tabelle B im Anhang A2). Der letzte verzeichnete *t*-Wert ist 3,460. Er schneidet 0,05 % der Fläche ab. Die Wahrscheinlichkeit für unseren größeren Wert ist also noch kleiner. In der Literatur findet sich folgende Schreibweise für die Angabe der Wahrscheinlichkeit eines so unwahrscheinlichen empirischen *t*-Werts:

$$p < 0{,}001 \text{ (bzw. } p < .001\text{, in englischsprachiger Literatur)}$$

Nur wenn der *p*-Wert über diesem sehr kleinen Wert von 0,001 liegt, empfehlen wir die Angabe der exakten Wahrscheinlichkeit wie von gängigen Statistikprogrammen ausgegeben.

Exkurs: Das Konzept der Freiheitsgrade

Die Genauigkeit, mit der Stichprobenwerte Populationsparameter schätzen, ist von der Anzahl ihrer Freiheitsgrade abhängig. Dadurch beeinflussen die Freiheitsgrade auch die Form solcher Verteilungen, in deren Berechnung geschätzte Größen eingehen. Freiheitsgrade werden in den Sozialwissenschaften immer wieder gebraucht, da die verwendete Statistik hauptsächlich mit Populationsschätzern arbeitet. Der genaue mathematische Einfluss der Freiheitsgrade hat an dieser Stelle keine große Bedeutung und findet daher keine genaue Erörterung. Wichtig ist vielmehr ein Verständnis des dahinter stehenden Konzepts.

Die Freiheitsgrade geben an, wie viele Werte frei variieren können.

Die Anzahl der Freiheitsgrade gibt an, wie viele Werte in einer Berechnungsformel frei variieren dürfen, damit es zu genau einem bestimmten Ergebnis kommt. So erlaubt eine Summe mit *n* Summanden die freie Wahl von *n* – 1 Summanden, d. h., nur ein Summand ist aufgrund des Ergebnisses festgelegt. Beispiel: In der Gleichung $x_1 + x_2 + x_3 = 15$ können für x_1 und x_2 beliebige Zahlen eingesetzt werden (z. B. 10 und 2), x_3 ist damit allerdings bereits bestimmt: $10 + 2 + x_3 = 15 \Leftrightarrow x_3 = 15 - 12 = 3$. Die Berechnung der Varianz aus ▶ Abschn. 1.3.2 erfolgt beispielsweise mit einer einzelnen Summe. Diese Varianz soll aus Stichprobenwerten die Populationsvarianz angeben. Ihre Schätzung ist von den Freiheitsgraden abhängig, deshalb steht in der Formel an der Stelle des *n* eine *n* – 1 zur Korrektur im Nenner. Sind in einer Formel Ergebnisse von zwei Summen bereits festgelegt, so ist die Anzahl der Freiheitsgrade des Gesamtergebnisses:

$$df = n_1 - 1 + n_2 - 1 = n_1 + n_2 - 2$$

Auch die Freiheitsgrade einer *t*-Verteilung folgen diesem Prinzip. In die Formel zur Berechnung des *t*-Werts geht der geschätzte Standardfehler der Mittelwertsdifferenz mit ein. Sie berechnet sich aus zwei geschätzten Varianzen. Jede einzelne Varianz hat die Freiheitsgradzahl *n* – 1, insgesamt können also $n_1 - 1 + n_2 - 1 = n_1 + n_2 - 2$ Werte frei variieren. Komplizierter wird es, wenn sehr viele Ergebnisse von Summen bereits feststehen, wie z. B. in der folgenden 2×3-Matrix (◘ Abb. 3.10). Die angegebenen Zahlen sind die Ergebnisse der Summen, die sich spalten- und zeilenweise ergeben sollen.

In diesem Fall können z. B. x_{11} und x_{12} frei gewählt werden, alle anderen x_{ij} sind dann durch die Ergebnisse bereits festgelegt. Eine solche Matrix hat $(p - 1) \cdot (q - 1) = 2$ Freiheitsgrade. Diese Art von Matrizen ist an dieser Stelle noch nicht von entscheidender Bedeutung. Wir kommen aber bei der Besprechung der Varianzanalyse

◘ **Abb. 3.10** Matrix, in der die Summen der Werte bereits festgelegt sind

X_{11}	X_{12}	X_{13}	20
X_{21}	X_{22}	X_{23}	5
10	12	3	25

(▶ Kap. 5, 6 und 7, Band 2) und der Chi-Quadrat-Verfahren (▶ Kap. 9, Band 2) auf sie zurück.

Durch den obigen Abschnitt sollte deutlich geworden sein, dass eine Betrachtung der Stichprobengröße zur Bestimmung ihres Einflusses allein nicht ausreicht. Auch wenn der Unterschied zwischen Freiheitsgraden und Stichprobengröße im Einzelfall nicht besonders groß ist, können durch die Art der Rechenoperation bei gleichen Stichprobengrößen unterschiedliche Freiheitsgradzahlen entstehen.

3.1.5 Bewertung des *t*-Werts

»Ein *t*-Wert schneidet einen gewissen Prozentsatz der Fläche einer *t*-Verteilung ab.« Wie ist eine solche Aussage beim Nullhypothesensignifikanztest zu bewerten? Die Nullhypothese nimmt an, dass der gefundene Unterschied der Mittelwerte zufällig zustande gekommen ist und die Stichproben aus zwei Populationen mit identischem Mittelwert stammen. Unter dieser Annahme errechnet der *t*-Test eine Wahrscheinlichkeit für das Auftreten der gefundenen oder einer größeren Differenz, die z. B. $p = 0{,}03$ beträgt. Welche Schlussfolgerungen ergeben sich aus diesem Ergebnis?

Der errechnete Wert von 3 % bedeutet, dass die Wahrscheinlichkeit für das Finden einer solchen oder einer größeren Differenz beim Ziehen von Stichproben aus einer identischen Population sehr gering ist. Natürlich ist diese Differenz möglich, sie ist aber sehr unwahrscheinlich. Wenn die Differenz unter Annahme der Nullhypothese sehr unwahrscheinlich ist, so trifft möglicherweise die Annahme selbst gar nicht zu.

Wenn die Annahme der Nullhypothese falsch ist und der Unterschied nicht auf Zufall beruht, dann muss die gefundene Mittelwertsdifferenz auf einem systematischen Unterschied zwischen den beiden Gruppen beruhen. Die Stichproben stammen dann nicht aus Populationen mit identischen, sondern mit verschiedenen Mittelwerten.

Der *t*-Wert erlaubt mithilfe der ihm zugeordneten Wahrscheinlichkeit eine Entscheidung darüber, ob die Annahme der Nullhypothese eher falsch ist. Ergibt der Nullhypothesensignifikanztest eine sehr geringe Wahrscheinlichkeit, so ist eine Ablehnung der Nullhypothese möglich: Der gefundene Unterschied zwischen zwei Gruppen beruht nicht auf Zufall, sondern es existiert ein systematischer Effekt. Das bedeutet, die beiden betrachteten Stichproben bzw. Gruppen stammen nicht aus identischen, sondern aus verschiedenen Populationen. Die zugrunde liegenden Populationen haben also nicht den gleichen, sondern verschiedene Mittelwerte.

Diese Entscheidung ist allerdings nie zu 100 % sicher, denn jede empirische Mittelwertsdifferenz ist prinzipiell auch unter der Nullhypothese möglich.

Anmerkung: Das bisherige Konzept gestattet nur zu prüfen, ob die Nullhypothese eher falsch und ihre **Ablehnung** auf Basis der gegebenen Stichprobe gerechtfertigt ist. Für eine empirische **Bestätigung** der Nullhypothese ist das Heranziehen der Teststärke notwendig (▶ Abschn. 3.4.1).

In dem Vergleich der Gruppen »bildhaft« – »strukturell« ergibt sich unter Annahme der Nullhypothese eine sehr geringe Wahrscheinlichkeit für das Auftreten der gefundenen Differenz von 3,8. Der Unterschied in der Anzahl der erinnerten Wörter ist also vermutlich nicht zufällig entstanden, sondern es liegt ein systematischer Effekt vor. Dieses Ergebnis spricht für die Hypothese, dass bildhaftes Material besser erinnert wird (▶ Abschn. 3.1).

3.1.6 Entwicklung eines Entscheidungskriteriums

Ist eine ermittelte Wahrscheinlichkeit von 3 % groß oder klein? Die gefundene Differenz ist trotz einer geringen Wahrscheinlichkeit möglich, die Nullhypothese kann

---

Die Wahrscheinlichkeit eines *t*-Werts gibt darüber Auskunft, ob die zugrunde gelegte Nullhypothese eher richtig ist oder nicht.

Ist die Wahrscheinlichkeit eines *t*-Werts sehr klein, so wird die Nullhypothese abgelehnt.

Die Entscheidungen mithilfe eines *t*-Tests sind nie zu 100 % sicher.

Die Wahrscheinlichkeit, die Nullhypothese abzulehnen, obwohl sie
in Wirklichkeit gilt, heißt α-Fehler
oder Fehler 1. Art.

Ein *t*-Wert ist signifikant, wenn seine
Wahrscheinlichkeit kleiner als das
gewählte Signifikanzniveau α ist.

Ein *t*-Wert kann für die Signifikanzprüfung auch mit einem kritischen
t-Wert t_{krit} verglichen werden.

Ein *t*-Test ist signifikant, wenn die
empirische Differenz in der erwarteten Richtung liegt und der Betrag
des empirischen *t*-Werts größer ist
als der des kritischen.

Die Wahl des Signifikanzniveaus ist
von inhaltlichen Überlegungen
abhängig.

In den meisten Fällen liegt das
Signifikanzniveau bei α = 0,05 (5 %).

Die Höhe der empirischen
Wahrscheinlichkeit ist weiterhin
bedeutsam.

»...*God loves the .06 nearly as much
as the .05...*« (Rosnow und Rosenthal, 1989, S. 1277)

weiterhin zutreffen. Das Ablehnen der Nullhypothese könnte deshalb ein Fehler sein. Dieser Fehler heißt α-Fehler oder auch Fehler 1. Art. Der α-Fehler beschreibt den folgenden Fall: die Nullhypothese wird abgelehnt, obwohl sie in Wirklichkeit gilt. Die empirische α-Fehlerwahrscheinlichkeit entspricht der Auftretenswahrscheinlichkeit des errechneten *t*-Werts unter der Nullhypothese.

Die entscheidende Frage für das Finden eines Entscheidungskriteriums lautet also: Welche Wahrscheinlichkeit einer Fehlentscheidung ist bei Ablehnung der Nullhypothese tolerierbar? Zur Beantwortung dieser Frage ist die Festlegung einer kritischen α-Fehlerwahrscheinlichkeit erforderlich, die eine Grenze für die Ablehnung der Nullhypothese bildet. Eine solche Entscheidungsgrenze heißt Signifikanzniveau oder auch α-Fehlerniveau. Ist die errechnete Auftretenswahrscheinlichkeit der Mittelwertsdifferenz kleiner als das Signifikanzniveau, so erfolgt die Ablehnung der Nullhypothese. Das Ergebnis wird als signifikant bezeichnet.

Die Festlegung eines Signifikanzniveaus erlaubt bei Beachtung der Freiheitsgrade die Bestimmung eines kritischen *t*-Werts. Mit dessen Hilfe ist es möglich, den empirischen *t*-Wert direkt zu bewerten: Ist der empirische *t*-Wert größer als der kritische *t*-Wert, so wird die Nullhypothese verworfen und stattdessen angenommen, dass es einen systematischen Unterschied zwischen den untersuchten Gruppen gibt.

Es besteht auch die Möglichkeit, dass ein Forscher sich gerade für eine negative Differenz zwischen den beiden betrachteten Gruppenmittelwerten interessiert bzw. die Differenz so gebildet hat, dass eine negative Differenz resultiert, wenn seine Hypothese zutrifft. In diesem Fall liegt auch der kritische *t*-Wert im negativen Bereich. Der empirische *t*-Wert muss hier noch weiter im negativen Bereich liegen, also kleiner als der kritische *t*-Wert sein. Eine Möglichkeit, dieses Problem zu umgehen besteht darin, die absoluten Beträge der *t*-Werte zu betrachten. Davor muss jedoch sichergestellt werden, dass sich die Gruppen in der erwarteten Richtung unterscheiden. Der empirische *t*-Wert hat in diesem Fall dasselbe Vorzeichen wie der kritische *t*-Wert. Trifft dies zu, so ist ein empirisches Ergebnis immer dann statistisch signifikant, wenn der Betrag des empirischen *t*-Werts größer ist als der Betrag des kritischen *t*-Werts.

Die Wahl des Signifikanzniveaus ist willkürlich und von inhaltlichen Überlegungen abhängig. Je nach Fragestellung kann ein hohes (liberales) oder ein strenges (konservatives) Signifikanzniveau sinnvoll sein. Per Konvention liegt es meist bei α = 0,05 bzw. 5 %. Ein auf dem 5%-Niveau signifikantes Ergebnis wird in der Literatur in der Regel mit einem Stern (*) gekennzeichnet, ein auf dem 1%-Niveau signifikantes Ergebnis mit zwei Sternen (**).

Obwohl die 5%-Konvention der Signifikanz wichtig und verbreitet ist, bleibt es eine willkürliche Setzung. Für eine umfassendere Ergebnisbeurteilung ist daher der Einbezug der empirischen Wahrscheinlichkeit weiterhin ratsam. So ist ein Mittelwertsunterschied mit $p = 0,06$ offensichtlich bedeutsamer als einer mit $p = 0,60$. In der Literatur findet sich die Bezeichnung »marginal« signifikant für einen solchen statistischen Trend ($p < 0,10$; Zeichen: †).

3.1.7   Population und Stichprobe beim *t*-Test

Die Unterscheidung zwischen Population und Stichprobe ist ein zentrales Konzept bei allen inferenzstatistischen Verfahren wie z. B. dem *t*-Test. Alle diese Verfahren haben das Ziel, mithilfe von Stichprobenwerten möglichst genaue Aussagen über Populationsparameter zu treffen. Der *t*-Test versucht, anhand einer empirischen Mittelwertsdifferenz zweier Stichproben auf die Größe der Differenz zwischen zwei Populationsmittelwerten zu schließen. Diese beiden Differenzen sind nicht identisch und dürfen nicht verwechselt werden. Die Differenz der Populationsmittelwerte ist unbekannt (◘ Abb. 3.11). Um dennoch eine Aussage über diese machen zu können, ist es notwendig, eine theoretische Annahme über sie zu treffen. Diese Annahme wird mit dem empirischen Ergebnis, das als konkrete Zahl vorliegt, verglichen. Dann wird überprüft, wie wahrscheinlich das empirische Ergebnis unter der getroffenen Annahme theoretisch ist.

Die theoretische Annahme ist bei dem hier behandelten *t*-Test die Nullhypothese: Die Populationsmittelwerte sind gleich (◨ Abb. 3.12). Diese Annahme ermöglicht die theoretische Konstruktion einer Stichprobenkennwerteverteilung unter der Nullhypothese (◨ Abb. 3.13). Diese Verteilung zeigt die Häufigkeit der möglichen Mittelwertsdifferenzen zweier Stichproben, wenn diese aus zwei Populationen mit identischem Mittelwert stammen würden (vgl. ▸ Abschn. 3.1.2).

Es folgt die Bestimmung der Wahrscheinlichkeit der empirischen Mittelwertsdifferenz unter der Nullhypothese. Für diesen Schritt ist eine Standardisierung der Stichprobenkennwerteverteilung an ihrer eigenen Streuung (dem geschätzten Standardfehler der Mittelwertsdifferenz) erforderlich, da es je nach Größe der Streuung unendlich viele Stichprobenkennwerteverteilungen gibt. Diese Verteilungen unterscheiden sich stark in ihrer Form. Die Standardisierung führt sie alle auf eine bestimmte Verteilung zurück, die *t*-Verteilung (◨ Abb. 3.14; vgl. *z*-Werte und Standardnormalverteilung ▸ Abschn. 2.2). Die Wahrscheinlichkeit eines *t*-Werts in einer *t*-Verteilung ist bekannt. Sie hängt von den Freiheitsgraden der Verteilung ab und ist in Tabellen verzeichnet (▸ Tabelle B im Anhang A2).

An dieser Stelle folgt der Schluss von der Stichprobe auf die Population: Ist der empirische *t*-Wert unter der Annahme der Nullhypothese sehr unwahrscheinlich, so wird diese theoretische Annahme über die Populationsmittelwerte abgelehnt. Also sind die Populationsmittelwerte nicht gleich, sondern verschieden. Weitere Aussagen sind an dieser Stelle noch nicht zulässig. Auch ist weiterhin unbekannt, wie groß die Differenz der Populationsmittelwerte sein könnte. Eine derartige Abschätzung gestatten erst die in ▸ Abschn. 3.3 behandelten Effektstärkenmaße.

3.1.8 Voraussetzungen für die Anwendung eines *t*-Tests

Für den *t*-Test gibt es drei mathematische Voraussetzungen:
1. Das untersuchte Merkmal ist intervallskaliert.
2. Das untersuchte Merkmal ist in der Population normalverteilt.
3. Die Populationsvarianzen, aus denen die beiden Stichproben stammen, sind gleich (Varianzhomogenität).

Die Annahme Nr. 3 ist bei der Schätzung der Streuung der Strichprobenkennwerteverteilung von Bedeutung (▸ Abschn. 3.1.2).

Sind diese Voraussetzungen erfüllt, so ist das Verfahren des *t*-Tests exakt mathematisch ableitbar. Doch Simulationsstudien zeigen, dass der *t*-Test auch bei einer Verletzung dieser Voraussetzungen noch zuverlässige Informationen liefert. Formal heißt das, der *t*-Test reagiert robust gegenüber den Verletzungen (vgl. Bortz und Schuster, 2010, Abschn. 7.8 und 8.2.1).

Um dies sicherzustellen ist es wichtig, dass die Stichproben der beiden Gruppen annähernd dieselbe Größe haben und nicht zu klein sind ($n_1 = n_2 > 30$). Erst wenn die Stichproben kleiner oder deutlich unterschiedlich groß sind, ist das Ergebnis eines *t*-Tests bei Verletzung der Voraussetzungen fehlerhaft. Die Daten müssen in einem solchen Fall mit einem Prüfverfahren ausgewertet werden, das keine bestimmte Verteilung für die Schätzung von Parametern voraussetzt. Solche verteilungsfreien Verfahren werden in ▸ Kap. 8, Band 2, behandelt.

Für den hier dargestellten *t*-Test für unabhängige Stichproben ist zusätzlich die Unabhängigkeit der Gruppen notwendig (für den Fall abhängiger Stichproben ▸ Abschn. 3.5.1).

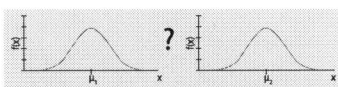

◨ Abb. 3.11 Populationen mit unbekanntem Mittelwert

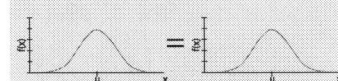

◨ Abb. 3.12 Theoretische Annahme: Die beiden Populationsmittelwerte sind gleich

▸ Tabelle B im Anhang A2

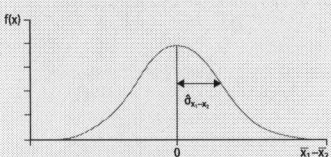

◨ Abb. 3.13 Konstruktion einer Stichprobenkennwerteverteilung von Mittelwertsdifferenzen unter der Nullhypothese

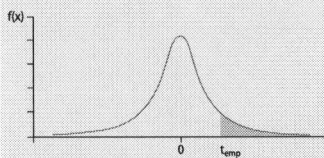

◨ Abb. 3.14 Standardisierung zur *t*-Verteilung

Der *t*-Test reagiert robust gegenüber Verletzungen der Voraussetzungen, wenn die Gruppen nicht zu klein und gleich groß sind.

Beim *t*-Test für unabhängige Stichproben müssen die Werte der Gruppen voneinander unabhängig sein.

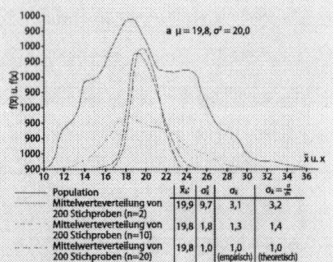

Abb. 3.15 Verteilungen der Mittelwerte von 200 Stichproben aus einer nicht normalverteilten Population. (Mit freundlicher Genehmigung entnommen aus Bortz, 2005, S. 91)

Testen der Voraussetzungen des *t*-Tests

Das Testen der Voraussetzungen eines *t*-Tests ist in der Forschungspraxis eher unüblich. Das Belegen der Intervallskalenqualität erweist sich als aufwendig und schwierig (▸ Abschn. 1.2). Ein Test auf Normalverteilung (z. B. Kolmogorov-Smirnov-Test) ist bei kleinen Stichproben aufgrund der geringen Teststärke nicht zu empfehlen (zum Konzept der Teststärke siehe ▸ Abschn. 3.4.1). Auf eine Verletzung der Normalverteilungsannahme reagiert der *t*-Test ohnehin äußerst robust, eine ungefähre Symmetrie der Verteilung des Merkmals in der Population reicht aus, um eine annähernd normalverteilte Stichprobenkennwerteverteilung zu erzeugen. Dazu genügen bereits kleine Stichprobengrößen (▸ Abb. 3.15).

In den meisten Fällen genügt eine grobe, deskriptive Kontrolle auf Normalverteilung. Aus diesen Gründen findet nur der Levene-Test der Varianzgleichheit häufiger Anwendung. Er vergleicht die Größe der Varianzen der zwei Gruppen: Der Test wird signifikant, wenn eine Varianz überzufällig größer ist als die andere. Varianzhomogenität liegt also bei einem nicht signifikanten Ergebnis vor (zur Problematik der Interpretation nicht signifikanter Ergebnisse siehe ▸ Abschn. 3.4.1).

Sind die Varianzen signifikant voneinander verschieden, ist eine Freiheitsgradkorrektur erforderlich, die hier nicht näher besprochen wird. SPSS liefert die Ergebnisse des *t*-Tests einer solchen Korrektur standardmäßig mit.

> **Zusammenfassung**
>
> Der *t*-Test prüft, ob eine empirische Mittelwertsdifferenz signifikant ist oder vermutlich auf Zufall beruht. Die Entscheidung über die Signifikanz erfordert die Festlegung eines Signifikanzniveaus vor der Durchführung des *t*-Tests. Jenes kennzeichnet die nach Ansicht des Forschers größte noch akzeptable α-Fehlerwahrscheinlichkeit. Das Niveau liegt per Konvention meistens bei 5 %. Um einen *t*-Wert unter der Annahme der Nullhypothese zu berechnen, wird die Mittelwertsdifferenz der beiden Stichproben an dem geschätzten Standardfehler der Mittelwertsdifferenz standardisiert. Die *t*-Verteilung erlaubt die Zuordnung einer Auftretenswahrscheinlichkeit zu dem empirischen *t*-Wert unter der Nullhypothese.
> Die empirische Mittelwertsdifferenz wird als signifikant bezeichnet, wenn die ermittelte Wahrscheinlichkeit des *t*-Werts kleiner ist als der angenommene α-Fehler bzw. der empirische *t*-Wert im Betrag größer ist als der Betrag des kritischen *t*-Werts. In diesem Fall ist die Wahrscheinlichkeit des empirischen *t*-Werts unter der Nullhypothese so klein, dass die Nullhypothese abgelehnt wird.

3.2   Die Alternativhypothese

Die Alternativhypothese (H₁) nimmt an, dass sich die untersuchten Gruppen systematisch unterscheiden.

Die Alternativhypothese ist das Gegenstück zur Nullhypothese. Sie nimmt an, dass ein systematischer Unterschied zwischen den beiden zu vergleichenden Gruppen besteht. Anders gesagt geht sie davon aus, dass die Populationen, aus denen die Stichproben gezogen werden, einen unterschiedlichen Populationsmittelwert haben. In ihrer allgemeinen Form umfasst sie alle möglichen Hypothesen, die nicht der Nullhypothese entsprechen. Diese Annahme wird formal wie folgt ausgedrückt:

$$H_1 : \neg H_0 \text{ (d.h., } H_1 \text{ ist alles das, was } H_0 \text{ nicht ist.)}$$

Welche Ereignisse jeweils der Nullhypothese und welche der Alternativhypothese zugeordnet werden, hängt davon ab, ob die Alternativhypothese gerichtet oder ungerichtet formuliert wird. Diese Entscheidung resultiert allein aus inhaltlichen Überlegungen. Ein signifikantes Ergebnis in einem t-Test erlaubt unabhängig davon immer die Ablehnung der Nullhypothese. Ob gleichzeitig die Alternativhypothese angenommen werden darf, hängt ab von mehreren Faktoren, z. B. ihrer Richtung und der Teststärke (▶ Abschn. 3.4.1).

3.2.1 Ungerichtete Hypothesen

Eine ungerichtete Alternativhypothese nimmt lediglich an, dass die Differenz der Populationsmittelwerte nicht gleich null ist. Die Differenz kann also sowohl kleiner als auch größer null sein. Man spricht von einer zweiseitigen Fragestellung. Die Nullhypothese beschränkt sich hier nur auf den Fall, in dem die Differenz gleich null ist. Die korrekte Schreibweise dieses Hypothesenpaares lautet:

$$H_0: \mu_1 - \mu_2 = 0$$

$$H_1: \mu_1 - \mu_2 \neq 0$$

Anders als der t-Test können viele häufig angewendete statistische Verfahren ausschließlich ungerichtete Alternativhypothesen testen. Dies trifft auf die Varianzanalyse (▶ Kap. 5, 6 und 7, Band 2) oder bis auf einen Spezialfall auf den Chi-Quadrat-Test zu (▶ Kap. 9, Band 2). Das Programm SPSS testet auch bei der Anwendung des t-Tests immer zweiseitig.

Das Signifikanzniveau liegt bei ungerichteten Fragestellungen ebenfalls meistens bei 5 %. Allerdings verändert die Verwendung von ungerichteten Fragestellungen die Bestimmung der Signifikanz eines empirischen t-Werts: Bei zweiseitigen Fragestellungen sprechen signifikante positive sowie negative t-Werte für die Alternativhypothese. Es ist darum nötig, auf jeder Seite der t-Verteilung eine Entscheidungsgrenze festzulegen. Damit insgesamt das gewünschte α-Niveau von 5 % erreicht wird, darf der t_{krit} auf jeder Seite nur 2,5 % der Fläche abschneiden. Gemeinsam stellen diese Flächen den gesamten Ablehnungsbereich der Nullhypothese dar.

Die Signifikanz eines empirischen t-Werts bei einer ungerichteten Fragestellung lässt sich wie folgt mithilfe der t-Tabelle (▶ Tabelle B im Anhang A2) bestimmen: Bei einem Signifikanzniveau von 5 % muss die Auftretenswahrscheinlichkeit des empirischen t-Werts kleiner als 2,5 % sein. t_{emp} liegt dann in einem der grauen Ablehnungsbereiche der ◻ Abb. 3.16, das Ergebnis ist signifikant. Die zwei kritischen t-Werte schneiden jeweils 2,5 % nach rechts bzw. links ab. Sie sind aufgrund der Symmetrie der Verteilung vom Betrag her gleich und unterscheiden sich nur durch ihr Vorzeichen. Ist der Betrag des empirischen t-Werts größer als der des kritischen t-Werts, so ist das Ergebnis signifikant.

SPSS bietet eine andere Möglichkeit an. Die Angabe der Auftretenswahrscheinlichkeit eines t-Werts bezieht sich automatisch auf eine zweiseitige Hypothese. Bei einem positiven empirischen t-Wert wird also nicht nur die Fläche berechnet, die dieser Wert nach rechts abschneidet, sondern gleichzeitig auch der Bereich, den derselbe negative t-Wert nach links abtrennt. Das bedeutet, dass der von SPSS ausgegebene zweiseitige p-Wert immer doppelt so groß ist wie der in der t-Tabelle verzeichnete einseitige:

$$p_{zweiseitig} = 2 \cdot p_{einseitig}$$

Ein empirischer t-Wert ist bei einer ungerichteten zweiseitigen Hypothese signifikant, wenn die von SPSS angegebene Auftretenswahrscheinlichkeit kleiner als 5 % ist.

Allgemeine Definition der Alternativhypothese (H_1)

Ungerichtete Alternativhypothesen ergeben sich bei zweiseitigen Fragestellungen.

Hypothesenpaar einer zweiseitigen Fragestellung

▶ Tabelle B im Anhang A2

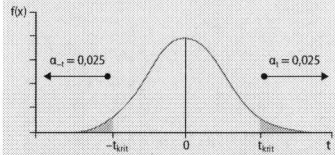

◻ **Abb. 3.16** Zweiseitige Fragestellung

3.2.2 Gerichtete Hypothesen

Aufgrund inhaltlicher Überlegungen kann in einigen Untersuchungen bereits die erwartete Richtung der Mittelwertsdifferenz spezifiziert werden. Es liegt dann eine einseitige Fragestellung vor. In einem solchen Fall umfasst die Alternativhypothese alle Differenzen in der vorhergesagten Richtung. Ist die vorhergesagte Differenz positiv, so nimmt die Nullhypothese an, dass die Differenz null oder kleiner null ist. In der mathematischen Schreibweise sieht das so aus:

$$H_0: \mu_1 - \mu_2 \leq 0$$

$$H_1: \mu_1 - \mu_2 > 0$$

Ein signifikantes Ergebnis bei einer gerichteten Fragestellung spricht also nur dann für eine Annahme der Alternativhypothese, wenn die Mittelwertsdifferenz in der vorhergesagten Richtung auftritt.

Die aufgestellte Hypothese für den Vergleich der Gruppen »bildhaft« – »strukturell« ist eine gerichtete Alternativhypothese. Da die Versuchspersonen in der Bedingung »bildhaft« mehr Wörter erinnerten als in der Bedingung »strukturell« und die ermittelte Mittelwertsdifferenz signifikant ist, bestätigt das Ergebnis die Vorhersage.

Die Bestimmung der Signifikanz bei einseitigen Fragestellungen (◘ Abb. 3.17) mithilfe der *t*-Tabelle ist in der ► Anleitung im Anhang A2 bei den Tabellen beschrieben. Beim Arbeiten mit SPSS muss die angegebene zweiseitige Auftretenswahrscheinlichkeit für gerichtete Fragestellungen halbiert werden. Ist die halbierte Wahrscheinlichkeit kleiner als z. B. 5 %, so ist das Ergebnis bei einer einseitigen Hypothese signifikant. Dies ist nur beim *t*-Test und wenigen weiteren Spezialfällen möglich.

3.2.3 Vergleich von ein- und zweiseitigen Fragestellungen

Welche Folgen hat die Wahl einer einseitigen oder zweiseitigen Fragestellung für die Signifikanz eines empirischen Ergebnisses? Die gleiche empirische Mittelwertsdifferenz wird bei einseitigen Hypothesen leichter signifikant, da bei einer gerichteten Hypothese der Betrag des kritischen *t*-Werts kleiner ist bzw. da der Ablehnungsbereich der Nullhypothese auf einer Seite der Verteilung größer ist als bei einer ungerichteten Fragestellung (◘ Abb. 3.18).

Die Aufstellung gerichteter Hypothesen sollte also nur vorgenommen werden, sofern eine zugrunde liegende begründete und anerkannte Theorie es zulässt. Die ist allerdings bei genauerer Betrachtung der Theorien nur selten gegeben. Häufig existieren Theorien für beide Richtungen der Mittelwertsdifferenz. In den meisten Fällen sollte daher zweiseitig getestet werden.

Die allgemeine Vorhersage eines Unterschieds in der mittleren Laufgeschwindigkeit zweier Sportlergruppen entspricht einer zweiseitigen Fragestellung. Für $n_1 = n_2 = 8$ und $\alpha = 0{,}05$ ergeben sich zwei kritische *t*-Werte: $t_{krit1(df=14)} = 2{,}145$ und $t_{krit2(df=14)} = -2{,}145$ (► Tabelle B im Anhang A2, Spalte für 0,975). Das Ergebnis $t_{(df=14)} = 1{,}9$ ist nicht signifikant ($p_{zweiseitig} < 0{,}05$). Ist die bessere Leistung der einen Gruppe bereits vorher bekannt oder wird sie auf der Basis einer Theorie vorhergesagt, so kann die Alternativhypothese auf die Differenzen in der erwarteten Richtung eingeschränkt werden. Bei gleichen Bedingungen ergibt sich (► Tabelle B im Anhang A2, Spalte für 0,95):

$$t_{krit(df=14)} = 1{,}761;\ t_{emp(df=14)} = 1{,}9 \text{ ist signifikant } (p_{einseitig} < 0{,}05).$$

Hypothesenpaar einer gerichteten Fragestellung

► Anleitung im Anhang A2

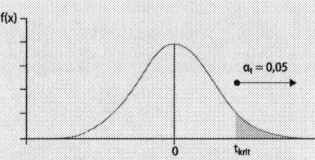

◘ **Abb. 3.17** Einseitige Fragestellung

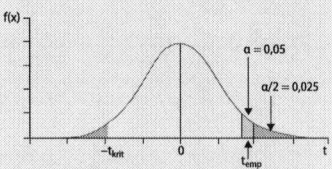

◘ **Abb. 3.18** Vergleich der Ablehnungsbereiche der Nullhypothese bei ein- und zweiseitiger Fragestellung

► Tabelle B im Anhang A2

3.2.4 Der systematische Effekt

Die Alternativhypothese trifft die Annahme, dass die Stichproben aus Populationen mit verschiedenen Mittelwerten gezogen werden. Sie geht von einer Differenz der Populationsmittelwerte aus. Anders ausgedrückt: Sie nimmt einen systematischen Effekt zwischen den Populationen an. Erlaubt die empirisch gefundene Mittelwertsdifferenz eine Aussage über die Größe des Effekts? Ja, denn Stichprobenkennwerte sind die besten Schätzer für Populationswerte, welche meist nicht bekannt sind. Die empirische Mittelwertsdifferenz entspricht somit einem geschätzten, unstandardisierten Effekt.

Der Vergleich der Verarbeitungsgruppen im Gedächtnisexperiment ergab eine signifikante Mittelwertsdifferenz von 3,8. Der geschätzte Populationseffekt ist daher ebenfalls 3,8. Unter gleichen experimentellen Bedingungen erinnern also Gruppen, die bildhaftes Material bearbeiten, schätzungsweise ca. 4 Wörter mehr als Gruppen der strukturellen Verarbeitungsbedingung. Diese generelle Differenz ist eine Schätzung für die Größe des systematischen Effekts.

Der ▸ Abschn. 3.3 führt ein in die Thematik standardisierter Effektgrößen.

> Der systematische Effekt beschreibt den Unterschied zwischen den Populationen der untersuchten Stichproben.

3.2.5 Die nonzentrale Verteilung

Die Annahme eines Effekts erlaubt die Konstruktion einer Stichprobenkennwerteverteilung für die Alternativhypothese. Diese Verteilung heißt nonzentrale Verteilung. Die Konstruktion erfolgt genauso wie die der zentralen Verteilung für die Nullhypothese, nur entstammen die beiden gezogenen Stichproben jetzt unterschiedlichen Populationen. Da die Alternativhypothese allgemein alle Möglichkeiten umfasst, die nicht der Nullhypothese entsprechen, existieren theoretisch unendlich viele nonzentrale Verteilungen: alle die, deren Mittelwerte nicht null betragen (deshalb nonzentrale Verteilungen). Die Festlegung eines Populationseffekts spezifiziert die Alternativhypothese und greift eine bestimmte nonzentrale Verteilung heraus. Diese liegt soweit von null entfernt, wie es der Effekt angibt. Auch die nonzentrale Verteilung kann einer empirisch gefundenen Mittelwertsdifferenz eine Auftretenswahrscheinlichkeit zuordnen, in diesem Fall also unter der Annahme eines Effekts einer bestimmten Größe.

Im Gegensatz zur Verteilung unter der Nullhypothese ist die nonzentrale Verteilung meist nicht symmetrisch. Der Anschaulichkeit halber ist die nonzentrale Verteilung in den Abbildungen dieses Buches trotzdem symmetrisch gezeichnet (z. B. ◻ Abb. 3.19). Die Form bzw. die Schiefe der Stichprobenkennwerteverteilung unter der Alternativhypothese ist über den sogenannten Nonzentralitätsparameter λ (Lambda) bestimmbar. Dieser errechnet sich aus:

$$\lambda = \Phi^2 \cdot N$$

N ist die Anzahl aller Versuchspersonen, also $n_1 + n_2$; n ist die Anzahl der Versuchspersonen in einer Bedingung bzw. in einer »Zelle des Versuchsplans« (▸ Abschn. 6.1, Band 2); Φ^2 ist ein Effektstärkenmaß (▸ Abschn. 3.3).

Diese Formel ist bei der Konstruktion eines t-Tests (▸ Abschn. 3.6) von entscheidender Bedeutung.

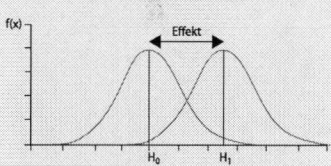

◻ Abb. 3.19 Die zentrale und die nonzentrale Verteilung

> Der Nonzentralitätsparameter λ bestimmt die Form der nonzentralen Verteilung.

3.3   Effektgrößen

Generell unterscheiden wir Effekte auf zwei Ebenen: Empirische Effekte, die das Ergebnis einer Untersuchung beschreiben, und Populationseffekte, die entweder angenommen oder aus den empirischen Daten geschätzt werden müssen. Die Größe eines empirischen Effekts ist für die inhaltliche Bewertung eines signifikanten Ergebnisses wichtig, da durch eine Erhöhung des Stichprobenumfangs theoretisch jeder noch so kleine Effekt signifikant gemacht werden kann. Diese kleinen Effekte sind aber inhaltlich möglicherweise völlig unbedeutend. Die Annahme und Schätzung von Populationseffekten ist für die Planung einer Studie erforderlich (▸ Abschn. 3.4.3).

Das Maß eines Effekts sollte standardisiert sein, um die Effekte verschiedener Untersuchungen miteinander vergleichen zu können. Nur durch den Vergleich können in der praktischen Forschung Ergebnisse vernünftig interpretiert oder Theorien und Erklärungen weiterentwickelt und bestätigt werden. Es gibt zwei Möglichkeiten, ein standardisiertes Effektmaß mathematisch auszudrücken: als Distanz zwischen den Populationsmittelwerten oder als Varianzquotient. Die Erklärung des Effekts als Varianzquotient erfordert einen Vorgriff auf varianzanalytische Überlegungen (vgl. ▸ Kap. 5, Band 2).

3.3.1   Effekt als Distanz zwischen Populationsmittelwerten

Der vorherige Abschnitt beschreibt den Effekt als eine absolute Größe: Der Effekt ist die Anzahl der erinnerten Adjektive, mit der sich die Mittelwerte der beiden Gruppen voneinander unterscheiden. Ein solches Maß erlaubt keinen Vergleich von Untersuchungen, weil sich aufgrund unterschiedlicher Versuchsbedingungen oder Störeinflüsse die Populationsstreuungen in den Untersuchungen unterscheiden können. Der absolute Effekt wird deshalb an der Streuung der Populationsverteilungen innerhalb einer Stichprobe bzw. Bedingung standardisiert. Dabei wird angenommen, dass die Populationsstreuungen der zwei Populationen, aus denen die Stichproben stammen, theoretisch gleich groß sind (Varianzhomogenität). Die standardisierte Distanz kennzeichnet der Buchstabe δ (Delta):

> Das Effektstärkenmaß δ ist die standardisierte Distanz zwischen zwei Populationsmittelwerten.

$$\delta = \frac{\mu_1 - \mu_2}{\sigma_x}$$

μ_1, μ_2:   Mittelwerte der Populationen, aus denen die Stichproben gezogen werden
σ_x: Streuung der Population innerhalb einer Bedingung

Die Formel für δ erinnert stark an die Definition des *t*-Werts (▸ Abschn. 3.1.3). Allerdings erfolgt die Standardisierung beim *t*-Wert am Standardfehler der Mittelwertdifferenz und nicht an der Populationsstreuung des Merkmals.

Der empirische Effekt ergibt sich durch Einsetzen der Werte aus der Untersuchung. Dabei dient die Wurzel aus der gemittelten Varianz der beiden Stichprobenvarianzen (»gepoolte« Streuung) als bester Schätzer der Populationsstreuung:

> Das Effektstärkenmaß *d* ist die standardisierte Distanz zwischen zwei Stichprobenmittelwerten.

$$d = \frac{\overline{x}_1 - \overline{x}_2}{\hat{\sigma}_x} = \frac{\overline{x}_1 - \overline{x}_2}{\sqrt{\dfrac{\hat{\sigma}_{x_1}^2 + \hat{\sigma}_{x_2}^2}{2}}}$$

$\overline{x}_1, \overline{x}_2$:   empirische Mittelwerte der Stichproben
$\hat{\sigma}_x$:   aus den Daten geschätzte Populationsstreuung
$\hat{\sigma}_{x_1}^2$:   geschätzte Varianz der Stichprobe 1
$\hat{\sigma}_{x_2}^2$:   geschätzte Varianz der Stichprobe 2

Der Kennwert d ist wie ein Maß für eine Standardabweichung zu interpretieren. Er gibt an, um wie viele Streuungseinheiten sich zwei Gruppen unterscheiden, unabhängig von der zugrunde liegenden Populationsstreuung in einer bestimmten Untersuchung (◙ Abb. 3.20).

Zur Erinnerung: Eine Streuungseinheit kann in einer Normalverteilung als Abstand zwischen dem Mittelwert und dem Wendepunkt der Verteilung visualisiert werden. Innerhalb von ± einer Streuungseinheit befinden sich ca. 68 % aller Messwerte, innerhalb von ± 2 Streuungseinheiten liegen ca. 95 % aller Messwerte (vgl. ▶ Abschn. 1.3.2 und ▶ Abschn. 2.1.2).

Das Programm G*Power verwendet d für die Teststärkenanalyse beim t-Test. Allerdings kann d theoretisch jeden beliebigen Wert annehmen. Ein prozentuales Maß für den Effekt wäre besser zu interpretieren. Darüber hinaus gestattet d ausschließlich einen Vergleich zwischen zwei Gruppen. Deshalb findet dieses Maß lediglich im Zusammenhang mit dem t-Test regelmäßige Anwendung. Die im Folgenden vorgestellten Effektgrößenmaße können auch kompliziertere Situationen beschreiben und sind in der Literatur weiter verbreitet.

Die Beurteilung, ob ein Effekt eher als groß oder klein zu bewerten ist, unterliegt den inhaltlichen Überlegungen des Forschers. Diese sind stark abhängig von der untersuchten Thematik. Eine Möglichkeit besteht darin, sich an empirischen Effektgrößen bereits durchgeführter Studien in diesem Bereich zu orientieren. In der Forschergemeinschaft haben sich bestimmte Konventionen für die Größe von Effekten eingebürgert, die von Cohen (1988) publiziert wurden. Die Orientierung an generellen Konventionen, die unabhängig von bestimmten Forschungsbereichen gelten sollen, ist problematisch, denn sie lassen die Unterschiedlichkeit wissenschaftlicher Fragestellungen außer Acht. Trotzdem können sie in bestimmten Situationen, etwa bei explorativen Studien, Anhaltspunkte für die Bewertung der Daten liefern. Die Frage, ob ein Effekt auch inhaltlich von Bedeutung ist, beantworten sie nicht. Diese Überlegungen gehen über die Fragen der Signifikanz und der statistischen Effektgröße hinaus.

Der empirische Effekt beträgt in der Studie zur Erinnerungsleistung:

$$\overline{x}_1 = 11; \quad \overline{x}_2 = 7{,}2; \quad \hat{\sigma}_{x_1} = 4{,}14; \quad \hat{\sigma}_{x_2} = 3{,}162$$

$$d = \frac{\overline{x}_1 - \overline{x}_2}{\sqrt{\dfrac{\hat{\sigma}^2_{x_1} + \hat{\sigma}^2_{x_2}}{2}}} = \frac{11 - 7{,}2}{\sqrt{\dfrac{4{,}14^2 + 3{,}162^2}{2}}} = 1{,}03$$

Es handelt sich also um einen großen Effekt im Sinne der Konventionen von Cohen (1988). Angenommen, ein Forscher an einer anderen Universität hätte bereits ein ähnliches Erinnerungsexperiment durchgeführt. Er ließ aber 120 anstelle von 60 Wörtern erinnern und erhielt folgende Ergebnisse:

$$\overline{x}_1 = 30; \quad \overline{x}_2 = 22; \quad \hat{\sigma}_x = 8{,}6$$

Der absolute Effekt von 30 − 22 = 8 erscheint größer als 3,8 in der oberen Untersuchung. Nach der Standardisierung ergibt sich $d = 0{,}93$. In beiden Untersuchungen handelt es sich um große Effekte. Allerdings wurde in der ersten Untersuchung sogar ein tendenziell größerer Effekt der Verarbeitungsbedingung gefunden, die Mittelwerte liegen mehr als eine Streuungseinheit auseinander.

Die Streuungseinheit bezieht sich auf die Streuung der Populationen, die den Stichproben zugrunde liegt. Jedoch ist eine Umrechnung in Prozent nicht möglich. Trotzdem bietet das standardisierte Effektmaß d den großen Vorteil, dass empirische Effekte von unterschiedlichen Untersuchungen miteinander verglichen und bewertet werden können.

---

d ist wie ein Standardabweichungsmaß zu interpretieren.

▶ Video »Die Effektgröße d« auf http://www.lehrbuch-psychologie.de

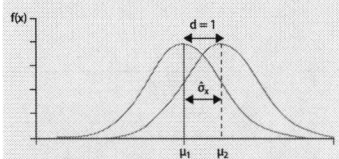

◙ **Abb. 3.20** Beispiel für die Verteilungen von Messwerten zweier Gruppen, die sich um einen Effekt von $d = 1$ voneinander unterscheiden

d kann beliebige Werte annehmen und ist kein prozentuales Maß für den Effekt.

▶ Link zum kostenlosen Download des Programms G*Power und Erläuterungen auf http://www.lehrbuch-psychologie.de

Konventionen von Cohen (1988) für die Effektgröße d für einen t-Test mit unabhängigen Stichproben:
– kleiner Effekt: $d = 0{,}20$
– mittlerer Effekt: $d = 0{,}50$
– großer Effekt: $d = 0{,}80$

▶ Erläuterung zur Effektberechnung in G*Power auf http://www.lehrbuch-psychologie.de

Des Weiteren lässt sich für die Effektgröße *d* eine Verteilung konstruieren. Eine solche Stichprobenkennwerteverteilung erlaubt die Bestimmung der Genauigkeit der Schätzung des Populationseffekts durch den Stichprobenwert *d*. Dieses Maß heißt Streuung von *d*. Innerhalb von ± zwei Streuungseinheiten von *d* liegen ca. 95 % aller möglichen Populationseffektgrößen. Dieser Bereich heißt auch Vertrauensintervall bzw. Konfidenzintervall der Effektgröße *d*. Je kleiner das Vertrauensintervall ist, desto genauer schätzt der ermittelte empirische Effekt *d* den wahren Effekt in der Population. Die exakte Berechnung eines 95%- oder 99%-Konfidenzintervalls ist bereits in ▶ Abschn. 2.3 beschrieben. Die Streuung von *d* kann nach Westermann (2000) über folgende Formel bestimmt werden:

$$s_d = \sqrt{\frac{n_1 + n_2}{n_1 \cdot n_2} + \frac{d^2}{2 \cdot (n_1 + n_2)}}$$

3.3.2 Effektgrößen als Varianzquotient

Eine anschauliche inhaltliche Interpretation von Effekten ist einfacher mit einem prozentualen Maß zu bewerkstelligen. Um zu einem solchen Maß zu kommen, arbeitet dieser Abschnitt mit einem neuen Konzept, das ein grundlegendes Prinzip für sehr viele statistische Auswertungsmethoden darstellt: dem Vergleich von Varianzen. Mithilfe dieses Prinzips ist die Entwicklung zweier Effektstärkenmaße möglich, die auch in komplexeren Verfahren anwendbar sind, welche – anders als der *t*-Test – mehr als zwei Mittelwerte miteinander vergleichen (▶ Abschn. 5.3.3, Band 2).

Das Prinzip des Varianzvergleichs betrachtet nicht die Distanz oder den Abstand der Populationsmittelwerte voneinander, sondern bezieht sich auf den Abstand der Populationsmittelwerte von ihrem Mittelwert, dem sogenannten Gesamtmittelwert. Dies entspricht der Varianzdefinition (▶ Abschn. 1.3.2). Wenn Populationsmittelwerte voneinander signifikant verschieden sind, so existiert ein systematischer Effekt. Anders gesagt: die Populationsmittelwerte variieren systematisch um den Gesamtmittelwert. Die Varianz der Mittelwerte heißt deshalb systematische Varianz. Diesen Namen erhält sie, weil die Variation von Bedingungsmittelwerten (und der dahinter stehenden Populationsmittelwerte) in einer Untersuchung im Idealfall allein durch die kontrollierte (systematische) Manipulation seitens der Forschenden zustande gekommen ist. Sie berechnet sich durch die Varianzformel (▶ Abschn. 1.3.2), angewendet auf Populationsmittelwerte und für eine Anzahl von *p* Gruppen:

$$\hat{\sigma}^2_{sys} = \frac{\sum_{i=1}^{p}(\mu_i - \bar{\mu})^2}{p}$$

μ_i: Populationsmittelwert der Bedingung i
$\bar{\mu}$:   Gesamtmittelwert aller Bedingungen
p :   Anzahl der Bedingungen bzw. Gruppen mit gleicher Gruppengröße

Der *t*-Test selbst ist ein Spezialfall mit *p* = 2, weil er nur zwei Mittelwerte miteinander vergleicht. Wie bereits angedeutet, werden in ▶ Kap. 5, Band 2, auch komplexere Mittelwertsstrukturen miteinander verglichen.

Die Standardisierung der systematischen Varianz erfolgt nun an der Populationsvarianz innerhalb einer Bedingung. Diese Populationsvarianz trägt den Namen Residualvarianz. Dieses Verhältnis ist ein Maß für den Effekt, genannt Varianzquotient Φ^2 (Phi-Quadrat):

$$\Phi^2 = \frac{\sigma^2_{sys}}{\sigma^2_{x}}$$

σ^2_{sys}:   systematische Varianz

σ^2_{x} :   Residualvarianz oder Varianz innerhalb einer Bedingung
      Es gilt die Annahme der Varianzhomogenität: $\sigma^2_{x} = \sigma^2_{x_1} = \sigma^2_{x_2}$

Die Residualvarianz σ^2_{x} heißt unglücklicherweise häufig auch Fehlervarianz. In dieser Bezeichnung steckt die Überlegung, dass jede Abweichung der Werte von ihrem jeweiligen Populationsmittelwert einen Fehler zum Ausdruck bringt. Eine »fehlerfreie Messung« ist also nur bei einer Populationsstreuung von null möglich. Die Psychologie betrachtet allerdings fast immer Populationen, in denen nicht alle Menschen denselben Wert aufweisen (z. B. Intelligenz). In diesem Fall die Abweichungen einzelner Werte von ihrem Populationsmittelwert »Fehler« zu nennen, ist sicherlich nicht zutreffend. Besser ist es deshalb, die Varianz innerhalb einer Bedingung als Residualvarianz (»Restvarianz«) zu bezeichnen.

Φ^2 variiert von null bis unendlich. Wenn die Residualvarianz bzw. die unsystematische Varianz gegen null geht, läuft Φ^2 gegen unendlich. Berechnungen, in die Effektgrößen eingehen, benutzen Φ^2 häufig deshalb, weil dieses Maß mathematische Vorteile bietet (z. B. die Formel für den Nonzentralitätsparameter, ▸ Abschn. 3.2.5). Allerdings mangelt es dem Maß an Anschaulichkeit.

Ein anschaulicheres Maß für den Effekt in der Population ist der Varianzquotient Ω^2 (Omega-Quadrat). Anstatt durch die Residualvarianz wird die systematische Varianz durch die Gesamtvarianz geteilt. Auf Populationsebene entspricht Letztere im Fall des t-Tests für unabhängige Stichproben der Summe der systematischen und der Residualvarianz:

> Der Varianzquotient Φ^2 ist ein Maß für den Effekt. Er ist das Verhältnis von systematischer zu unsystematischer Varianz.

$$\Omega^2 = \frac{\sigma^2_{sys}}{\sigma^2_{Gesamt}} = \frac{\sigma^2_{sys}}{\sigma^2_{sys} + \sigma^2_{x}}$$

Das Maß Ω^2 variiert nur zwischen 0 und 1, da der Zähler dieses Bruchs nie größer werden kann als der Nenner, und Varianzen aufgrund der Quadrierung immer positiv sind. Ist die systematische Varianz $\sigma^2_{sys} = 0$, so ist auch der Effekt $\Omega^2 = 0$. Dieser Fall tritt dann auf, wenn die Populationsmittelwerte nicht variieren und kein systematischer Unterschied zwischen den Populationen besteht.

Ein Effekt von $\Omega^2 = 1$ kann nur dann auftreten, wenn es keine Residualvarianz gibt, also bei $\sigma^2_{x} = 0$. In diesem Fall sind Zähler und Nenner der Formel für Ω^2 identisch. Die Gesamtvarianz besteht demzufolge ausschließlich aus systematischer Varianz; die Variation der Werte ist allein auf die experimentellen Unterschiede der beiden Gruppen zurückzuführen. Innerhalb einer Bedingung hätten alle Versuchspersonen exakt denselben Wert erzielt. Diese Situation tritt in den Sozialwissenschaften nie auf, da immer noch andere Faktoren als die experimentelle Manipulation die gemessenen Werte beeinflussen. Theoretisch hätte die experimentelle Manipulation aber auf diese Weise die größte denkbare Auswirkung bzw. den größtmöglichen Effekt.

Insgesamt drückt das Effektstärkenmaß Ω^2 aus, wie groß der Anteil der systematischen Varianz an der Gesamtvarianz ist. Multipliziert man den Wert für Ω^2 mit 100, so lässt sich dieser Anteil in Prozent angeben. Ω^2 ist dann ein Maß dafür, wie viel Prozent der Gesamtvarianz durch die systematische Varianz aufgeklärt wird. Der »Rest« der Gesamtvarianz, die Residualvarianz, heißt deshalb auch unaufgeklärte Varianz.

Da die systematische Varianz durch die experimentelle Variation entstanden ist, lautet die Interpretation des Effekts Ω^2 in Bezug auf ein Experiment: Der Effekt Ω^2 gibt an, wie viel Prozent der Gesamtvarianz durch die Verschiedenheit der experimentellen Bedingungen auf Populationsebene aufgeklärt werden. Ω^2 fungiert damit als ein prozentuales Maß, das die Größe des Einflusses der experimentellen Manipulation anschaulich erfasst. Inhaltliche Überlegungen bei Planung oder Bewertung von Experimenten arbeiten deshalb in der Regel mit Ω^2.

> $\Omega^2 = 0$: kein systematischer Unterschied, nur unsystematische Einflüsse
>
> ▸ Video »Die Effektgröße Omega2« auf http://www.lehrbuch-psychologie.de
>
> $\Omega^2 = 1$: keine unsystematischen Einflüsse, nur ein systematischer Unterschied

> Der Anteil der systematischen Varianz an der Gesamtvarianz lässt sich in Prozent angeben.

3

Ob ein Effekt für groß oder klein befunden wird, hängt ausschließlich von inhaltlichen Überlegungen ab: So ist ein Medikament, das nur 10 % Linderung verspricht, im Regelfall sicherlich nicht attraktiv. Im Gegensatz dazu ist ein Verfahren, das die Anzahl der Verkehrstoten pro Jahr um 10 % reduziert, sehr wirkungsvoll. Insgesamt liefern bereits durchgeführte ähnliche Studien, v. a. Metaanalysen oder auch eigene Pilotstudien, hilfreiche Hinweise zur inhaltlichen Bewertung der Größe eines Effekts. Liegen diese nicht vor, so greifen wir als Orientierungshilfe auf die von Cohen (1988) vorgeschlagenen Abstufungen für Effektstärken beim *t*-Test für unabhängige Stichproben zurück. Die Konventionen sind für die Effektgröße Φ^2 bzw. Φ formuliert, lassen sich aber nach der folgenden Beziehung in Ω^2 umrechnen:

$$\Omega^2 = \frac{\Phi^2}{1+\Phi^2} \quad \text{bzw.} \quad \Phi^2 = \frac{\Omega^2}{1-\Omega^2}$$

3.3.3 Schätzung und Interpretation von Effektgrößen

Empirisch ermittelte Daten erlauben die Schätzung eines Populationseffekts, wie bereits im ▸ Abschn. 3.2.4 erwähnt. Die empirischen Mittelwerte dienen zur Schätzung des Effekts auf Populationsebene. Die Schätzung von Φ^2 erfolgt über den bereits standardisierten, empirischen *t*-Wert eines Tests unter Berücksichtigung der Anzahl aller Versuchspersonen N:

$$f^2 = \frac{t^2-1}{N}, \; f^2 = \hat{\Phi}^2$$

f^2 schätzt aus den empirischen Daten das Verhältnis von systematischer Varianz zu Residualvarianz. Es stellt eine Schätzung des Populationseffekts Φ^2 dar und ist deshalb genauso wenig anschaulich wie Letzteres.

Auf Populationsebene bietet Ω^2 Abhilfe für dieses Problem, indem es die systematische Varianz ins Verhältnis zur Gesamtvarianz setzt. Auch für Ω^2 gibt es einen Schätzer aus vorliegenden Daten, ω^2 (klein Omega-Quadrat). Die Berechnung aus dem *t*-Wert erfolgt indirekt über f^2. Die Umrechnung zu ω^2 erfolgt analog zu den Populationseffektgrößen. Die empirischen Schätzer der Effektgrößen sind durch Kleinbuchstaben gekennzeichnet, um sie von den Populationseffektgrößen abzugrenzen.

$$\omega^2 = \frac{f^2}{1+f^2} \quad \text{bzw.} \, f^2 = \frac{\omega^2}{1+\omega^2}; \; \omega^2 = \hat{\Omega}^2$$

Als Beispiel für die Schätzung eines Effekts aus empirischen Daten dient wieder der Vergleich der Erinnerungsleistung »bildhaft« – »strukturell« im Gedächtnisexperiment:

$$t_{(df=98)} = 5{,}16$$

Die Anzahl der Versuchspersonen ergibt sich aus den Freiheitsgraden:

$$df = n_1 + n_2 - 2 \Rightarrow df + 2 = n_1 + n_2 = N$$

Die Schätzung des Effekts ω^2 aus dem *t*-Wert erfolgt über f^2:

$$f^2 = \frac{5{,}16^2-1}{100} = 0{,}256 \Rightarrow \omega^2 = \frac{0{,}256}{1+0{,}256} = 0{,}20 = 20\%$$

Der geschätzte Effekt zwischen den Verarbeitungsbedingungen »bildhaft« »strukturell« beträgt 20 %.

Bitte beachten Sie, dass der errechnete Wert für f^2 bereits quadriert ist und bei der Umrechnung zu ω^2 nicht noch einmal quadriert werden darf! Weiterhin müssen Sie bei der Umrechnung von ω^2 oder f^2 mit dem Taschenrechner im Nenner Klammern setzen! Ein Tipp zur Kontrolle: ω^2 muss immer kleiner sein als f^2.

Insgesamt erinnern die Versuchspersonen zwar jeweils unterschiedlich viele Wörter, aber 20 % dieser Variation verursacht die experimentelle Manipulation in den Verarbeitungsbedingungen »bildhaft« und »strukturell«. Der Rest der Variation der Werte beruht auf individuellen Unterschieden in der Erinnerungsleistung und anderen Faktoren. Die experimentelle Bedingung der Verarbeitung klärt also 20 % der Gesamtvarianz auf. Nach den Konventionen ist das ein sehr großer Effekt.

3.3.4 Zusammenhang der Effektstärkenmaße

Das Programm G*Power verwendet für die Berechnung der Teststärke eines t-Tests das Effektstärkenmaß d. Dies ist jedoch kein Problem, da sich das Maß ω^2 leicht in d überführen lässt. Die hier dargestellte Umrechnung gilt jedoch nur für den Vergleich von zwei Gruppen im Rahmen eines t-Tests für unabhängige Stichproben.

$$d = 2 \cdot f = 2 \cdot \sqrt{\frac{\omega^2}{1 - \omega^2}}$$

3.3.5 Effektgrößen auf der Stichprobenebene

Das Effektstärkenmaß ω^2 nutzt die empirischen Daten, um einen Effekt auf Populationsebene zu schätzen. Die Größe eines Effekts lässt sich aber auch auf der Ebene der Stichprobe bestimmen, ohne daraus Schlüsse für die Ebene der Population ziehen zu wollen. Diese Effektgröße auf Stichprobenebene ist nicht identisch mit dem Populationsschätzer ω^2.

Die Effektgröße η^2 (Eta-Quadrat) gibt den Anteil der aufgeklärten Varianz an der Gesamtvarianz auf der Stichprobenebene an und wird z. B. von dem Programm SPSS als Effektgröße verwendet. Die Berechnung erfolgt über die Quadratsumme des systematischen Effekts, geteilt durch die gesamte Quadratsumme.

> Die Effektgröße η^2 gibt den Anteil der Varianzaufklärung auf der Ebene der Stichprobe an.

$$\eta^2 = \frac{QS_{sys}^2}{QS_{Gesamt}^2} = \frac{QS_{sys}^2}{QS_{sys}^2 + QS_x^2}$$

Das Konzept der Quadratsumme erfährt in ► Kap. 5, Band 2, genaue Erörterung. Ähnlich wie Varianzen beschreiben Quadratsummen Variationen von Messwerten. Grob gesagt ist der Zähler der Formel zur Berechnung der Varianz eine Quadratsumme (vgl. ► Abschn. 5.2.1). Quadratsummen sind also nicht an der Größe der Stichprobe standardisiert und machen nur Aussagen über Variationen von Messwerten auf Ebene der Stichprobe, nicht auf Ebene der Population. Hat man diese Zusammenhänge im Blick, so sind die Parallelen zwischen η^2 und Ω^2 offensichtlich: Während Ersteres systematische Variationen zur Gesamtvariation der Messwerte in einer Stichprobe durch Quadratsummen in Beziehung setzt, tut Letzteres dies mithilfe von Varianzen auf Ebene der Population.

Die Berechnung von η^2 ist ebenfalls mithilfe des t-Werts möglich. Analog zu der Bestimmung von ω^2 läuft diese Berechnung über das aus den Daten geschätzte Effektstärkenmaß f^2. In ► Abschn. 3.3.3 haben wir f^2 als Schätzer der Effektgröße Φ^2 auf Populationsebene kennengelernt. Nun bewegen wir uns allein auf Ebene der Stichprobe, ohne Aussagen über die Population machen zu wollen. Deshalb versehen wir zur leichteren Unterscheidung das Maß auf der Stichprobenebene mit dem Index S (für Stichprobe). f_S^2 gibt das Verhältnis der Quadratsumme des systematischen Effekts zu der Quadratsumme des Residuums an:

Die Effektgröße f_S^2 gibt das Verhältnis der systematischen Variabilität zur Variabilität des Residuums über die Quadratsummen an.

$$f_S^2 = \frac{QS_{sys}}{QS_x}$$

Die Populationseffektgröße Φ^2 beschreibt das entsprechende Verhältnis auf der Ebene der Population (▸ Abschn. 3.3.2). Um einen Effekt aus empirischen Daten zu bestimmen, ist die Umrechnung eines *t*-Werts zu den Stichprobeneffektgrößen f_S^2 und η^2 besonders wertvoll. Die Formeln lauten:

Berechnung der Effektgröße η^2 aus dem empirischen *t*-Wert.

$$f_S^2 = \frac{t^2}{df} \Rightarrow \eta^2 = \frac{f_S^2}{1 + f_S^2}$$

Die Effektgröße η^2 gibt den Anteil der Varianzaufklärung auf der Ebene der Stichprobe an, die Effektstärke Ω^2 auf der Ebene der Population (vgl. ▸ Abschn. 3.3.2). Allerdings ist die Verwendung von Effektgrößen auf der Stichprobenebene problematisch, weil sie den wahren Effekt in der Population überschätzen. Die Werte für η^2 fallen im Vergleich mit ω^2 größer aus. Dies hat Konsequenzen für die Bestimmung der Teststärke und die Stichprobenumfangsplanung. Wir empfehlen deshalb, nach Möglichkeit die Populationseffektgröße Ω^2 bzw. ω^2 zu verwenden.

Noch einmal zur Wiederholung: Es gibt Populationseffekte, die wir mit großen griechischen Buchstaben gekennzeichnet haben (Φ^2 und Ω^2). Die genauen Werte für Φ^2 und Ω^2 lassen sich nie bestimmen. Wir müssen sie aus den vorhandenen Daten schätzen. Die Schätzer sind die kleinen Buchstaben f^2 und ω^2. Diese nutzen zwar die Daten aus einer Stichprobe, schätzen aber trotzdem den Effekt auf der Ebene der Population:

$$f^2 = \hat{\Phi}^2 \quad \text{und} \quad \omega^2 = \hat{\Omega}^2$$

Darüber hinaus gibt es Kennwerte, die lediglich Aussagen über die in einer bestimmten Stichprobe vorliegenden Effekte machen, f_S^2 und η^2. Die Effektgrößen auf Stichprobenebene sind als Populationseffektschätzer nicht geeignet, denn sie überschätzen den Effekt in der Population. Die Daten sind gewissermaßen »überangepasst« auf die Stichprobe und müssen deshalb für eine adäquate Schätzung etwas nach unten korrigiert werden. Der Vergleich der Effektgrößen auf Stichprobenebene und Populationsebene zeigt dies sehr anschaulich: Während der Zähler in der Berechnung von f^2 kleiner ausfällt im Vergleich zu f_S^2, steht im Nenner ein größerer Wert. Beides resultiert in einem kleineren Wert für f^2 im Gegensatz zu f_S^2.

$$f^2 = \frac{t^2 - 1}{N} \quad \text{vs.} \quad f_S^2 = \frac{t^2}{df}$$

3.4 Die Entscheidungsregel beim *t*-Test

Die Kenntnisse aus den vorherigen Abschnitten erlauben nun eine allgemeine Betrachtung des *t*-Tests. Folgende Fragen stellen sich: Welche Situationen können nach einer Entscheidung mithilfe eines *t*-Tests auftreten? Lässt sich bestimmen, wie wahrscheinlich diese verschiedenen Fälle sind? Der *t*-Test prüft aufgrund eines empirischen Ergebnisses, ob die Nullhypothese oder die Alternativhypothese angenommen werden kann und sollte. (Bei ungeplanten *t*-Tests ist es sogar denkbar, dass überhaupt keine Entscheidung zugunsten einer der beiden Hypothesen möglich ist. Dazu mehr in ▸ Abschn. 3.4.1 und ▸ Abschn. 3.7) Eine derart getroffene Entscheidung kann entweder richtig oder falsch sein. Insgesamt gibt es deshalb vier verschiedene Möglichkeiten, die nach einer Prüfung mittels eines *t*-Tests auftreten können (◙ Abb. 3.21).

	In Wirklichkeit gilt die H_0	In Wirklichkeit gilt die H_1
Entscheidung zugunsten der H_0	Richtige Entscheidung	β-Fehler
Entscheidung zugunsten der H_1	α-Fehler	Richtige Entscheidung

▪ **Abb. 3.21** Die vier verschiedenen Möglichkeiten einer Entscheidung bei einem *t*-Test

Diese verschiedenen Möglichkeiten treten mit einer bestimmbaren Wahrscheinlichkeit auf. Der Fehler, die H_1 anzunehmen, obwohl die H_0 gilt, heißt Fehler 1. Art oder α-Fehler. Der Fehler, die H_0 anzunehmen, obwohl die H_1 gilt, heißt Fehler 2. Art oder β-Fehler. Er tritt auf, wenn ein Ergebnis nicht signifikant geworden ist und die Entscheidung gegen die Alternativhypothese ausfällt. Die Wahrscheinlichkeit der richtigen Entscheidungen ergibt sich jeweils aus 1 − α bzw. 1 − β (▪ Abb. 3.22). Das Verständnis der Entscheidungen und der Fehler ist für die weiteren Themen dieses Buches und die Anwendung der Statistik in der Praxis von höchster Wichtigkeit. Deshalb sollen die beiden Fehler noch einmal genau definiert werden.

Der α-Fehler (Fehler 1. Art) ist die Entscheidung für die H_1, obwohl in Wirklichkeit die H_0 gilt. Die α-Fehlerwahrscheinlichkeit ist α = $p(H_1|H_0)$.

Der β-Fehler (Fehler 2. Art) ist die Entscheidung für die H_0, obwohl in Wirklichkeit die H_1 gilt. Die β-Fehlerwahrscheinlichkeit ist β = $p(H_0|H_1)$.

Die Konstruktion einer nonzentralen Verteilung unter der Annahme eines Effekts (H_1) eröffnet eine anschauliche Darstellung der Wahrscheinlichkeitswerte in einer

Der α-Fehler

Der β-Fehler

▶ Video »Die Entscheidungsmöglichkeiten bei einem t-Test« auf http://www.lehrbuch-psychologie.de

▪ **Abb. 3.22** Die vier verschiedenen Möglichkeiten einer Entscheidung bei einem *t*-Test und ihre Wahrscheinlichkeiten

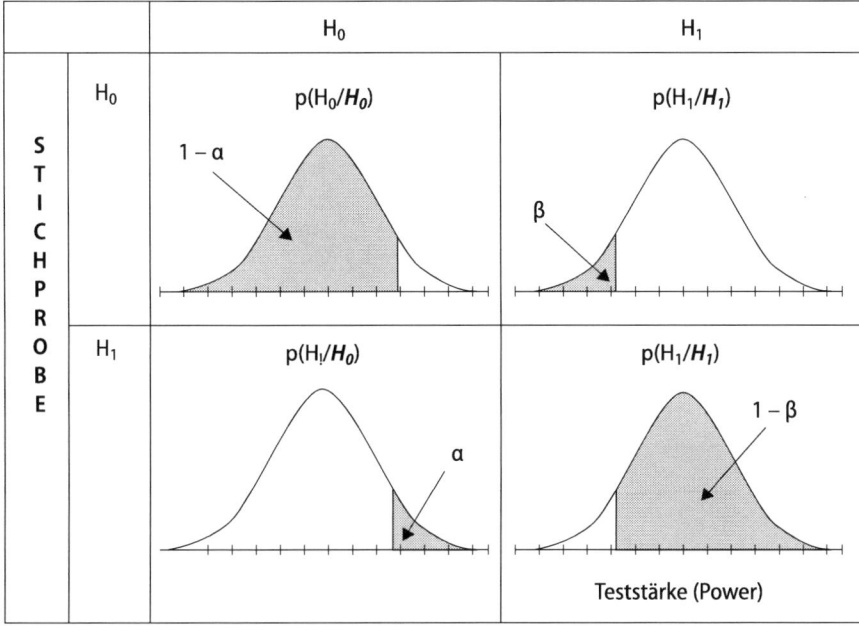

Realer, aber unbekannter Sachverhalt
POPULATION

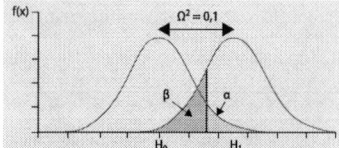

◻ Abb. 3.23 Fehlerwahrscheinlichkeiten unter der H_0 und H_1

Die Entscheidung für die Nullhypothese kann nur bei einem ausreichend kleinen β-Fehler getroffen werden.

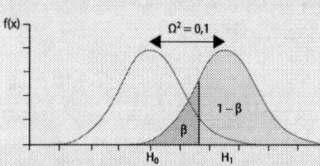

◻ Abb. 3.24 β-Fehler und Teststärke

Die Teststärke ist die Wahrscheinlichkeit, ein signifikantes Testergebnis zu erhalten, falls ein Effekt einer bestimmten Größe auf Populationsebene existiert.

Die Teststärke lässt sich über den Nonzentralitätsparameter λ bestimmen.

► Link zum kostenlosen Download des Programms G*Power und Erläuterungen auf http://www.lehrbuchpsychologie.de

► Tabelle C im Anhang A2

Teststärkebestimmung a priori

einzigen Abbildung (◻ Abb. 3.23). Es ist deutlich zu sehen, dass die frei gewählte Grenze des α-Fehlers in der zentralen Verteilung (H_0) gleichzeitig die Grenze des β-Fehlers in der nonzentralen Verteilung darstellt.

3.4.1 β-Fehler und Teststärke

Schließt ein nicht signifikantes Ergebnis nach einem *t*-Test die Alternativhypothese aus? Nicht unbedingt, denn die Entscheidung für die Nullhypothese könnte falsch sein, wenn in Wirklichkeit die H_1 gilt. Der β-Fehler beschreibt, wie wahrscheinlich diese Fehlentscheidung in einem statistischen Test ist. Um eine eindeutige Entscheidung für die H_0 treffen zu können, darf hier genauso wie bei der Entscheidung für die H_1 die Wahrscheinlichkeit einer Fehlentscheidung nicht zu groß sein. Erst bei einer ausreichend kleinen β-Fehlerwahrscheinlichkeit erlaubt also ein nicht signifikantes Ergebnis die Entscheidung für die Nullhypothese. Diese Wahrscheinlichkeit für den Fehler 2. Art sollte bei 10 % oder weniger liegen. Ist sie größer, so spricht ein nicht signifikantes Ergebnis für keine der beiden Hypothesen. Es ist keine Entscheidung möglich. Die sich daraus ergebenden Folgen sind leicht vorstellbar. Die aufgewendete Zeit und Mühe waren umsonst, das investierte Geld hätte wesentlich sinnvoller verwendet werden können, denn eine solche Situation am Ende einer Studie hilft niemandem weiter. Sowohl die Null- als auch die Alternativhypothese ist noch immer möglich. Deshalb ist es sehr wichtig, bereits vor Beginn jeder Datenerhebung genaue Vorstellungen über die erwarteten Effekte zu haben, um so interpretierbare Ergebnisse am Ende der Untersuchung sicherzustellen (vgl. ► Abschn. 3.4.3 und ► Abschn. 3.7).

Mithilfe des β-Fehlers kann auch eine Aussage darüber getroffen werden, wie gut ein *t*-Test konstruiert ist. Dies erfolgt durch eine Betrachtung der Teststärke oder Power eines *t*-Tests. Die Teststärke ist die Wahrscheinlichkeit, die H_1 anzunehmen, wenn sie auch in Wirklichkeit gilt. Sie wird mit 1-β bezeichnet, da sie die Gegenwahrscheinlichkeit zu der β-Fehlerwahrscheinlichkeit ist (◻ Abb. 3.24).

Die Teststärke eines *t*-Tests ist die Fähigkeit des Tests, ein signifikantes Ergebnis zu liefern, falls ein Effekt einer bestimmten Größe auf Populationsebene tatsächlich existiert. Sie sollte mindestens 1 – β = 0,9 betragen. Die Teststärke spielt bei der Planung und Beurteilung von *t*-Tests eine große Rolle. Ihre Bestimmung erfolgt entweder mithilfe des Nonzentralitätsparameters λ oder mit dem Computerprogramm G*Power. Die Berechnung erfolgt nach der Formel aus ► Abschn. 3.2.5:

$$\lambda = \Phi^2 \cdot N$$

Einem bestimmten Wert λ ist in den TPF-Tabellen (► Tabelle C im Anhang A2) jeweils eine Wahrscheinlichkeit zugeordnet. Das gewählte Signifikanzniveau und die Art der Fragestellung (einseitig oder zweiseitig) bestimmen die Wahl der richtigen Tabelle. Die Zählerfreiheitsgrade sind hier noch nicht von Bedeutung, sie betragen bei einem *t*-Test immer eins (Das Konzept der Zählerfreiheitsgrade wird Thema sein in ► Kap. 5, Band 2). Die TPF-Tabellen erlauben nur eine Angabe von Wahrscheinlichkeitsbereichen, da nicht alle möglichen λ-Werte aufgeführt sind. Das Programm G*Power ist in der Lage, die exakte Teststärke anzugeben.

In der Anwendung existieren zwei Arten der Teststärkebestimmung: Vor der Konstruktion eines *t*-Test ist es notwendig, eine gewünschte Teststärke eines *t*-Tests festzusetzen. Diese A-priori-Bestimmung (vorher) der Teststärke führt zusammen mit der Entscheidung für einen bestimmten inhaltlich relevanten Effekt zu der Berechnung des benötigten Stichprobenumfangs (► Abschn. 3.4). Die Festlegung eines relevanten Effekts sollte anhand inhaltlicher Überlegungen und bereits vorhandener Arbeiten oder eigener Pilotstudien erfolgen.

Die Berechnung der Teststärke eines bereits durchgeführten *t*-Tests ist dann notwendig, wenn ein nicht signifikantes Ergebnis auftritt und der Stichprobenumfang nicht im Vorfeld geplant wurde. Die Annahme der Nullhypothese in einem ungeplanten *t*-Test ist nur möglich, wenn die Teststärke ausreichend hoch ist. Wie schon das Signifikanzniveau α ist die Festlegung der akzeptierten Fehlerwahrscheinlichkeit β von inhaltlichen Überlegungen abhängig. Als Richtlinie schlagen wir eine Teststärke von $1 - \beta = 0{,}9$ vor. Die Wahrscheinlichkeit, die Alternativhypothese abzulehnen obwohl sie in Wirklichkeit gilt, liegt dann bei $\beta = 0{,}1$. Die Bestimmung der Teststärke a posteriori (im Nachhinein) erfordert neben der Anzahl der Beobachtungen immer die Festlegung eines inhaltlich relevanten Effekts. Wenn keine weiteren empirischen Arbeiten zu dem Thema vorliegen, ist diese Festlegung schwierig und meist nur mithilfe der Konventionen (▶ Abschn. 3.3.1 und ▶ Abschn. 3.3.2) möglich. Es ist auch denkbar, die Teststärke für den empirischen Effekt der eigenen Studie zu bestimmen. Dies ist allerdings nur sinnvoll, wenn er eine inhaltlich relevante Größe erreicht hat.

An dieser Stelle sei betont, dass sich diese Berechnungen immer auf eine bestimmte Effektgröße beziehen. Die Teststärke eines Tests ist von der Größe des als relevant erachteten Effekts abhängig (▶ Abschn. 3.4.2). Aussagen über die Nullhypothese beziehen sich ebenfalls auf einen bestimmten Effekt. Angenommen, die Teststärke in einem Test mit einem nicht signifikanten Ergebnis ist ausreichend groß, z. B. 90 % für $\Omega^2 = 0{,}15$. In diesem Fall lautet die Interpretation wie folgt: Mit 90 %iger Wahrscheinlichkeit gibt es keinen Effekt der Größe $\Omega^2 = 0{,}15$ oder mehr. Die Annahme der Nullhypothese umfasst also durchaus die Möglichkeit, dass kleinere Effekte vorliegen könnten.

Beispiel: Nach einem einseitigen *t*-Test mit $n_1 = n_2 = 15$ ergibt sich bei einem Signifikanzniveau von $\alpha = 0{,}05$ ein nicht signifikantes Ergebnis. Der Forscher erklärt einen mittleren Effekt von $\Omega^2 = 0{,}1$ als inhaltlich relevant. Die Berechnung des Nonzentralitätsparameters ergibt:

$$\lambda = \Phi^2 \cdot N = \frac{\Omega^2}{1 - \Omega^2} \cdot N = \frac{0{,}1}{1 - 0{,}1} \cdot 30 = 3{,}33$$

Die Bestimmung der Teststärke verlangt TPF-Tabelle 7 (▶ Tabelle C im Anhang A2), weil das Signifikanzniveau bei $\alpha = 0{,}05$ liegt und der *t*-Test einseitig ist. In der ersten Zeile liegt $\lambda = 3{,}33$ zwischen $\lambda_{\min} = 2{,}7$ und $\lambda_{\max} = 4{,}31$. Die Teststärke dieses *t*-Tests, den Effekt von $\Omega^2 = 0{,}1$ zu finden, falls er wirklich existiert, liegt zwischen $50\% < 1 - \beta < 66{,}7\%$. Die Entscheidung für die Nullhypothese, dass kein Effekt von mindestens $\Omega^2 = 0{,}1$ vorliegt, wäre also mit einer β-Fehlerwahrscheinlichkeit von 33,3 % bis 50 % behaftet. In einem solchen Fall erlaubt das Ergebnis keine eindeutige Entscheidung für eine der beiden Hypothesen. Der Test war sehr schlecht konstruiert. Selbst bei einem existierenden Effekt von $\Omega^2 = 0{,}1$ hätte diese Untersuchung ihn nur mit einer Wahrscheinlichkeit von ungefähr 50 % überhaupt finden können. Statt den Test durchzuführen hätte der Forscher also genauso gut eine Münze werfen können.

In den ergänzenden Dateien auf der Internetseite dieses Buches finden Sie mehrere Beispiele zur Berechnung der Teststärke a posteriori.

3.4.2 Die Determinanten des *t*-Tests

Die Größe des β-Fehlers und damit der Teststärke ist von drei Dingen abhängig: dem festgelegten Signifikanzniveau α, der Stichprobengröße und dem angenommenen Effekt. Zusammen mit dem β-Fehler bilden sie die vier Determinanten eines *t*-Tests. Werden drei dieser Determinanten durch einen bestimmten Wert festgelegt, so ist die vierte Determinante bereits automatisch mitbestimmt. (Dies ist übrigens der Gedanke, der auch dem Konzept der Freiheitsgrade zugrunde liegt.) Für die Konstruktion eines

Teststärkebestimmung a posteriori

Wird bei einem nicht signifikanten Ergebnis die Alternativhypothese aufgrund der ausreichenden Teststärke abgelehnt, so spricht dies nur gegen Effekte ab einer bestimmten Größe.

▶ Tabelle C im Anhang A2

Es gibt vier Determinanten des *t*-Tests. Sind drei Determinanten bestimmt, so ist die vierte automatisch mit festgelegt.

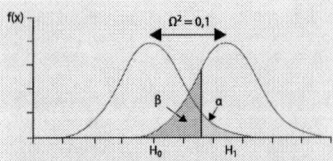

Abb. 3.25 Das Signifikanzniveau α legt die Größe des β-Fehlers fest

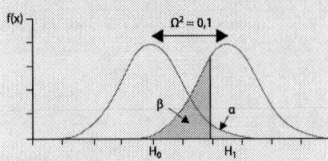

Abb. 3.26 Je kleiner das Signifikanzniveau, desto größer der β-Fehler

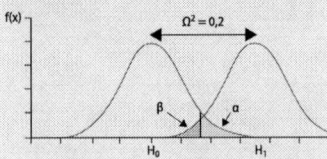

Abb. 3.27 Je größer der Effekt, desto kleiner β und desto größer die Teststärke

Je größer der Stichprobenumfang, desto kleiner t_{krit} und der β-Fehler

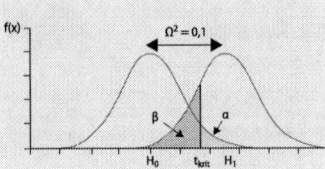

Abb. 3.28 $n_1 = n_2 = 25$

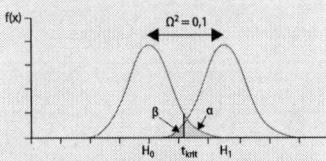

Abb. 3.29 $n_1 = n_2 = 100$
Je größer der Stichprobenumfang, desto größer der *t*-Wert bei gleicher Mittelwertsdifferenz

t-Tests und die Beurteilung von Ergebnissen solcher Tests in der Literatur ist das Wissen über den gegenseitigen Einfluss der Determinanten von großer Bedeutung.

Die Fehlerwahrscheinlichkeiten

Nach der Bestimmung eines Signifikanzniveaus α ist auch die β-Fehlerwahrscheinlichkeit festgelegt, solange die Stichprobengröße und der angenommene Effekt nicht verändert werden (Abb. 3.25). Eine Verkleinerung von α bedingt eine Vergrößerung von β und damit eine Verkleinerung der Teststärke (Abb. 3.26). Es ist deshalb nicht immer sinnvoll, ein sehr niedriges Signifikanzniveau zu wählen, denn je nach Größe der Streuungen und des angenommenen Effekts kann so der β-Fehler sehr groß werden. Die Folge ist, dass ein nicht signifikantes Ergebnis unter Umständen keine eindeutige Interpretation zulässt.

Der Einfluss des Effekts

Bei einem kleinen angenommenen Effekt liegen die Verteilungen der H$_0$ und H$_1$ eng zusammen, sie überschneiden sich in der Regel stark. (Es sei denn, die Streuungen der Verteilungen sind extrem gering.) Ein Signifikanzniveau α = 0,05 hat einen großen β-Fehler zur Folge, der *t*-Test hat eine geringe Teststärke. Bei einem größeren angenommenen Effekt wird die β-Fehlerwahrscheinlichkeit bei gleichem α = 0,05 und gleichen Streuungen kleiner, die Teststärke größer (Abb. 3.27). Wenn die übrigen Determinanten konstant bleiben, ist es leichter, einen größeren Effekt zu finden, falls er wirklich existiert. Die Wahrscheinlichkeit, einen kleinen Effekt aufzudecken, ist geringer.

Einfluss der Stichprobengröße

Je größer die Anzahl an Werten bzw. Versuchspersonen ist, desto schmaler werden die Stichprobenkennwerteverteilungen der H$_0$ und H$_1$, ihre Streuungen werden kleiner. Das bedeutet, dass sie sich bei großen Stichproben und einem identischen angenommenen Effekt weniger überschneiden. Dies hat zur Folge, dass der kritische *t*-Wert bei konstantem Signifikanzniveau kleiner wird. Wie die Abb. 3.28 und Abb. 3.29 zeigen, verkleinert sich ebenfalls der β-Fehler, der Test hat eine höhere Power. Bei kleinen Stichproben sind die Verteilungen breiter und überlappen sich stärker. Der kritische *t*-Wert ist größer. Ein empirisches Ergebnis wird »schwieriger« signifikant, da die Teststärke kleiner ist.

Zusätzlich nimmt der Stichprobenumfang Einfluss auf die Berechnung des *t*-Werts für die empirische Mittelwertsdifferenz. Mit zunehmender Stichprobengröße wird der Standardfehler der Mittelwertsdifferenz kleiner (▶ Abschn. 2.3). Dieser Standardfehler steht bei der Berechnung des *t*-Werts im Nenner, der *t*-Wert wird bei gleicher empirischer Mittelwertsdifferenz also größer. Ein größerer *t*-Wert ist unter der Annahme der Nullhypothese unwahrscheinlicher und wird leichter signifikant. Je größer die Stichprobe, desto eher ein signifikantes Ergebnis. Diese Einsicht hat weitreichende Folgen: Theoretisch kann jede noch so kleine empirische Mittelwertsdifferenz mithilfe ausreichend großer Stichprobenumfänge signifikant »gemacht« werden. Hier zeigen sich die Schwierigkeiten in der inhaltlichen Bewertung eines signifikanten Ergebnisses.

Beispiel: In einem experimentellen Vergleich zweier Gruppen bei einseitiger Fragestellung ergeben sich folgenden Daten:

$$\bar{x}_1 - \bar{x}_2 = 0,4 \text{ mit } \hat{\sigma}_1 = 2 \text{ und } \hat{\sigma}_2 = 2,5$$

Bei $n_1 = n_2 = 25$ ist die geschätzte Streuung der Stichprobenkennwerteverteilung $\hat{\sigma}_{\bar{x}_1 - \bar{x}_2} = 0,64$.

Daraus bestimmt sich der t-Wert:

$$t_{(df=48)} = \frac{\bar{x}_1 - \bar{x}_2}{\hat{\sigma}_{\bar{x}_1 - \bar{x}_2}} = \frac{0,4}{0,64} = 0,63$$

Der *t*-Wert ist klein und nicht signifikant ($t_{krit(df=40)} = 1{,}684$; $p > 0{,}25$).

Mit $n_1 = n_2 = 300$ ist die Streuung der Stichprobenkennwerteverteilung bei gleichen Populationsstreuungen kleiner:

$$\hat{\sigma}_{\bar{x}_1 - \bar{x}_2} = 0{,}18$$

Es resultiert ein *t*-Wert von:

$$t_{(df=598)} = \frac{\bar{x}_1 - \bar{x}_2}{\hat{\sigma}_{\bar{x}_1 - \bar{x}_2}} = \frac{0{,}4}{0{,}18} = 2{,}22$$

Der *t*-Wert ist größer und die empirische Mittelwertsdifferenz von 0,4 wird mit dieser Stichprobengröße signifikant ($t_{krit(df>120)} = 1{,}645$; $p < 0{,}05^\star$). Dieselbe empirische Differenz wird bei höherem Stichprobenumfang signifikant.

Des Weiteren beeinflussen die Stichprobenumfänge aber auch über die Freiheitsgrade die Auftretenswahrscheinlichkeit eines bestimmten *t*-Werts. Hier gilt ebenfalls: Je größer die Stichprobe ist, desto eher wird ein empirischer *t*-Wert signifikant, da der kritische *t*-Wert für ein bestimmtes Signifikanzniveau von der Freiheitsgradzahl abhängt. Dies trifft allerdings nur für Stichproben zu, die kleiner als 30 sind. Bei größeren Stichproben schmiegt sich die *t*-Verteilung bereits eng an eine Normalverteilung an und die Wahrscheinlichkeit für *t*-Werte verändert sich nur noch geringfügig.

In einem Experiment mit den Gruppengrößen $n_1 = n_2 = 6$ ist bei einem Signifikanzniveau von $\alpha = 0{,}05$ der kritische *t*-Wert $t_{krit(df=10)} = 1{,}812$. Ein empirisch gefundener *t*-Wert von $t_{(df=10)} = 1{,}7$ ist also nicht signifikant ($p > 0{,}05$). Bei einer Gruppengröße von $n_1 = n_2 = 21$ ergibt sich für dasselbe Signifikanzniveau: $t_{krit(40)} = 1{,}684$. Der *t*-Wert $t_{(df=40)} = 1{,}7$ ist signifikant ($p < 0{,}05^\star$). Sind die Stichproben noch größer ($n_1 = n_2 = 61$), so verringert sich der kritische *t*-Wert nur noch minimal: $t_{krit(120)} = 1{,}658$.

Große Stichproben führen also gleich aus drei genannten Gründen dazu, dass kleinere empirische Mittelwertsdifferenzen leichter signifikant werden als bei kleinen Stichproben. Die Bestätigung eines vorhergesagten, kleinen Effekts in einem Experiment erfordert demzufolge eine größere Anzahl an Versuchspersonen, bei angenommenen großen Effekten reicht eine im Vergleich kleinere Anzahl an Beobachtungen aus. Letztendlich könnte auch die kleinste gefundene Mittelwertsdifferenz signifikant »gemacht« werden, ausreichend große Stichproben vorausgesetzt.

An dieser Stelle zeigt sich ganz deutlich der Unterschied zwischen statistischer Signifikanz und inhaltlicher Bedeutsamkeit: Es ist möglich, durch eine Erhöhung der Versuchspersonenanzahl für jede noch so kleine beobachtete Mittelwertsdifferenz statistische Signifikanz zu erreichen. Das heißt aber nicht, dass solche kleinen Unterschiede in den Sozialwissenschaften auch inhaltlich bedeutsam sind. Für die sinnvolle Anwendung des *t*-Tests ist eine inhaltliche Bewertung der Größe eines statistisch signifikanten Ergebnisses unerlässlich. Aus diesem Grund gehören Überlegungen über die Größe eines inhaltlich relevanten Effekts, eine A-priori-Bestimmung der Teststärke und eine Stichprobenumfangsplanung zur Konstruktion einer sauberen Untersuchung unbedingt dazu.

3.4.3 Die Stichprobenumfangsplanung

Um einen eindeutig interpretierbaren *t*-Test zu konstruieren, in denen der α- und β-Fehler hinreichend klein sind, dürfen die Stichprobengrößen nicht zu klein sein. Damit aber ein signifikantes Ergebnis nur auftritt, wenn ein inhaltlich bedeutsamer Effekt vorliegt, dürfen die Stichproben auch nicht zu groß sein. Man sagt, sie seien »optimal«. Dazu müssen sie vor Durchführung des Experiments berechnet werden. Eine solche Stichprobenumfangsplanung erfordert die Festlegung eines Signifikanzniveaus, der gewünschten Teststärke und eines inhaltlich bedeutsamen Effekts.

Je größer der Stichprobenumfang, desto größer ist die Zahl der Freiheitsgrade und desto kleiner ist die Wahrscheinlichkeit eines bestimmten *t*-Werts.

Bei größeren Stichproben wird eine empirische Mittelwertsdifferenz eher signifikant.

Ein statistisch signifikantes Ergebnis ist nicht automatisch auch inhaltlich bedeutsam.

Vor der Durchführung eines Experiments muss der Stichprobenumfang geplant werden.

Die Anzahl an Versuchspersonen ist von gewählten Signifikanzniveau, der gewünschten Teststärke und dem geschätzten Populationseffekt abhängig.

▶ Tabelle C im Anhang A2

Auch hier bestimmen inhaltliche Überlegungen die Wahl der drei Größen. Die TPF-Tabellen (▶ Tabelle C im Anhang A2) geben für die gewünschte Teststärke einen λ-Wert an.

$$N = \frac{\lambda_{\alpha;\text{Teststärke}}}{\Phi^2} = \frac{\lambda_{\alpha;\text{Teststärke}}}{\left(\dfrac{\Omega^2}{1-\Omega^2}\right)}$$

Beim *t*-Test für unabhängige Stichproben entspricht N der Gesamtzahl der benötigten Versuchspersonen. Am günstigsten ist es, wenn die Anzahl pro Gruppe gleich ist, also:

$$n_1 = n_2 = \frac{N}{2}$$

Nur wenn eine Untersuchung mit dem auf diese Weise berechneten Stichprobenumfang durchgeführt wird, ist bei der Auswertung immer eine eindeutige Interpretation des Ergebnisses eines *t*-Tests möglich.

Anmerkung: Der Begriff »optimale« Stichprobenumfänge bezieht sich auf die hier vorgestellte Herangehensweise. Natürlich ist es prinzipiell immer gut, so viele Versuchspersonen wie möglich zu erheben. Erstens erhöht sich die Teststärke und zweitens verbessern sich die Eigenschaften der Stichprobenwerte als Populationsschätzer. Allerdings ist eine nachträgliche inhaltliche Bewertung des signifikanten Ergebnisses über die Effektgröße in diesem Fall unausweichlich.

▶ Link zum kostenlosen Download des Programms G*Power und Erläuterungen auf http://www.lehrbuch-psychologie.de

Mit dem Programm G*Power lässt sich bequem eine Stichprobenumfangsplanung vor einer Untersuchung durchführen. Einige Beispiele dazu finden Sie auf der Internetseite zum Buch.

3.4.4 Konfidenzintervall für eine Mittelwertsdifferenz

Als Ergänzung zu der entwickelten Entscheidungsregel beim *t*-Test stellen wir zusätzlich die Konstruktion von Konfidenzintervallen bei Mittelwertsdifferenzen vor. Solche Konfidenzintervalle basieren auf denselben Berechnungen wie der *t*-Test, ermöglichen aber zusätzlich eine anschauliche Angabe der Präzision des empirischen Ergebnisses. Im Mittelpunkt steht bei den Konfidenzintervallen die Frage, aus welchem Bereich von »wahren« Mittelwertsdifferenzen in der Population die empirisch beobachtete Mittelwertsdifferenz mit einer Irrtumswahrscheinlichkeit von α stammt. Um die untere und obere Grenze des Intervalls zu bestimmen, gehen wir im Prinzip wie in ▶ Abschn. 2.3 vor.

▶ Tabelle B im Anhang A2

Die beobachtete Mittelwertsdifferenz dient als erwartungstreuer Schätzer der Populationsmittelwertsdifferenz. Das Konfidenzintervall wird symmetrisch um diesen Wert konstruiert. Die untere bzw. obere Grenze des Intervalls wird durch die Irrtumswahrscheinlichkeit α sowie durch den Standardfehler der Mittelwertsdifferenz festgelegt (▶ Abschn. 3.1.2). Da Mittelwertsdifferenzen t-verteilt sind (▶ Abschn. 3.1.3), ziehen wir zur Konstruktion des Konfidenzintervalls anders als bei einfachen Mittelwerten (▶ Abschn. 2.3) die *t*-Verteilung unter $n_1 + n_2 - 2$ Freiheitsgraden heran. Aus ▶ Tabelle B im Anhang A2 lässt sich derjenige *t*-Wert bestimmen, welcher α/2 % der Fläche unter der Verteilung nach oben bzw. unten abschneidet. Die obere und untere Grenze des Intervalls berechnet sich damit wie folgt.

▶ Video »Konfidenzintervall für eine Mittelwertsdifferenz« auf http://www.lehrbuch-psychologie.de

$$\text{untere Grenze: } (\bar{x}_1 - \bar{x}_2) - t_{(\alpha/2;df=n_1+n_2-2)} \cdot \hat{\sigma}_{\bar{x}_1-\bar{x}_2}$$
$$\text{obere Grenze: } (\bar{x}_1 - \bar{x}_2) + t_{(\alpha/2;df=n_1+n_2-2)} \cdot \hat{\sigma}_{\bar{x}_1-\bar{x}_2}$$

$$\hat{\sigma}_{\bar{x}_1-\bar{x}_2} = \sqrt{\frac{\hat{\sigma}_1^2}{n_1} + \frac{\hat{\sigma}_2^2}{n_2}} : \text{Standardfehler der Mittelwertsdifferenz} (\blacktriangleright \text{Abschn. 3.1.2})$$

Beispiel: Ein Forscher erhebt die Intelligenz von Stadt und Landkindern (*n* pro Gruppe = 21) und erhält folgendes Ergebnis:

$$\overline{x}_{Stadt} = 105$$
$$\overline{x}_{Land} = 98,2$$
$$\overline{x}_{Stadt} - \overline{x}_{Land} = 6,8$$
$$\hat{\sigma}_{(\overline{x}_{Stadt} - \overline{x}_{Land})} = 4,6$$

Wie lautet das 95%-Konfidenzintervall für diese Differenz? ► Tabelle B im Anhang A2 entnehmen wir bei *df* = $n_1 + n_2 - 2$ = 40 und α/2 = 0,025 (entspricht der Spalte »0,975«) einen *t*-Wert von 2,021.

untere Grenze: $(\overline{x}_1 - \overline{x}_2) - t_{(\alpha/2;df=n_1+n_2-2)} \cdot \hat{\sigma}_{\overline{x}_1-\overline{x}_2} = 6,8 - 2,021 \cdot 4,6 = -2,5$

obere Grenze: $(\overline{x}_1 - \overline{x}_2) + t_{(\alpha/2;df=n_1+n_2-2)} \cdot \hat{\sigma}_{\overline{x}_1-\overline{x}_2} = 6,8 + 2,021 \cdot 4,6 = 16,1$

► Tabelle B im Anhang A2

Das 95%-Konfidenzintervall lautet [–2,5; 16,1]. Der gefundenen Mittelwertsdifferenz von 6,8 liegt mit 95%-iger Sicherheit eine »wahre« Mittelwertsdifferenz im Bereich von –2,5 bis 16,1 zugrunde.

Aus einem Konfidenzintervall einer Mittelwertsdifferenz kann stets ein herkömmlicher *t*-Test problemlos herausgelesen werden. Beinhaltet das 95%-Konfidenzintervall um eine Mittelwertsdifferenz den Wert null, so kann eine »wahre« Mittelwertsdifferenz von null in der Population nicht ausgeschlossen werden. Ein entsprechender *t*-Test wäre dann nicht signifikant. Schließt das Konfidenzintervall den Wert null dagegen nicht mit ein, so liegt der empirischen Mittelwertsdifferenz mit einer Sicherheit von 95 % keine Populationsmittelwertsdifferenz von null zugrunde. Dies entspricht dem Ablehnen der Nullhypothese bei einem zweiseitigen *t*-Test mit α = 0,05.

In dem obigen Beispiel beinhaltet das 95%-Konfidenzintervall [–2,5; 16,1] den Wert null. Der empirisch gefundenen Differenz der Intelligenzwerte von 6,8 zwischen Stadt- und Landkindern könnten also in der Population keine Unterschiede oder sogar Unterschiede in entgegengesetzter Richtung zugrunde liegen. Ein zweiseitiger Signifikanztest auf dem 5%-Niveau wäre also nicht signifikant.

SPSS gibt standardmäßig die Werte für ein 95%-Konfidenzintervall von Mittelwertsdifferenzen im Output eines *t*-Tests für unabhängige Stichproben aus (siehe ergänzende Dateien auf der Internetseite).

In der psychologischen Fachliteratur gibt es immer wieder Vorstöße, herkömmliche Signifikanztests zugunsten der regelmäßigen Verwendung von Konfidenzintervallen aufzugeben. Ein Argument der Befürworter einer solchen Änderung liegt in der deutlich größeren Informationsmenge, die durch die Interpretation von Konfidenzintervallen im Vergleich zu Signifikanzwerten vorliegen. Wie oben beschrieben, liefert ein Konfidenzintervall nicht nur eine Information über die Frage der Signifikanz. Darüber hinaus beinhaltet es wertvolle Informationen über die Größe des Effekts. Trotz dieser Vorteile finden Signifikanztests aber fast immer Anwendung. Nur selten geben Wissenschaftlicher zusätzlich auch ein Konfidenzintervall an.

Schließt das Konfidenzintervall einer Mittelwertsdifferenz den Wert null aus, so entspricht dies dem Ablehnen der Nullhypothese beim Signifikanztest, wobei die Fehlerwahrscheinlichkeit α des Konfidenzintervalls gilt.

► Output eines t-Tests für unabhängige Stichproben mit SPSS auf http://www.lehrbuch-psychologie.de

3.5 Weitere Formen des *t*-Tests

Die bisherigen Erklärungen bezogen sich auf den Vergleich von Mittelwerten zweier unabhängiger Stichproben. Dieser Abschnitt stellt zwei weitere Formen des *t*-Tests vor: den *t*-Test für abhängige Stichproben und den *t*-Test für eine einzelne Stichprobe. Die Erkenntnisse aus den vorangegangenen Abschnitten lassen sich weitgehend übertragen.

3.5.1 Der *t*-Test für abhängige Stichproben

Der *t*-Test für abhängige Stichproben wird z. B. bei Messwiederholung eingesetzt.

Die Art der Abhängigkeit der betrachteten Stichproben entscheidet über die Wahl des richtigen *t*-Tests. Stichproben werden als voneinander unabhängig bezeichnet, wenn die Werte der einen Gruppe keinen Einfluss auf die Werte der anderen Gruppen haben. Dies trifft z. B. dann zu, wenn sich in den einzelnen Gruppen unterschiedliche Versuchspersonen befinden. Allerdings gibt es Fälle, in denen der direkte Vergleich von Messwerten derselben Person in zwei experimentellen Bedingungen oder zu unterschiedlichen Zeitpunkten wichtig ist. Ein Forscher könnte sich z. B. die Frage stellen, ob eine wiederholte Durchführung eines motorischen Tests einen Einfluss auf die Testleistung hat. In dieser Studie bearbeiten die Versuchspersonen dieselbe Aufgabe zweimal. Eine Person mit sehr guten motorischen Fähigkeiten wird sowohl in der ersten als auch in der zweiten Messung hohe Testwerte erzielen. Eine Person mit schlechten motorischen Fähigkeiten wird dagegen zu beiden Zeitpunkten schlechter abschneiden. Die Messwerte sind voneinander abhängig oder, mit anderen Worten, die Messwerte korrelieren miteinander (vgl. ▶ Abschn. 4.1).

Auch im Fall von unabhängigen Stichproben nehmen die individuellen Eigenschaften der Versuchspersonen natürlich Einfluss auf die abhängige Variable. Aber die Einflussquelle, die einen bestimmten Messwert beeinflusst, nimmt keinen systematischen Einfluss auf weitere Messwerte, denn jede Versuchsperson nimmt nur zu einem Zeitpunkt an einer experimentellen Bedingung teil. Anders bei abhängigen Daten: Hier beeinflussen die Eigenschaften ein und derselben Person gleich mehrere Werte.

Abhängige Daten erfordern ein neues Auswertungsverfahren: den *t*-Test für abhängige Stichproben. Die Variablen, mit denen dieses Verfahren rechnet, unterscheiden sich zwar von denen des *t*-Tests für unabhängige Stichproben, das zugrunde liegende Prinzip ist jedoch dasselbe. Der *t*-Test für abhängige Stichproben betrachtet die Differenz der Werte jeder einzelnen Versuchsperson. Durch das Bilden der Differenz geht nur der Unterschied der Messwerte zwischen der ersten und der zweiten Messung in die Auswertung mit ein. Die allgemeinen Unterschiede zwischen den Personen, die auf beide Messzeitpunkte gleichermaßen wirken, werden nicht beachtet, z. B. allgemeine Unterschiede in der Leistungsfähigkeit oder Motivation.

$d_i = x_{i1} - x_{i2}$ i ist die Nummer der Versuchsperson, 1 oder 2 die jeweilige Bedingung

Der Stichprobenkennwert des *t*-Tests für abhängige Stichproben ist der Mittelwert der einzelnen Differenzen

Der Stichprobenkennwert des *t*-Tests für abhängige Stichproben ist der Mittelwert der Differenzen aller erhobenen Versuchspersonen:

$$\overline{x}_d = \frac{\sum\limits_{i=1}^{N} d_i}{N}$$

Geschätzte Streuung der Stichprobenkennwerteverteilung im *t*-Test für abhängige Stichproben

Da dieser *t*-Test die Verteilung der Mittelwerte von Differenzen betrachtet, ergibt sich eine andere Schätzung der Streuung der Stichprobenkennwerteverteilung als bei unabhängigen Stichproben (also ein anderer Standardfehler):

$$\hat{\sigma}_{\overline{x}_d} = \frac{\hat{\sigma}_d}{\sqrt{N}}$$

Wobei $\hat{\sigma}_d = \sqrt{\dfrac{\sum\limits_{i=1}^{n}(d_i - \overline{x}_d)^2}{N-1}}$: geschätzte Populationsstreuung der Differenzen

Die Formel zur Berechnung des *t*-Werts ist ähnlich der für unabhängige Stichproben: An der Stelle zweier Differenzen von Mittelwerten stehen hier zwei Mittelwerte von Differenzen.

Allgemeine Definition des *t*-Werts für abhängige Stichproben

$$t_{abhängig} = \frac{\overline{x}_d - \mu_d}{\hat{\sigma}_{\overline{x}_d}}$$

Unter der Nullhypothese ist die Populationsmittelwertsdifferenz $\mu_d = 0$, deshalb vereinfacht sich die Formel zu:

$$t_{abhängig} = \frac{\overline{x}_d}{\hat{\sigma}_{\overline{x}_d}}$$

Definition des *t*-Werts für abhängige Stichproben unter der Nullhypothese

Die Bewertung des *t*-Werts erfolgt analog zur Bewertung nach einem *t*-Test für unabhängige Stichproben. Die Freiheitsgradzahl berechnet sich aus $df = N - 1$ (Anzahl Messwertepaare bzw. Versuchspersonen minus eins).

Die statistischen Hypothesen eines *t*-Tests für abhängige Stichproben lauten bei einer einseitigen bzw. zweiseitigen Fragestellung:

Hypothesenpaar

H_0: $\mu_d \leq 0$ bzw. $\mu_d = 0$

H_1: $\mu_d > 0$ bzw. $\mu_d \neq 0$

Als Beispiel für eine Auswertung mit dem *t*-Test für abhängige Stichproben dient die Frage, wie sich die Wiederholung einer motorischen Aufgabe auf die Leistung auswirkt. In der Aufgabe müssen die Versuchsteilnehmer innerhalb von 30 Sekunden möglichst häufig eine kurze Sequenz mit den Fingern tippen. Die Sequenz ist dabei immer gleich. Die Anzahl an richtigen Sequenzen innerhalb der 30 Sekunden bildet die abhängige Variable. Die untersuchte Hypothese ist ungerichtet: Entweder könnte Übung die Leistung der Versuchspersonen verbessern oder Motivationsverlust könnte die Leistung verschlechtern.

Die Mittelwerte der Testleistungen von 36 Versuchspersonen zu den zwei Messzeitpunkten sind in ◘ Tab. 3.1 dargestellt. Der Mittelwert und die Streuung der Differenzen der einzelnen Messwertpaare ergeben sich zu:

$$\overline{x}_d = 0{,}722 \quad \text{und} \quad \hat{\sigma}_d = 4{,}186$$

◘ Tab. 3.1 Mittlere Anzahl korrekter Sequenzen (und Standardabweichungen) von 36 Versuchspersonen zu den zwei Messzeitpunkten

Messung 1	Messung 2
16,56 (4,93)	17,28 (5,22)

Der *t*-Wert für die abhängigen Stichproben errechnet sich wie folgt:

$$t_{df=35} = \frac{\overline{x}_d}{\hat{\sigma}_{\overline{x}_d}} = \frac{\overline{x}_d}{\dfrac{\hat{\sigma}_d}{\sqrt{N}}} = \frac{0{,}722}{\dfrac{4{,}186}{\sqrt{36}}} = \frac{0{,}722}{0{,}698} = 1{,}035$$

$$df = N - 1 = 36 - 1 = 35$$

Der kritische *t*-Wert für einen zweiseitigen Test bei einem Signifikanzniveau von $\alpha = 0{,}05$ ist $t_{krit(df=35)} \approx t_{krit(df=30)} = 2{,}042$ (▸ Tabelle B im Anhang A2, Spalte für 0,975). Der *t*-Wert ist nicht größer als der kritische *t*-Wert, der Unterschied in den Testleistungen zwischen den beiden wiederholten Messungen ist nicht signifikant.

▸ Tabelle B im Anhang A2

Berechnung der Effektstärke

Die Berechnung von Effektstärken ist bei abhängigen Stichproben deutlich komplexer als bei unabhängigen Stichproben, da in die Größe des Effekts zusätzlich die Stärke der Abhängigkeit der Stichproben mit eingeht. Die ermittelte Effektgröße variiert also nicht nur in Abhängigkeit vom Erfolg der experimentellen Manipulation, sondern auch als Funktion der Stärke der Abhängigkeit der Daten. Diese Abhängigkeit kann sich von Studie zu Studie stark unterscheiden. Daher gibt es auch keine festen Konventionen für kleine, mittlere und große Effekte bei abhängigen Stichproben.

Dagegen gibt es bei unabhängigen Stichproben per definitionem keine Abhängigkeit. Deshalb lassen sich Effekte aus einem *t*-Test für abhängige Stichproben nicht direkt mit Effekten aus Studien mit unabhängigen Stichproben vergleichen. Im Abschnitt über die Teststärkeanalyse werden wir den Zusammenhang zwischen Effektgrößen bei unabhängigen und abhängigen Stichproben genauer vorstellen.

Für Effektstärken bei abhängigen Stichproben ist der direkte Rückgriff auf Konventionen nicht möglich, weil die Größe des Effekts von der Stärke der Abhängigkeit der Stichproben beeinflusst wird.

Effektstärken aus Studien mit abhängigen Stichproben lassen sich nicht mit Effektstärken aus Untersuchungen mit unabhängigen Stichproben vergleichen.

Das Effektstärkenmaß d_Z gibt die absolute Größe der Mittelwertsdifferenz standardisiert an der Streuung der Differenzen an. Wie das Effektstärkenmaß d für unabhängige Stichprobe (► Abschn. 3.3.1) ist es wie eine Streuungseinheit zu interpretieren. Allerdings sind d und d_Z nicht direkt vergleichbar, da d_Z zusätzlich von der Stärke der Abhängigkeit der Daten beeinflusst wird. Die Abhängigkeit der Daten ist in der im Nenner stehenden Streuung der Differenzen enthalten.

$$d_Z = \frac{|\bar{x}_d|}{\hat{\sigma}_d}$$

Das Effektstärkenmaß »partielles Eta-Quadrat« (η_p^2) gibt den Anteil der aufgeklärten Varianz auf der Stichprobenebene an. Die Berechnung erfolgt mithilfe des t-Werts.

$$f_{S(abhängig)}^2 = \frac{QS_{sys}}{QS_x} = \frac{t^2}{df} \Rightarrow \eta_p^2 = \frac{QS_{sys}}{QS_{sys}+QS_x} = \frac{f_S^2}{1+f_S^2}$$

Der Unterschied zwischen dem bekannten Eta-Quadrat aus ► Abschn. 3.3.5 und dem hier verwendeten partiellen Eta-Quadrat wird in ► Abschn. 6.3, Band 2, genauer erläutert, ist aber hier zunächst einmal nicht relevant.

Für das Datenbeispiel ergibt sich eine empirische Effektgröße von

$$f_{S(abhängig)}^2 = \frac{t_{abhängig}^2}{df} = \frac{1{,}032^2}{35} = 0{,}0304$$

$$\eta_p^2 = \frac{f_S^2}{1+f_S^2} = \frac{0{,}0304}{1+0{,}0304} = 0{,}03$$

Auf der Stichprobenebene klärt der Unterschied zwischen den zwei wiederholten Messungen 3 % der verbleibenden Variabilität der Messwerte auf. Allerdings ist dieser Wert von der Stärke der Abhängigkeit der beiden Messungen beeinflusst. Bei einer anderen Stärke der Abhängigkeit der Messwerte würde sich auch ein anderer Wert für η_p^2 ergeben.

Teststärkeanalyse

Die Stärke der Abhängigkeit der Stichproben beeinflusst die Teststärke.

In einem t-Test für abhängige Stichproben beeinflusst die Stärke der Abhängigkeit der Stichproben die Teststärke. Deshalb ist es hier nicht möglich, direkt auf die vorgeschlagenen Konventionen der Effektgrößen für unabhängige Stichproben zurückzugreifen, um die Teststärke für einen kleinen, mittleren oder großen Effekt bei wiederholten Messungen zu berechnen. Ein Maß für die Stärke der Abhängigkeit der Stichproben ist die Korrelation r, die in ► Abschn. 4.1 ausführlich besprochen wird.

Die Korrelation r ist ein Maß für die Stärke der Abhängigkeit.

Die Korrelation r ist ein Maß dafür, wie stark zwei Messwertreihen miteinander zusammenhängen. In diesem Fall geht es um den Zusammenhang zwischen den Messwerten zum Zeitpunkt 1 und denen zum Zeitpunkt 2 (► Abschn. 4.1.3).

Im Fall von $r > 0$ hat ein t-Test für abhängige Stichproben eine höhere Teststärke als ein vergleichbarer t-Test für unabhängige Stichproben.

Ist diese Korrelation $r = 0$, so besteht keine Abhängigkeit zwischen den Stichproben. Die Messungen sind voneinander statistisch unabhängig. In diesem Fall entspricht die Teststärke eines t-Tests für abhängige Stichproben der Teststärke eines t-Tests für unabhängige Stichproben. Ist die Korrelation $r > 0$, so hat der t-Test für abhängige Stichproben eine höhere Teststärke.

Obwohl sich die vom t-Test für unabhängige Stichproben bekannten Konventionen für Effektgrößen nicht ohne Weiteres auf abhängige Stichproben übertragen lassen, sind diese Konventionen aber in bestimmten Fällen auch für abhängige Stichproben verwendbar. Ein solcher Fall besteht z. B. dann, wenn die Teststärke nach einer

Untersuchung (a posteriori) für einen laut Konventionen kleinen, mittleren oder großen Effekt berechnet werden soll.

Die Berechnung erfolgt über folgende Formel:

$$\lambda_\alpha = \frac{2}{1-r} \cdot \Phi^2_{\text{unabhängig}} \cdot N \text{ mit } \Phi^2_{\text{unabhängig}} = \frac{\Phi^2_{\text{unabhängig}}}{1-\Phi^2_{\text{unabhängig}}}$$

Diese Formel ist der für die Berechnung von λ beim *t*-Test für unabhängige Stichproben sehr ähnlich (▶ Abschn. 3.2.5). Allerdings geht hier die in der Untersuchung aufgetretene Abhängigkeit der Messwerte in Form der Korrelation in die Formel mit ein. Für $\Phi^2_{\text{unabhängig}}$ müssen die aus den Konventionen für unabhängige Stichproben bekannten Werte eingesetzt werden. So lassen sich unter Einbezug der Abhängigkeit der Werte die Konventionen für unabhängige Stichproben auch für abhängige Stichproben nutzen.

Wie groß war die Teststärke in unserem Beispiel, ein signifikantes Ergebnis zu erhalten, falls ein Effekt von $\Omega^2_{\text{unabhängig}} = 0{,}06$ in der Population existiert (vgl. ▶ Abschn. 3.3.2)? Es haben 36 Versuchspersonen an der Studie teilgenommen, und die Korrelation zwischen den zwei wiederholten Messungen der motorischen Aufgabe ist $r = 0{,}661$:

$$\lambda_{\alpha=0{,}05} = \frac{2}{1-r} \cdot \Phi^2_{\text{unabhängig}} \cdot N = \frac{2}{1-0{,}661} \cdot \frac{0{,}06}{1-0{,}06} \cdot 36 = 13{,}56$$

Die Teststärke, um einen mittleren Effekt mit einem *t*-Test für abhängige Stichproben in unserem Datenbeispiel zu finden (d. h., ein signifikantes Ergebnis zu erhalten), liegt zwischen $95\,\% < 1 - \beta < 97{,}5\,\%$. Wäre die Korrelation zwischen den Messungen $r = 0$ gewesen, dann hätte der Test für dieselbe Effektgröße nur eine Teststärke zwischen $50\,\% < 1 - \beta < 67\,\%$ gehabt ($\lambda = 4{,}6$). Dies entspricht ziemlich genau einer Teststärke für einen mittleren Effekt in einem *t*-Test für unabhängige Stichproben mit 72 Versuchspersonen. Aufgrund der relativ hohen Korrelation zwischen den wiederholten Messungen, also der starken Abhängigkeit der Stichproben, hat der *t*-Test für abhängige Stichproben in unserem Beispiel eine wesentlich höhere Teststärke als ein vergleichbares Verfahren für unabhängige Stichproben. Die Zusammenhänge zwischen der Stärke der Abhängigkeit der Stichproben und der Teststärke werden in ▶ Kap. 7, Band 2, noch einmal aufgegriffen und erklärt.

Achtung! Die obige Formel darf nicht angewendet werden, um die Teststärke für einen empirischen Effekt aus vorliegenden abhängigen Daten zu berechnen! Dies ist deshalb nicht möglich, weil in dem aus abhängigen Daten bestimmten empirischen Effekt die Stärke der Abhängigkeit der wiederholten Messungen bereits eingegangen ist. In der obigen Formel geht diese Abhängigkeit in Form der Korrelation ein. Setzte man also dort eine empirisch ermittelte Effektstärke ein, würde die Abhängigkeit der Daten doppelt berücksichtigt und so zu falschen Ergebnissen führen.

Um die Teststärke für einen empirisch ermittelten Effekt zu berechnen, gilt die nur leicht veränderte Formel für den Nonzentralitätsparameter λ:

$$\lambda = f^2_{S(\text{abhängig})} \cdot N$$

Wie groß war die Teststärke in unserem Datenbeispiel, den empirischen Effekt von $\eta_p^2 = 0{,}03$ zu finden?

$$\lambda = f^2_{S(\text{abhängig})} \cdot N = \frac{\eta_p^2}{1-\eta_p^2} \cdot N = \frac{0{,}03}{1-0{,}03} \cdot 36 = 1{,}11$$

Die Wahrscheinlichkeit, ein signifikantes Ergebnis zu erhalten, falls dieser Effekt in der Population existiert, war sehr gering ($1 - \beta < 50\,\%$, TPF-Tabellen, ▶ Tabelle C im Anhang A2).

Das Programm G*Power bietet ab Version 3 die Möglichkeit, die Teststärkeberechnung für einen *t*-Test für abhängige Stichproben komfortabel und präzise durchzuführ-

Bestimmung der Teststärke bei abhängigen Stichproben aus den Konventionen für unabhängige Stichproben

Konventionen von Cohen (1988) für die Bewertung eines Effekts bei unabhängigen Stichproben für die Effektgröße Ω^2 bzw. ω^2:
- kleiner Effekt: $\Omega^2 = 0{,}01$
- mittlerer Effekt: $\Omega^2 = 0{,}06$
- großer Effekt: $\Omega^2 = 0{,}14$

Für die Effektgröße Φ^2 bzw. f^2:
- kleiner Effekt: $\Phi^2 = 0{,}01$
- mittlerer Effekt: $\Phi^2 = 0{,}0625$
- großer Effekt: $\Phi^2 = 0{,}16$

Bestimmung der Teststärke aus einem bekannten Effekt aus einem *t*-Test mit abhängigen Stichproben

▶ Tabelle C im Anhang A2

▶ Link zum kostenlosen Download des Programms G*Power und Erläuterungen auf http://www.lehrbuch-psychologie.de

ren. G*Power verwendet das Effektstärkenmaß für abhängige Stichproben d_z, in dem bereits die Korrelation zwischen den Messwertreihen enthalten ist. Das Programm erlaubt die Bestimmung von d_z auf Grundlage von empirisch vorliegenden Mittelwerten und Streuungen der Messwertreihen sowie ihrer Korrelation. Auch eine Abschätzung von d_z mithilfe der Konventionen für die Effektstärke d für unabhängige Stichproben (▶ Abschn. 3.3.1) ist möglich. Erläuterungen der Teststärkenberechnung eines *t*-Tests für abhängige Stichproben mit G*Power finden Sie auf der Internetseite des Buches.

Stichprobenumfangsplanung

Die A-priori-Stichprobenumfangsplanung eines *t*-Tests für abhängige Stichproben ist relativ einfach, wenn bereits eine relevante Effektgröße für abhängige Stichproben aus der Literatur oder vorangegangenen Studien vorliegt. In diesem Fall berechnet sich der Stichprobenumfang identisch zu einem *t*-Test für unabhängige Stichproben mit der Ausnahme, dass sich eine halb so große Versuchspersonenzahl N ergibt, weil jede Versuchsperson zwei Werte abgibt.

Stichprobenumfangsplanung für einen aus der Literatur entnommenen Effekt aus vergleichbaren Studien mit abhängigen Stichproben

$$N = \frac{\lambda_{\alpha;1-\beta}}{f^2_{abhängig}}$$

Für die Stichprobenumfangsplanung anhand der Konventionen der Effektstärken für unabhängige Stichproben ist die Korrelation zwischen den wiederholten Messungen von Bedeutung. Diese Korrelation ist leider in den wenigsten Fällen vor einer Studie bekannt. Eine konservative Möglichkeit ist es, keine Abhängigkeit zwischen den Messungen anzunehmen, also $r = 0$. Diese Annahme errechnet in den meisten Fällen zu große Stichprobenumfänge. Eine Alternative ist die Annahme einer kleinen, aber substanziellen Korrelation zwischen den wiederholten Messzeitpunkten, z. B. eine Korrelation zwischen $0{,}2 < r < 0{,}4$.

Stichprobenumfangsplanung aus den Konventionen der Effektstärke für unabhängige Stichproben

$$N = \frac{\lambda_{\alpha;1-\beta}}{\Phi^2_{unabhängig}} \cdot \frac{(1-r)}{2}$$

Trotz des augenscheinlichen Unterschieds der obigen Formel zur Stichprobenumfangsplanung des *t*-Tests für unabhängige Stichproben lassen sich die beiden Berechnungen leicht ineinander überführen. Beim *t*-Test für unabhängige Stichproben ist die Korrelation der Stichproben $r = 0$. Gleichzeitig werden doppelt so viele Versuchspersonen benötigt, da jede Person nur einen Wert abgibt. Nach Umstellen und unter der Annahme $r = 0$ ergibt sich die bekannte Formel für den Stichprobenumfang in einem *t*-Test für unabhängige Stichproben:

$$N_{t-\text{Test unabhängig}} = 2 \cdot N_{t-\text{Test abhängig}} = \frac{\lambda_{\alpha;1-\beta}}{\Phi^2_{unabhängig}} \cdot (1-0) = \frac{\lambda_{\alpha;1-\beta}}{\Phi^2_{unabhängig}}$$

Wie viele Versuchspersonen werden benötigt, um in einem *t*-Test für abhängige Stichproben einen mittleren Effekt von $\Omega^2 = 0{,}06$ mit einer Wahrscheinlichkeit von mindestens 90 % zu finden? Das Signifikanzniveau soll $\alpha = 0{,}05$ (zweiseitig) betragen, und die Stärke der Abhängigkeit wird auf $r = 0{,}3$ festgelegt.

$$N = \frac{\lambda_{\alpha;1-\beta}}{\Phi^2_{unabhängig}} \cdot \frac{(1-r)}{2} = \frac{10{,}51}{\frac{0{,}06}{1-0{,}06}} \cdot \frac{(1-0{,}3)}{2} = 57{,}6$$

Unter den genannten Vorgaben werden insgesamt 58 Versuchspersonen benötigt, von denen jeder zwei Messwerte abgibt. Unter der konservativen Annahme einer Nullkorrelation zwischen den wiederholten Messungen wären ca. 83 Versuchspersonen notwendig gewesen. Um die gleiche Teststärke für einen mittleren Effekt in einem *t*-Test für unabhängige Stichproben zu erreichen, hätten 166 Versuchspersonen untersucht werden müssen (83 pro Gruppe).

Erläuterungen zu der Stichprobenumfangsplanung für einen *t*-Test für abhängige Stichproben unter Verwendung des Programms G*Power finden Sie auf der Internetseite des Buches.

▶ Link zum kostenlosen Download des Programms G*Power und Erläuterungen auf http://www.lehrbuch-psychologie.de

3.5.2 Der *t*-Test für eine Stichprobe

Das Verfahren des *t*-Tests gestattet nicht nur die Bewertung eines möglichen Unterschieds zwischen zwei Populationen. Der *t*-Test für eine Stichprobe (Einstichprobentest, engl.: one-sample *t*-Test) prüft, ob eine Stichprobe von einer Populationsverteilung mit einem bestimmten Populationsmittelwert abweicht bzw. ob die Stichprobe einer speziellen Referenzpopulation entstammt. Dieses Verfahren ist immer dann sinnvoll, wenn entweder der Populationsmittelwert bekannt ist (z. B. durch Normierungsstichproben bei Intelligenztests) oder Annahmen über die Größe eines Populationsmittelwerts getestet werden sollen.

Der *t*-Test für eine Stichprobe prüft, ob eine Stichprobe aus einer bestimmten Population stammt oder nicht.

Der Stichprobenkennwert für den *t*-Test für eine Stichprobe ist der Mittelwert. Dieser Mittelwert ist ein Schätzer für den Populationsmittelwert, aus der diese Stichprobe stammt. Der Einstichproben-*t*-Test berechnet, mit welcher Wahrscheinlichkeit ein empirischer Mittelwert (oder ein größerer/kleinerer) unter einer festgelegten Populationsverteilung auftritt. Mit anderen Worten: Wie groß ist die Wahrscheinlichkeit, dass die Stichprobe aus der Referenzpopulation stammt? Ist die Wahrscheinlichkeit kleiner als das Signifikanzniveau, so weicht der empirische Mittelwert signifikant vom bekannten oder theoretisch angenommenen Populationsmittelwert ab. Bei einem vorliegenden Populationsmittelwert bedeutet ein signifikantes Ergebnis, dass die Stichprobe nicht zu der herangezogenen Referenzpopulation gehört oder zumindest eine eigene Subpopulation mit einem anderen Mittelwert bildet. Bei der Prüfung eines theoretischen Populationsmittelwerts spricht ein signifikantes Ergebnis gegen die angenommene Größe.

Der Stichprobenkennwert des *t*-Tests für eine Stichprobe ist der Mittelwert.

Der *t*-Wert errechnet sich aus dem empirischen Mittelwert durch Einsetzen des Populationsmittelwerts einer Referenzpopulation und dem Standardfehler des Mittelwerts in folgende Formel:

$$t_{df} = \frac{\bar{x} - \mu_0}{\hat{\sigma}_{\bar{x}}} \quad \text{mit } df = N - 1$$

Definition des *t*-Werts für eine Stichprobe

$\bar{x}$: Mittelwert der Stichprobe
μ_0: Populationsmittelwert der Referenzpopulation
$\hat{\sigma}_{\bar{x}}$: Standardfehler des Mittelwerts

Die Nullhypothese nimmt an, dass die Population, aus der die Stichprobe stammt, mit der Referenzpopulation identisch ist. Die Populationsmittelwerte wären dann identisch (Varianzhomogenität vorausgesetzt). Die Alternativhypothese dagegen postuliert einen Unterschied zwischen der Population der Stichprobe und der Referenzpopulation.

$H_0: \mu_0 = \mu_1$

$H_1: \mu_0 \neq \mu_1$

Statistische Hypothesen des *t*-Tests für eine Stichprobe

Es ist auch einseitiges Testen denkbar. Die Alternativhypothese würde bei der einseitigen Testung eine bestimmte Richtung vorgeben.

Der *t*-Wert ist bei diesem Verfahren ein standardisiertes Maß für den Abstand des Stichprobenmittelwerts von dem betrachteten Populationsmittelwert. Ist die Wahrscheinlichkeit kleiner als das Signifikanzniveau, diesen *t*-Wert oder einen vom Betrag her größeren zu erhalten, so entstammt die Stichprobe wahrscheinlich nicht der angenommenen Population. Der Stichprobenmittelwert weicht signifikant von dem zugrunde gelegten Populationsmittelwert ab.

Der Vergleich mit einem kritischen *t*-Wert ist ebenfalls möglich. Als Effektstärke kann das Effektstärkenmaß *d* oder η_p^2 verwendet werden (► Abschn. 3.5.1):

$$d = \frac{\overline{x} - \mu_0}{\hat{\sigma}_x} \text{ bzw. } f_S^2 = \frac{t^2}{df} \Rightarrow \eta_p^2 = \frac{f_S^2}{1 + f_S^2}$$

Beispiel: Ein Lehrer hat die Vermutung, dass in seiner Klasse überdurchschnittlich intelligente Schüler sitzen. Er lässt seine 25 Schüler einen normierten Intelligenztest durchführen und vergleicht den Mittelwert seiner Stichprobe mit dem angegebenen Populationsmittelwert $\mu_0 = 100$ für die Altersstufe. Er erhält folgendes Ergebnis:

$$\overline{x} = 106; \ \hat{\sigma}_x = 14 \ \Rightarrow \ \hat{\sigma}_{\overline{x}} = \frac{\hat{\sigma}_x}{\sqrt{n}} = \frac{14}{\sqrt{25}} = 2,8$$

$$t_{df=24} = \frac{\overline{x} - \mu_0}{\hat{\sigma}_{\overline{x}}} = \frac{106 - 100}{2,8} = 2,14 \Rightarrow p < 0,025$$

Das Ergebnis ist auf dem 5%-Niveau signifikant, in der Klasse sitzen wirklich überdurchschnittlich intelligente Schüler. Die Effektberechnung sollten Sie zur Übung selbstständig durchführen.

Anmerkung: Die Formel des Einstichproben-*t*-Tests erinnert stark an die *z*-Standardisierung. Allerdings erfolgt hier wiederum eine Division zweier Schätzer: dem Stichprobenmittelwert und der geschätzten Populationsstreuung. Deshalb ist die resultierende Verteilung keine *z*-Verteilung, sondern eine von Freiheitsgraden abhängige *t*-Verteilung. Die Verfahren sind aber trotzdem vom Prinzip her identisch: Mittels der *z*-Standardisierung lässt sich die Wahrscheinlichkeit eines einzelnen Messwerts (oder eines größeren/kleineren) unter einer bestimmten Verteilung berechnen. Der *t*-Test für eine Stichprobe liefert die Wahrscheinlichkeit eines Mittelwerts (oder eines größeren/kleineren) unter der Annahme eines Populationsmittelwerts. Und die *t*-Tests für zwei Stichproben berechnen die Wahrscheinlichkeit einer Mittelwertdifferenz (oder einer größeren/kleineren) unter der Nullhypothese.

3.6   Die Konstruktion eines *t*-Tests

Der folgende Abschnitt setzt sich zum Ziel, eine Anleitung für die Planung und die Durchführung eines *t*-Tests zu geben. In diesem Rahmen soll eine Strategie entwickelt werden, die die Interpretation jedes theoretisch möglichen Ergebnisses erlaubt. Nach dieser Strategie erfolgt die Konstruktion eines *t*-Tests in acht Schritten:

- Erster Schritt: Aufstellen einer Hypothese
- Zweiter Schritt: Prüfung der Voraussetzungen
- Dritter Schritt: Festlegung eines Populationseffekts
- Vierter Schritt: Festlegung des Signifikanzniveaus
- Fünfter Schritt: Stichprobenumfangsplanung
- Sechster Schritt: Bestimmung von t_{krit}
- Siebter Schritt: Prüfung des t_{emp} auf Signifikanz
- Achter Schritt: Interpretation des Ergebnisses

Jedem Schritt dieser Anleitung folgt die Anwendung auf das Beispiel des Vergleichs der Mittelwerte der Gruppen »bildhafte« vs. »strukturelle« Verarbeitung aus dem in der Einleitung beschriebenen Gedächtnisexperiment.

Erster Schritt: Aufstellen einer Hypothese

Bevor überhaupt irgendetwas untersucht oder berechnet wird, sollten Sie sich über die genaue inhaltliche Fragestellung im Klaren sein und eine möglichst spezifische Hypothese aufstellen. Aus einer solchen Hypothese folgt dann die genaue Definition der Nullhypothese und einer Alternativhypothese. Die Präzisierung der Hypothesen macht die Bewertung des Ergebnisses eines *t*-Tests leichter. Dank der formalen Schreibweise ist gut zu erkennen, ob es sich um eine ein- oder zweiseitige Fragestellung handelt. In der Praxis haben die meisten Experimente das Ziel, einen Effekt zu finden und damit Evidenz für die Alternativhypothese. Die Testung verläuft »gegen die Nullhypothese«. Es gibt aber auch Untersuchungen, in denen die inhaltliche Hypothese der statistischen Nullhypothese entspricht. (Zum Beispiel bei dem Vergleich der Bedingungen »bildhaft« vs. »emotional« für diese Bedingungen nimmt die Theorie keinen Unterschied an, siehe die ▶ Einleitung zu diesem Buch.) Die Durchführung des *t*-Tests ändert sich dabei nicht. Ein signifikantes Ergebnis spricht in diesem Fall gegen die inhaltliche Hypothese.

Achtung: Ist die inhaltliche Vorhersage mit der Nullhypothese verknüpft, so handelt es sich in der Regel um eine zweiseitige Fragestellung. Dementsprechend folgt ihr auch ein zweiseitiger *t*-Test.

Die inhaltliche Hypothese des Erinnerungsexperiments besagt, dass Versuchspersonen bei einer bildhaften Verarbeitung mehr Wörter erinnern als bei einer strukturellen Verarbeitung. Hierbei handelt es sich um eine einseitige Fragestellung, denn die Theorie zur Verarbeitungstiefe sagt die Richtung der Differenz voraus (▶ Einleitung zu diesem Buch):

$$H_1: \mu_1 - \mu_2 > 0$$

$$H_0: \mu_1 - \mu_2 \leq 0$$

Populationsmittelwerte: bildhafte Verarbeitung: μ_1; strukturelle Verarbeitung: μ_2

Zweiter Schritt: Prüfung der Voraussetzungen

Vor der Durchführung eines *t*-Tests als Auswertungsmethode stellen sich drei Fragen:
1. Sind die Daten intervallskaliert? Bei rang- oder nominalskalierten Daten ist die Anwendung des *t*-Tests nicht möglich. Für diese Art von Daten gibt es spezielle nicht parametrische Auswertungstechniken, die in ▶ Kap. 8, Band 2, besprochen werden.
2. Sind die Stichproben voneinander unabhängig oder abhängig? Liegen abhängige Daten vor (z. B. aufgrund einer Messwiederholung), so ist der *t*-Test für abhängige Stichproben zu verwenden (▶ Abschn. 3.5.1).
3. Ist der Levene-Test der Varianzgleichheit signifikant? Wenn ja, dann ist eine Freiheitsgradkorrektur erforderlich (in SPSS automatisch ausgegeben). Bei einem nicht signifikanten Ergebnis des Levene-Tests darf Varianzhomogenität angenommen werden.

Theoretisch erfordert die sinnvolle Anwendung eines *t*-Tests auch die Prüfung der Voraussetzung der Normalverteilung des untersuchten Merkmals in der Population. Allerdings erweist sich der *t*-Test auch bei einer Verletzung dieser Bedingung als robust. Dies gilt allerdings nur bis zu einem gewissen Punkt, an dem die Verletzungen der Voraussetzungen zu stark werden. Genügend große Stichproben und gleich große Gruppen vermeiden in der Regel dieses Problem. Als Faustregel sollte jede Bedingung mindestens 30 Versuchspersonen umfassen (▶ Abschn. 3.1.8; Bortz und Schuster, 2010).

In dem Erinnerungsexperiment ist das zu messende Konstrukt Gedächtnisleistung eine kontinuierliche Variable. Wir gehen davon aus, dass die Operationalisierung durch die Anzahl der erinnerten Wörter die relativen Abstände des Merkmals korrekt abbildet. Ein Beweis für die Intervallskalenqualität dieses Messinstruments ist das allerdings nicht (▶ Abschn. 1.2).

Dritter Schritt: Festlegung eines Populationseffekts

Die Festlegung der Größe eines relevanten Populationseffekts ist von inhaltlichen Überlegungen abhängig. Dabei ist es besonders sinnvoll, sich an bereits vorliegenden Studien oder Metaanalysen zu einer vergleichbaren Fragestellung zu orientieren. Liegen diese nicht vor, so kann auf die Konventionen von Cohen (1988) zurückgegriffen werden (▶ Abschn. 3.3.3).

Ein Vergleich mit bereits durchgeführten Studien zu Erinnerungsleistungen von Wörtern ergibt die Erwartung eines großen Effekts:

$$\Omega^2 = 0,2$$

Vierter Schritt: Festlegung des Signifikanzniveaus

Das Signifikanzniveau liegt per Konvention meistens bei $\alpha = 0,05$. Abhängig von der Fragestellung sind auch andere Niveaus denkbar. In der Literatur finden sich durchaus Signifikanzniveaus von $\alpha = 0,01$ und $\alpha = 0,1$. Die Entscheidung in unserem Beispiel fällt auf $\alpha = 0,05$.

Fünfter Schritt: Stichprobenumfangsplanung

Für die Konstruktion eines guten *t*-Tests ist dies ein sehr wichtiger Schritt, dem leider nur selten Beachtung geschenkt wird. Nur bei optimalen Stichprobengrößen sind signifikante und nicht signifikante Ergebnisse eindeutig interpretierbar. Die Berechnung des optimalen Stichprobenumfangs erfordert neben dem Effekt noch die Festlegung der gewünschten Teststärke. Die Größe der gewählten Teststärke hängt von inhaltlichen Überlegungen ab. Die Berechnung des Stichprobenumfangs erfolgt mithilfe des Nonzentralitätsparameters λ. Nach der Durchführung dieser fünf Schritte kann die Datenerhebung erfolgen.

Beispiel: Die Teststärke soll $1 - \beta = 0,9$ betragen. $\Rightarrow \lambda_{90\%} = 8,56$

$$N = \frac{8,56}{\left(\dfrac{0,2}{1-0,2}\right)} = 34,24 \approx 36$$

Der optimale Stichprobenumfang beträgt insgesamt 36, also sollten in beiden Gruppen $n_1 = n_2 = 18$ Versuchspersonen sein. Die Stichproben in unserer Studie zur Erinnerungsleistung hätten also kleiner sein dürfen. Die weitere Beispielrechnung erfolgt mit $N = 36$.

Ein Beispiel für eine Stichprobenumfangsplanung mit G*Power finden Sie in den ergänzenden Dateien auf der Internetseite zum Buch.

▶ Stichprobenumfangsplanung mit G*Power auf http://www.lehrbuch-psychologie.de

Sechster Schritt: Bestimmung von t_{krit}

Die Bestimmung des t_{krit} ist erst nach Durchführung einer Datenerhebung sinnvoll, weil erst jetzt wirklich sicher ist, wie viele Werte der Versuchspersonen in die Auswertung eingehen. Es passiert sehr häufig, dass einige Versuchspersonen ihren Fragebogen nicht vollständig ausgefüllt haben oder Daten aus anderen Gründen nicht verwertbar sind.

In unserem Beispiel können die Daten aller 36 Versuchspersonen verwertet werden. Bei $\alpha = 0,05$ und einer einseitigen Fragestellung ist $t_{krit(df=34)} \approx t_{krit(df=30)} = 1,697$.

Siebter Schritt: Prüfung des t_{emp} auf Signifikanz

Jetzt erfolgt die Berechnung der empirischen Mittelwertsdifferenz. Nach Schätzung der Populationsstreuung ergibt sich ein empirischer *t*-Wert unter der Annahme der Nullhypothese. Ist der empirische *t*-Wert größer als t_{krit}, so ist das Ergebnis signifikant. Ist t_{emp} kleiner als t_{krit}, hat der Unterschied keine statistische Bedeutsamkeit. Natürlich ist auch ein Vergleich der Wahrscheinlichkeit $p(t_{emp})$ mit dem Signifikanzniveau α möglich (▶ Abschn. 3.1.6).

Das Beispiel benutzt den gerade ermittelten Stichprobenumfang und die eingangs vorgestellten Werte:

$$N = 36, \ \overline{x}_1 = \overline{x}_{bildhaft} = 11, \ \overline{x}_2 = \overline{x}_{strukturell} = 7,2, \ t_{krit} = 1,697$$

Die Berechnung der Stichprobenstreuungen aus den Daten ergibt:

$$\hat{\sigma}_1 = 4,14; \ \hat{\sigma}_2 = 3,162$$

Schätzung der Streuung der Stichprobenkennwerteverteilung:

Aufgrund der veränderten Stichprobengröße ergibt sich ein anderer Wert als in ▸ Abschn. 3.1.2.

$$\hat{\sigma}_{\overline{x}_1 - \overline{x}_2} = \sqrt{\frac{\hat{\sigma}_1^2}{n_1} + \frac{\hat{\sigma}_2^2}{n_2}} = \sqrt{\frac{4,14^2}{18} + \frac{3,162^2}{18}} = 1,23$$

Berechnung des empirischen *t*-Werts:

$$t_{(df=34)} = \frac{\overline{x}_1 - \overline{x}_2}{\hat{\sigma}_{\overline{x}_1 - \overline{x}_2}} = \frac{11 - 7,2}{1,23} = 3,1$$

$$t_{emp} > t_{krit}; \ p < 0,005$$

$\Rightarrow$ Das Ergebnis ist auf dem 1%-Niveau signifikant ($t_{(df=34)} = 3,1^{**}$).

Achter Schritt: Interpretation des Ergebnisses

Ein auf die beschriebene Weise konstruierter Test erlaubt die eindeutige Interpretation jeder bei der Auswertung auftretenden Mittelwertsdifferenz. Ein signifikantes Ergebnis spricht für die Annahme der Alternativhypothese und für die Existenz des erwarteten Effekts in der Population. Die Wahrscheinlichkeit, dass diese Entscheidung falsch ist und in den Populationen kein Effekt der angenommenen Größe existiert, ist kleiner als 5 % (bei einem Signifikanzniveau von $\alpha = 0,05$). In unserem Beispiel könnten wir annehmen, das ein Effekt von $\Omega^2 = 0,2$ mit einer Wahrscheinlichkeit von 95 % existiert.

Bei einem nicht signifikanten Ergebnis erfolgt die Annahme der Nullhypothese: Es gibt keinen Effekt in der erwarteten Größe zwischen den Populationen. Die Wahrscheinlichkeit, dass diese Entscheidung falsch ist und ein solcher Effekt doch existiert, beträgt 10 % (bei einer festgelegten Teststärke von $1 - \beta = 0,9$). Wäre der *t*-Test in unserem Beispiel nicht signifikant geworden, dann würde die Interpretation lauten, dass ein Effekt der Größe $\Omega^2 = 0,2$ mit einer Wahrscheinlichkeit von 90 % nicht existiert.

Die Beachtung und genaue Anwendung der vorgestellten Schritte sind Bedingungen für die Konstruktion eines methodisch »sauberen« *t*-Tests. Leider finden häufig die Schritte der Abschätzung eines Effekts und der Stichprobenumfangsplanung keine Beachtung. Es bleibt deshalb zu hoffen, dass die Notwendigkeit dieser Überlegungen in Zukunft von mehr Forschenden als bislang erkannt und umgesetzt wird.

Der Fairness halber sei erwähnt, dass es durchaus (in diesem Rahmen nicht weiter spezifizierte) Fragestellungen und Experimente gibt, in denen eine Stichprobenumfangsplanung entweder nicht zwingend notwendig oder aber nicht durchführbar ist. Dies ändert jedoch nichts an der Tatsache, dass eine solche grundsätzlich zu jeder Planung einer guten Untersuchung dazugehören sollte.

3.7 Ungeplante *t*-Tests

Wie erfolgt die Beurteilung des Ergebnisses eines Tests, der nicht nach den vorgestellten Schritten konstruiert wurde? Dieser Fall tritt leider in der praktischen Forschung viel zu häufig auf. In den meisten veröffentlichten Untersuchungen wurde nur das

Signifikanzniveau festgelegt. Eine Effektstärkenschätzung, die Festlegung der Teststärke und eine Stichprobenumfangsplanung geschehen nur in Ausnahmefällen. Die Herausgeber der sozialwissenschaftlichen Zeitschriften halten eine genaue Planung von Experimenten oft nicht für nötig oder sind sich deren Wichtigkeit nicht bewusst.

So fand Cohen (1962) bei der Durchsicht eines Jahrgangs der anerkannten psychologischen Fachzeitschrift *Journal of Abnormal Psychology* eine durchschnittliche Teststärke von 35 %! Leider fanden Sedlmaier und Gigerenzer 1989 die von Cohen 1962 beklagten Zustände noch immer vor.

Dabei ergeben sich in einer ungeplanten Untersuchung sowohl beim Auftreten eines signifikanten als auch eines nicht signifikanten Ergebnisses Probleme.

Bei einem signifikanten Ergebnis ist nicht klar, ob es sich um einen inhaltlich bedeutsamen oder weniger bedeutsamen Effekt handelt. Um ein signifikantes Ergebnis wirklich beurteilen zu können, ist deshalb die Berechnung des empirischen Effekts (▶ Abschn. 3.3.3) aus den Daten erforderlich.

Eine Nichtsignifikanz macht die Situation noch schwieriger: Da die Teststärke und der β-Fehler unbekannt sind, schließt ein nicht signifikantes Ergebnis die Alternativhypothese nicht aus. Das Ergebnis spricht also nicht eindeutig für die Annahme der Nullhypothese. Für diese Beurteilung ist eine Teststärkeberechnung notwendig. Eine nachträgliche Berechnung wird als A-posteriori-Berechnung bezeichnet (im Gegensatz zu a priori). Dies geschieht über den Nonzentralitätsparameter λ, die zugehörige Teststärke ist von den Freiheitsgraden abhängig und in ▶ Tabelle C im Anhang A2 abzulesen.

$$\lambda = \Phi^2 \cdot N$$

Die Festlegung der Größe des Populationseffekts erfolgt nach inhaltlichen Kriterien sowie mithilfe der Konventionen.

Eine weitere Möglichkeit besteht in der Schätzung des Populationseffekts aus den vorliegenden Daten. Dies ist allerdings nur sinnvoll, wenn sich ein inhaltlich relevanter Effekt ergibt. Unterschreitet die Teststärke die Toleranz des Wissenschaftlers, so ist das Ergebnis nicht interpretierbar. Die Wahrscheinlichkeit, die Nullhypothese anzunehmen, obwohl die Alternativhypothese gilt, ist zu groß (β-Fehler). Ein nicht signifikantes Ergebnis erlaubt nur dann die Annahme der Nullhypothese, wenn der β-Fehler klein genug und die Teststärke damit groß genug ist. Beträgt z. B. in einer Studie bei einem nicht signifikanten Ergebnis die Teststärke 90 %, einen Effekt von Ω^2 = 0,07 zu finden, so ergibt sich folgende Interpretation:

Mit einer Wahrscheinlichkeit von 90 % liegt zwischen den untersuchten Stichproben kein Effekt der Größe Ω^2 = 0,07 oder größer vor. Die Alternativhypothese: »Es existiert ein Effekt von Ω^2 = 0,07 oder größer«, kann mit einer Fehlerwahrscheinlichkeit von β = 0,1 abgelehnt werden. Diese Interpretation schließt allerdings nicht aus, dass trotzdem kleinere Effekte vorliegen. Um diese aufzudecken, war die Teststärke unter Umständen nicht groß genug (▶ Abschn. 3.4.2). Noch einmal: Nicht signifikante Ergebnisse sind nur bei ausreichend großer Teststärke bzw. ausreichend kleinem β-Fehler interpretierbar. Nur dann sprechen sie für die Nullhypothese. Außerdem schließt die Bestätigung der Nullhypothese nur Effekte einer bestimmten Größe mit der als Teststärke angegebenen Wahrscheinlichkeit aus. Über kleinere Effekte lassen sich keine Aussagen treffen.

Auch für die Berechnung der Teststärke a posteriori finden Sie in den ergänzenden Dateien im Internet Beispiele für die Vorgehensweise mit G*Power.

Lesen eines *t*-Tests in der Literatur

In der Forschungspraxis finden die hier vorgestellten Konstruktionsbedingungen leider noch sehr wenig Anwendung. In vielen veröffentlichten Untersuchungen kommt es trotz zweifelhafter Daten zu weitreichenden Erklärungen, Interpretationen und Entwicklungen von Theorien. Die Argumentationen in diesen Artikeln erscheinen dabei

Bei nicht signifikanten Ergebnissen sollte die Teststärke a posteriori bestimmt werden.

▶ Tabelle C im Anhang A2

Ein nicht signifikantes Ergebnis spricht nur dann für die Nullhypothese, wenn die Teststärke groß genug ist.

Bei einer Entscheidung für die Nullhypothese können trotzdem kleinere Effekte als angenommen vorliegen.

▶ Berechnung der Textstärke mit G*Power auf http://www.lehrbuch-psychologie.de

meistens logisch und nachvollziehbar, deshalb sollten Sie beim Lesen einer Untersuchung die Ergebnisse immer eigenhändig nachprüfen. Viele signifikante Ergebnisse erscheinen nach der Berechnung des Effekts plötzlich gar nicht mehr so bedeutend.

Auf der anderen Seite ist aber in der sozialwissenschaftlichen Forschung nicht nur die Suche nach möglichst großen Effekten wünschenswert. Große Effekte können bei der Erforschung des menschlichen Verhaltens und Denkens nicht immer auftreten, weil in diesem Forschungsgebiet sehr viele Faktoren eine Rolle spielen. Jeder Faktor für sich macht da oft nur einen kleinen, aber durchaus nicht zu vernachlässigenden Effekt aus. Die Interpretation der Größe eines Effekts ist deshalb stark von dem Inhalt der Untersuchung abhängig.

Sehr problematisch ist der Umgang mit nicht signifikanten Ergebnissen in der praktischen Forschung: Obwohl in den meisten Untersuchungen keine Stichprobenumfangsplanung vorgenommen wurde, nehmen Wissenschaftler bei einem nicht signifikanten Ergebnis oft die Nullhypothese an und behaupten, es gäbe keinen Effekt. Das kann zu sehr widersprüchlichen Befunden in der Literatur führen, obwohl vielleicht einfach die Teststärke eines Tests nicht groß genug war, um den Effekt zu finden (d. h., ein signifikantes Ergebnis zu liefern). Grundsätzlich gilt, dass nie eine Argumentation auf der Nichtsignifikanz eines Ergebnisses aufgebaut werden darf, es sei denn, die Teststärke ist ausreichend hoch oder der β-Fehler ist a priori auf einem inhaltlich sinnvollen Niveau festgelegt worden. Unterschätzen Sie bitte die Relevanz dieser Aussagen nicht und behalten Sie diese im Kopf beim Lesen wissenschaftlicher Literatur. Selbst in hochklassigen Zeitschriften finden sich häufig Artikel, deren Argumentationsbasis nicht signifikante Ergebnisse ohne Angabe der Teststärke sind. In vielen Fällen sind die Schlussfolgerungen aus diesen Ergebnissen trotz der Qualität des Publikationsorgans schlicht nicht haltbar. Sie sind durch Ihre methodische Ausbildung in der Lage, solche Argumentationen zu identifizieren und die Daten seriöser zu interpretieren.

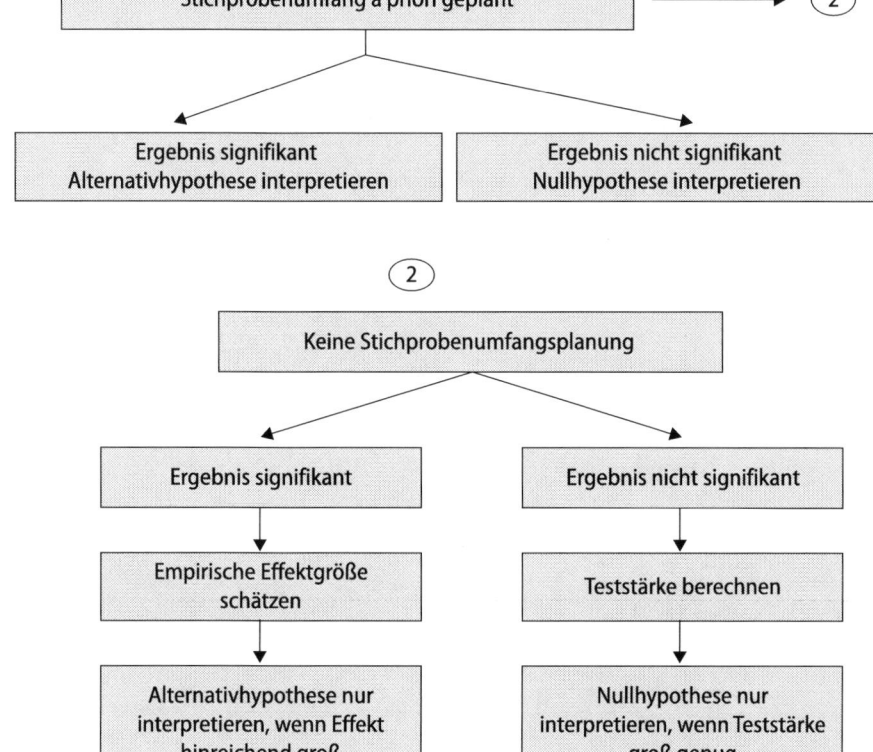

■ **Abb. 3.30** Entscheidungsdiagramm für die Bewertung eines *t*-Tests

Es kommt vor, dass die Angaben in einem Artikel nicht zur Berechnung des Effekts oder der Teststärke ausreichen. Solche Lücken sprechen nicht gerade für die Güte einer Arbeit. Ein kritisches Betrachten von Zeitschriftenartikeln ist deshalb unbedingt notwendig. Zusätzlich sollten Sie bedenken, dass statistische Ergebnisse in den meisten Fällen den Eindruck von Objektivität vermitteln. Um solchen Verzerrungen nicht zu erliegen, ist eine gute methodische Ausbildung unerlässlich. Wirklich herausragende Ergebnisse kann auch nur derjenige als solche erkennen, der in der Lage ist, sie angemessen kritisch zu interpretieren. In dem Diagramm in ◘ Abb. 3.30 ist zusammenfassend dargestellt, wie die Ergebnisse eines *t*-Tests zu bewerten sind:

Die Ausführungen der letzten Abschnitte über Konstruktion oder Bewertung sowie das Diagramm in ◘ Abb. 3.30 beschränken sich nicht nur auf den *t*-Test, sondern gelten allgemein für fast alle statistischen Verfahren in der empirischen Sozialforschung.

Zusammenfassung

Der *t*-Test ist ein wichtiges statistisches Auswertungsverfahren für den Vergleich zweier Gruppenmittelwerte. Er ist nur bei Daten mit Intervallskalenqualität anwendbar. Der *t*-Test liefert eine Entscheidungsgrundlage dafür, ob es einen systematischen Unterschied zwischen den beiden Gruppen gibt oder ob sich der gefundene Unterschied zufällig ergeben hat.

Die Annahme, dass kein Unterschied zwischen zwei Gruppen vorliegt, heißt Nullhypothese. Die Alternativhypothese dagegen nimmt an, dass die Gruppen systematisch voneinander verschieden sind. Der *t*-Test für unabhängige Stichproben bestimmt die Wahrscheinlichkeit der Differenz der Stichprobenmittelwerte unter Annahme der Nullhypothese.

Dies geschieht mithilfe eines standardisierten Maßes, dem *t*-Wert. Die Auftretenswahrscheinlichkeit eines *t*-Werts unter Annahme der Nullhypothese kann anhand der *t*-Verteilung bestimmt werden. Die Wahrscheinlichkeit von einzelnen *t*-Werten ist abhängig von den Freiheitsgraden der *t*-Verteilung.

Ist die Wahrscheinlichkeit des *t*-Werts unter der Annahme der Nullhypothese kleiner als das vorher festgelegte Signifikanzniveau oder im Betrag größer als ein kritischer *t*-Wert, so wird die empirische Mittelwertsdifferenz als signifikant bezeichnet. Es folgt eine Entscheidung gegen die Nullhypothese und für eine Alternativhypothese. Alternativhypothesen sind bei zweiseitigen Fragestellungen ungerichtet, bei einseitigen Fragestellungen gerichtet.

Wird der zu untersuchende Unterschied zwischen zwei Gruppen durch die Annahme eines zu erwartenden systematischen Effekts spezifiziert, so kann eine nonzentrale Verteilung in Abhängigkeit des Nonzentralitätsparameters λ bestimmt werden. Der systematische Effekt lässt sich entweder als standardisierte Differenz der Populationsmittelwerte d oder als Varianzquotient Φ^2 bzw. Ω^2 ausdrücken. Das prozentuale Effektstärkenmaß Ω^2 ist inhaltlich am anschaulichsten: Es gibt an, wie viel Varianz durch die unterschiedlichen experimentellen Bedingungen auf der Ebene der Population aufgeklärt werden kann. Die Schätzung des Populationseffekts aus den Daten erfolgt aus dem empirischen *t*-Wert und wird mit ω^2 bezeichnet. Im Gegensatz zu ω^2 beschreibt das Effektstärkenmaß η^2 den Anteil der Varianzaufklärung auf der Ebene der Stichprobe mithilfe von Quadratsummen. Allerdings überschätzt η^2 den wahren Effekt in der Population und fällt im Vergleich zu dem Populationseffektschätzer ω^2 zu groß aus.

Eine auf der Grundlage eines *t*-Tests getroffene Entscheidung ist mit einer bestimmbaren Wahrscheinlichkeit falsch. Die zwei möglichen Fehlentscheidungen

▼

werden als α- und β-Fehler bezeichnet. Die Wahrscheinlichkeiten dieser Fehler sind von ihrer gegenseitigen Bedingtheit, der Größe des Effekts und der Stichprobengröße abhängig. Der Effekt, der Stichprobenumfang, α- und β-Fehler bilden die vier Determinanten des t-Tests.

Wenn keine Stichprobenumfangsplanung vorgenommen wurde, so ist die Bewertung eines signifikanten Ergebnisses von der Größe des empirischen Effekts abhängig. Denn es ist durchaus möglich, dass ein t-Test ein Ergebnis liefert, das zwar statistisch signifikant, aufgrund eines sehr kleinen Effekts aber inhaltlich unbedeutend ist.

Ein nicht signifikantes Ergebnis spricht nur dann gegen die Alternativhypothese, wenn der β- Fehler klein genug und damit die Teststärke sehr hoch ist. Um eine eindeutige Interpretation zu gewährleisten, muss vor der Durchführung eines t-Tests die gewünschte Teststärke festgelegt und eine Stichprobenumfangsplanung (a priori) vorgenommen werden. Liegt keine A-priori-Stichprobenumfangsplanung vor, so müssen für eine sinnvolle Bewertung des Ergebnisses nachträglich entweder der Effekt oder die Teststärke des t-Tests aus den Daten berechnet werden (a posteriori).

Der Signifikanztest kann auch anhand eines Konfidenzintervalls der Mittelwertsdifferenz durchgeführt werden: Schließt das Konfidenzintervall den Wert null aus, so entspricht dies dem Ablehnen der Nullhypothese, wobei die Fehlerwahrscheinlichkeit α des Konfidenzintervalls gilt. Zusätzlich liefert das Konfidenzintervall einen anschaulichen Eindruck von der Präzision des Ergebnisses.

Hängen die Werte in den beiden Stichproben zusammen und beeinflussen sich wie z. B. bei einer Messwiederholung, so ist die Anwendung des t-Tests für abhängige Stichproben erforderlich. Er bestimmt die Wahrscheinlichkeit des Mittelwerts der Differenzen der Stichprobenwerte unter Annahme der Nullhypothese.

Der t-Test für eine Stichprobe prüft, ob eine untersuchte Stichprobe aus einer Population mit einem bestimmten Populationsmittelwert stammt oder nicht. Dieses Verfahren findet Anwendung, wenn ein möglicher Populationsmittelwert für diesen Vergleich vorliegt.

Die Berechnungsformeln dieser Tests unterscheiden sich zwar von denen des t-Tests für unabhängige Stichproben, ansonsten können die Konzepte aber weitgehend übertragen werden.

3.8 Aufgaben zu Kapitel 3

3.8.1 Verständnisaufgaben

Aufgabe 1

Beantworten Sie folgende Fragen:

a. Wie lauten – jeweils in einem Satz – die Annahmen der Nullhypothese und der Alternativhypothese?
b. Wodurch unterscheidet sich die ebenfalls standardisierte t-Verteilung von der z-Verteilung?
c. Wozu dient die Festlegung eines Signifikanzniveaus?
d. Was sind die mathematischen Voraussetzungen für die Anwendung eines t-Tests?
e. Was ist der Unterschied zwischen einer ungerichteten und einer gerichteten Alternativhypothese?
f. Was ist der Varianzquotient Ω^2?

Aufgabe 2

Beschreiben Sie …

a. den α-Fehler.
b. den β-Fehler.
c. den Zusammenhang zwischen dem β-Fehler und der Teststärke.
d. die gegenseitige Abhängigkeit der Fehlerwahrscheinlichkeiten.

Aufgabe 3

Ergänzen Sie die fehlenden Satzteile im nachfolgenden Text (bei Satzteilen, die mit *
gekennzeichnet sind, ist die falsche Alternative zu streichen)!

Der β-Fehler ist die Wahrscheinlichkeit, sich fälschlicherweise für*/gegen* die
Alternativhypothese zu entscheiden. Um den β-Fehler zu erhalten, muss man zunächst
eine(n) _____ festlegen. Je weniger Versuchspersonen man
erhebt, desto _____ wird der β-Fehler bei sonst gleichen Größen,
denn umso _____ wird auch die Streuung der
_____-verteilung. Je größer der interessierende
Populationseffekt ist, desto _____ wird die Teststärke. Die Teststärke gibt die Wahrscheinlichkeit an, mit der man ein signifikantes Ergebnis findet*/nicht
findet*, falls ein Populationseffekt einer bestimmten Größe existiert*/nicht existiert*.
Auch das α-Niveau spielt hier eine Rolle, denn je strenger man dieses festlegt, desto
_____ wird die Teststärke.

3.8.2 Anwendungsaufgaben

Aufgabe 1

Ein Persönlichkeitspsychologe glaubt, dass die Leistung in einem Intelligenztest steigt,
wenn man die Versuchspersonen für richtige Antworten belohnt. Um diese Hypothese zu überprüfen, führt er eine Untersuchung mit 60 Personen durch: Der einen Hälfte ($n_1 = 30$) verspricht er für jede gelöste Aufgabe im Intelligenztest 1 Euro Belohnung
(der Test umfasst 50 Aufgaben), die andere Hälfte ($n_2 = 30$) erhält keine Belohnung für
gelöste Aufgaben. Die Mittelwerte der jeweils erreichten Gesamtpunktzahl sollen mit
einem *t*-Test für unabhängige Stichproben verglichen werden.

a. Muss hier ein ein- oder ein zweiseitiger Test durchgeführt werden?
b. Welche statistische Hypothese ist relevant für die inhaltliche Fragestellung?
c. Wenn die Annahme des Psychologen stimmt, müsste die empirische Mittelwertdifferenz ($\bar{x}_1 - \bar{x}_2$) dann eher positiv, negativ oder null sein?
d. Wie würde sich die Streuung der Stichprobenkennwerteverteilung verändern,
   wenn der Psychologe den Test mit $n_1 = n_2 = 40$ durchgeführt hätte?

Aufgabe 2

In der Klinik für Psychosomatik in H. wurde kürzlich eine Therapie zur Linderung
von Migräne entwickelt, die im Gegensatz zu herkömmlichen Therapien mehr als 10 %
der angesetzten Behandlungsstunden einspart. Nun soll der Erfolg der Therapie mittels eines speziell dafür entwickelten Messinstruments, das intervallskalierte Daten
liefert, untersucht werden. Die Entwickler der neuen Therapie glauben, dass der The-
rapieerfolg trotz der kürzeren Behandlungszeit der gleiche ist.

a. Welcher statistische Kennwert wird hier auf Signifikanz geprüft (bitte genau angeben)?
b. Welchen Wert sollte dieser Kennwert gemäß der inhaltlichen Hypothese der Entwickler in der Population haben?

Aufgabe 3

Ein Soziologe führt ein Experiment durch (zwei unabhängige Gruppen, $n_1 = n_2 = 65$), in dem die inhaltliche Hypothese mit der Alternativhypothese des statistischen Tests verknüpft ist und besagt: $\mu_1 - \mu_2 > 0$. Er findet eine Mittelwertsdifferenz von $\overline{x}_1 - \overline{x}_2 = -26$. Die geschätzten Populationsstreuungen betragen $\hat{\sigma}_1 = 290$ und $\hat{\sigma}_2 = 280$. Welchen Schluss kann der Soziologe aufgrund seines empirischen Ergebnisses ziehen?

Aufgabe 4

Eine Psychologiestudentin möchte, dass die Versuchspersonen nach der Teilnahme an ihren Experimenten glücklich und zufrieden sind. Sie will ihnen deshalb eine Belohnung für die Teilnahme zukommen lassen. Aber wie viel? Hängt die Zufriedenheit überhaupt von der Höhe der Belohnung ab? Sie beschließt, diese Frage an einigen Versuchspersonen zu untersuchen. Ihre Ergebnisse stehen in der Tabelle. Höhere Werte zeigen eine höhere Zufriedenheit an.

a. Berechnen Sie Mittelwerte und Streuungen.

b. Ist das Ergebnis signifikant?

Gruppe 1 5 Euro	Gruppe 2 20 Euro
4	6
2	4
3	7
5	8
4	8

Aufgabe 5

Ein Sozialpsychologe möchte die Stimmung von Versuchspersonen mit Filmen beeinflussen. Er zeigt den Versuchspersonen entweder Ausschnitte aus einem traurigen Film (»Schindlers Liste«) oder einem lustigen Film (»Die Nackte Kanone 2½«) und lässt sie dann auf einer 9-stufigen Skala ihre Stimmung angeben (Intervallskalenniveau). Der Forscher nimmt an, dass ein lustiger Film im Vergleich zu einem traurigen Film die Stimmung hebt.

a. Gibt es einen Einfluss der Filme auf die Stimmung?

b. Wie groß ist dieser Einfluss?

c. Wie viele Personen hätte der Forscher untersuchen müssen, um einen Populationseffekt der Größe $\Omega^2 = 0,05$ mit 90 %iger Wahrscheinlichkeit zu finden? Ergebnisse:

$$\overline{x}_{pos} = 6,8 \quad \hat{\sigma}^2_{pos} = 3,2 \quad n_{pos} = 25$$
$$\overline{x}_{neg} = 5,9 \quad \hat{\sigma}^2_{neg} = 3,8 \quad n_{neg} = 28$$

Aufgabe 6

In einer Zweigruppen-Untersuchung wird die Mittelwertsdifferenz auf Signifikanz getestet. Dabei erhält man einen t-Wert von $t_{(df = 158)} = 4,88$.

a. Welche statistische Entscheidung fällt man, wenn das α-Niveau 5 % beträgt (ungerichtete Fragestellung)?

b. Welche inhaltliche Entscheidung fällt man, wenn der mindestens interessierende Populationseffekt $\Omega^2 \geq 0,1$ betragen soll?

Aufgabe 7

Eine Entwicklungspsychologin will überprüfen, ob das Körpergewicht einer Person auch einem genetischen Einfluss unterliegt. Dazu untersucht sie 21 Zwillingspaare (eineiig; Gruppe 1) und 21 »normale« gleichgeschlechtliche Geschwisterpaare (Nicht-Zwillinge; Gruppe 2) und bildet für jedes Paar die »Gewichtsdifferenz« Δ_G. Anschließend mittelt sie diese Werte pro Gruppe und testet die Differenz der beiden so entstandenen Gruppenmittelwerte auf Signifikanz. Ihre Hypothese lautet: »Die Gewichtsdifferenz ist bei eineiigen Zwillingen kleiner (d. h., die Körpergewichte der Geschwister sind ähnlicher) als bei Nicht-Zwillingen«. Sie erhält das folgende Ergebnis:

Zwillingspaare: durchschnittliches $\Delta_{G(1)} = 2855\,g$ / Streuung: $\hat{\sigma}_2 = 780\,g$

Nicht-Zwillinge: durchschnittliches $\Delta_{G(2)} = 4012\,g$ / Streuung: $\hat{\sigma}_2 = 820\,g$

Mit diesen Werten rechnet sie einen t-Test für unabhängige Stichproben.

a. Wie lautet das formale statistische Hypothesenpaar dieses Tests und welche der Hypothesen ist mit der inhaltlichen Fragestellung verknüpft?
b. Rechnen Sie den entsprechenden *t*-Test (sinnvolles Runden ist erlaubt)!
c. Zu welchem Ergebnis kommen Sie und warum ($\alpha = 0,05$)?

Aufgabe 8

In einem Gedächtnisexperiment mit zwei Gruppen wird die Mittelwertsdifferenz auf Signifikanz geprüft. Man erhält einen *t*-Wert von $t_{(df=132)} = 3,2$ (einseitiger Test; signifikant auf dem 5%-Niveau). Wie groß ist die empirische Effektgröße?

Aufgabe 9

Ein Wissenschaftler erhält in einem Zweigruppen-Experiment einen empirischen *t*-Wert von $t_{(df=60)} = 1,4$. Dieser Wert ist auf einem 5%-α-Niveau (einseitig) **nicht** signifikant. Er legt fest, dass der Populationseffekt mindestens $\Omega^2 \geq 0,2$ betragen sollte, um inhaltlich bedeutsam zu sein.

a. Wenn er sich schon nicht für die H_1 entscheiden kann: Was muss der Wissenschaftler tun, um sich eventuell für die H_0 zu entscheiden? (bitte ausführliche Rechnung)
b. Beurteilen Sie das Ergebnis.
c. Wie würde sich das Ergebnis dieses Tests verändern, wenn der Wissenschaftler einen Populationseffekt von $\Omega^2 \geq 0,4$ angenommen hätte? (nicht rechnen)
d. Wie würde sich das Ergebnis verändern, wenn der Forscher ein α-Niveau von 10 % akzeptiert hätte?

Aufgabe 10

Ein zweiseitiger *t*-Test wird entgegen der Annahmen des Wissenschaftlers auf dem 5%-Niveau nicht signifikant. Der Forscher hat den Verdacht, dass dieses Ergebnis vielleicht aufgrund seines geringen Stichprobenumfangs zustande gekommen sein könnte. Wie viele Versuchspersonen hätte der Forscher insgesamt untersuchen müssen, um mit 95%-iger Wahrscheinlichkeit ein signifikantes Ergebnis zu erhalten, wenn er davon ausgeht, dass der Effekt in der Population mindestens $\Omega^2 \geq 0,15$ beträgt?

Aufgabe 11

Eine Forscherin führt mit einer gefundenen Mittelwertsdifferenz ($n_1 = n_2 = 40$) einen zweiseitigen *t*-Test durch, wobei die inhaltliche Hypothese mit der statistischen Nullhypothese verknüpft ist. Der Test wird erwartungsgemäß nicht signifikant (α-Niveau: 1 %). Die Forscherin legt nun fest, dass der Effekt in der Population maximal 5 % betragen darf, um die Nullhypothese nicht zu verletzen. Wenn der Effekt tatsächlich $\Omega^2 \leq 0,05$ betragen würde, wie groß ist dann die Teststärke?

Aufgabe 12

Ein Forscher hat die Wirksamkeit eines neuen Medikaments untersucht. Dafür hat er die Linderung der Krankheit durch das Medikament mit einem Placebo verglichen. Er erhält ein signifikantes Ergebnis mit $t_{(df=298)}=1,96$ und bietet den Ärzten nun sein Medikament zum Kauf an. Ein Freund von Ihnen ist Arzt und überlegt, ob er das angebotene Medikament verwenden soll. Was können Sie Ihrem Freund empfehlen?

Aufgabe 13

Ein Therapeut behauptet, dass eine von ihm entwickelte Meditation die Zufriedenheit von Menschen positiv beeinflusst. Er möchte dies mit wissenschaftlichen Methoden zeigen und misst die Zufriedenheit vor und nach der Meditation (Daten mit Intervallskalenqualität). Es ergeben sich die Werte in der nebenstehenden Tabelle.

a. Stellen Sie die statistischen Hypothesen auf.
b. Berechnen Sie den Kennwert des Tests und seine Streuung.
c. Führen Sie einen t-Test durch. Wirkt die Meditation auf die Zufriedenheit?

vorher	nachher
4	6
6	7
3	8
7	7
2	4
8	7
3	6
5	6
6	8
4	5

4 Merkmalszusammenhänge

Björn Rasch, Malte Friese, Wilhelm Hofmann, Ewald Naumann

B. Rasch et al., *Quantitative Methoden 1*,
DOI 10.1007/978-3-662-43524-3_4, © Springer-Verlag Berlin Heidelberg 2014

--- Lernziele ---

- Was versteht man unter einem positiven bzw. negativen Zusammenhang?
- Was ist der Unterschied zwischen einer Kovarianz und einer Korrelation?
- Welche Korrelationstechnik ist für welche Skalenniveaus geeignet?
- Aufgrund welches Prinzips gibt die lineare Regression den Gesamttrend eines stochastischen Zusammenhangs am besten wieder?

- Wie hängen die einfache lineare Regression und die Korrelation zusammen?
- Wie lassen sich Regressionsgewichte standardisieren und auf Signifikanz testen?
- Wie lässt sich die Güte einer Vorhersage bewerten?
- Was sind die Voraussetzungen der linearen Regression?

Die Suche nach Zusammenhängen ist ein zentrales Anliegen wissenschaftlicher Tätigkeit. Die meisten Hypothesen über einen empirischen Sachverhalt beinhalten offen oder verdeckt formulierte Annahmen über Kausalbeziehungen. Das Aufdecken solcher Kausalzusammenhänge erlaubt uns, über das bloße Beschreiben der phänomenologischen Umwelt hinauszugehen und Erklärungen für empirische Sachverhalte anzubieten. Die Kenntnis von Zusammenhängen ermöglicht überdies Vorhersagen über künftige Ereignisse. Der Physik gelingt es beispielsweise, beobachtbare Zustände, Veränderungen und Reaktionen der unbelebten Materie aufgrund von Kräften zu erklären und mittels exakter, allgemein gültiger Funktionsgleichungen auszudrücken und vorherzusagen.

Die eben beschriebenen funktionalen Zusammenhänge sind in der sozialwissenschaftlichen Forschung allerdings kaum vertreten. Das liegt v. a. an der Vielzahl möglicher Einflüsse auf ein Versuchsergebnis und der Schwierigkeit, diese Störeinflüsse bei der »Messung am Menschen« auszuschalten. Weiterhin ist es außerordentlich schwierig, Messinstrumente zu konstruieren, die das interessierende Merkmal zuverlässig messen. Das Wort »zuverlässig« steht hier stellvertretend für die Eigenschaft der Reliabilität einer Messung, die bei der Testkonstruktion von entscheidender Bedeutung ist.

Die gefundenen Zusammenhänge in den Sozialwissenschaften sind aufgrund dieser Messproblematik selten so hoch, dass sie perfekte Vorhersagen ermöglichen. Stattdessen implizieren sie je nach ihrer Höhe unterschiedliche Grade der Vorhersagegenauigkeit. Diese »nicht perfekten« Beziehungen zwischen Variablen lassen sich als stochastische Zusammenhänge bezeichnen.

Trotz dieses Mangels an Perfektion gibt es eine Vielzahl sozialwissenschaftlicher Fragestellungen, die den Zusammenhang von Merkmalen betreffen. So untersucht beispielsweise die Sozialpsychologie, inwieweit eine berichtete Einstellung mit dem tatsächlich gezeigten Verhalten korrespondiert. Wie aber lassen sich derartige Zusammenhänge für die Wissenschaft brauchbar überprüfen?

In den Sozialwissenschaften haben sich Methoden durchgesetzt, die es erlauben, die Höhe des Zusammenhangs zweier Variablen zu spezifizieren. Das Skalenniveau der untersuchten Variablen bestimmt dabei, welche Methode zur Anwendung kommt. Das folgende Kapitel stellt drei verschiedene Verfahren dar: Der Schwerpunkt liegt auf der Produkt-Moment-Korrelation, die Aussagen über den Zusammenhang zweier intervallskalierter Merkmale macht (▸ Abschn. 4.1). In diesem Abschnitt wird auch die Partialkorrelation behandelt, die den Zusammenhang zweier Variablen um den Einfluss einer dritten Variable bereinigt. Zusätzlich werden die punktbiseriale Korrelation für eine intervallskalierte und eine zweistufige, nominalskalierte Variable sowie die Rangkorrelation für zwei ordinalskalierte Variablen besprochen (▸ Abschn. 4.2). Der ▸ Abschn. 4.3 befasst sich mit der linearen Regression, einer Methode zur Vorhersage einer Merkmalsausprägung aufgrund der Ausprägung in einem anderen Merkmal. Diese Methode ist nur bei intervallskalierten Daten anwendbar.

4.1   Kovarianz und Korrelation

Der Grad des Zusammenhangs zwischen zwei intervallskalierten Variablen lässt sich mathematisch durch die Kovarianz und die auf ihr aufbauende Produkt-Moment-Korrelation beschreiben. Beides sind Maße der bivariaten Deskriptivstatistik. Bevor diese beiden Maße und ihre Besonderheiten eingehend besprochen werden, soll uns zunächst eine wichtige Frage beschäftigen: Was genau impliziert der Begriff des Zusammenhangs?

4.1.1   Der Begriff des Zusammenhangs

Ein Zusammenhang zeigt sich darin, dass beide Variablen systematisch miteinander variieren.

Hängen zwei Variablen auf bestimmte Weise zusammen, so bedeutet das Folgendes: Die Ausprägung, die eine Versuchsperson auf der einen Variable aufweist, gibt zu gewissen Teilen auch Auskunft darüber, welche Ausprägung diese Person auf der anderen Variable erreicht. Beide Variablen variieren demnach systematisch miteinander. Beispielsweise stehen die Intelligenz einer Versuchsperson und deren Kreativität in Beziehung zueinander: Überdurchschnittlich intelligente Menschen weisen in der Regel eine höhere Kreativität auf als weniger intelligente Menschen. Mit anderen Worten: je höher die Intelligenz, umso größer die Kreativität. Aussagen dieser Form postulieren einen Zusammenhang. Dessen Höhe ist davon abhängig, wie zwingend von der einen Variable auf die andere geschlossen werden kann. Wären alle überdurchschnittlich intelligenten Personen kreativer als alle weniger intelligenten, so würde das auf einen hohen Zusammenhang hindeuten. Wenn es dagegen unter den Hochintelligenten auch nicht kreative Personen gäbe sowie unter den weniger Intelligenten sehr kreative, so wäre der Zusammenhang weniger stark.

Ein Zusammenhang kann in zwei »Richtungen« vorliegen: positiv oder negativ. Wenn – wie im obigen Beispiel – hohe Werte auf der einen Variable hohen Werten auf der anderen entsprechen und niedrige Werte auf der einen Variable niedrigen auf der anderen, so ist der Zusammenhang positiv (■ Abb. 4.1). Gehen dagegen hohe Werte auf der einen Variable mit niedrigen Werten auf der anderen einher und umgekehrt, so liegt ein negativer Zusammenhang vor: Je mehr Menschen arbeitslos sind, desto geringer fallen die Steuereinnahmen des Staates aus (■ Abb. 4.2). Kein Zusammenhang existiert dagegen, wenn die Werte der Personen auf der einen Variable mal mit hohen und mal mit niedrigen Werten auf der anderen Variable einhergehen. In diesem Fall sind beide Merkmale voneinander stochastisch unabhängig (■ Abb. 4.3).

Am Rand sind die verschiedenen Arten von Zusammenhängen in sogenannten Streudiagrammen dargestellt. Ein Merkmal ist auf der x-Achse, das zweite auf der y-Achse abgebildet. Jeder Punkt im Streudiagramm entspricht dem Messwertepaar einer Versuchsperson. Die Einzelpunkte ergeben zusammen eine Punktewolke, deren Form die Stärke und die Richtung eines Zusammenhangs skizziert. Ist die Punktewolke kreisförmig, besteht kein Zusammenhang. Je enger die elliptische Form eines Punkteschwarms ist, umso stärker ist der Zusammenhang. Die ■ Abb. 4.1 lässt einen positiven, die ■ Abb. 4.2 einen negativen und die ■ Abb. 4.3 gar keinen Zusammenhang vermuten. Die grafische Interpretation des Zusammenhangs zweier Variablen trägt viel zur ersten Orientierung bei, erlaubt aber lediglich seine grobe Klassifizierung. Der Grad des Zusammenhangs ist mit bloßem Auge nicht ersichtlich. Diesen zu quantifizieren ist die Aufgabe der Kovarianz und der Korrelation.

4.1.2 Die Kovarianz

Die Kovarianz ist ein unstandardisiertes Maß, welches den Zusammenhang zweier Variablen erfasst. Zwei Merkmale x und y hängen dann hoch (positiv) zusammen, wenn hohe Werte auf dem Merkmal x mit hohen Werten auf dem Merkmal y einhergehen und niedrige Werte des Merkmals x mit niedrigen Werten des Merkmals y einhergehen. Wie hoch oder niedrig ein Wert innerhalb einer Verteilung ist, zeigt seine Abweichung vom Verteilungsmittelwert.

Die Formel zeigt, dass die Kovarianz im Gegensatz zur Varianz Aussagen über die gemeinsame Variation zweier Merkmale macht:

$$cov(x,y) = \frac{\sum_{i=1}^{n}(x_i - \overline{x}) \cdot (y_i - \overline{y})}{n-1}$$

Die Kovarianz ist das durchschnittliche Produkt aller korrespondierenden Abweichungen der Messwerte von den Mittelwerten der beiden Merkmale x und y.

Für jedes Wertepaar wird die Abweichung des x-Werts vom Mittelwert der x-Werte mit der Abweichung des y-Werts vom Mittelwert der y-Werte multipliziert. Die Summe der einzelnen Abweichungsprodukte wird als Kreuzproduktsumme zweier Variablen bezeichnet. Diese Kreuzproduktsumme wird über alle Beobachtungen gemittelt. Allerdings wird analog zur Varianz im Nenner durch $n - 1$ geteilt, um einen erwartungstreuen Schätzer der Populationskovarianz zu erhalten (▶ Abschn. 1.3).

Hervorzuheben ist die starke Ähnlichkeit der Formel zur Varianz mit dem Unterschied, dass die Varianz die Abweichungen einer Variable um ihren Mittelwert erfasst, während die Kovarianz die gleichgerichtete Abweichung zweier Variablen berechnet. Die Varianz liefert aufgrund der Quadrierung ausschließlich positive Ergebnisse, wohingegen die Kovarianz auch negative Werte annehmen kann. Dies führt uns zu den verschiedenen Arten von Zusammenhängen (▶ Abschn. 4.1.1).

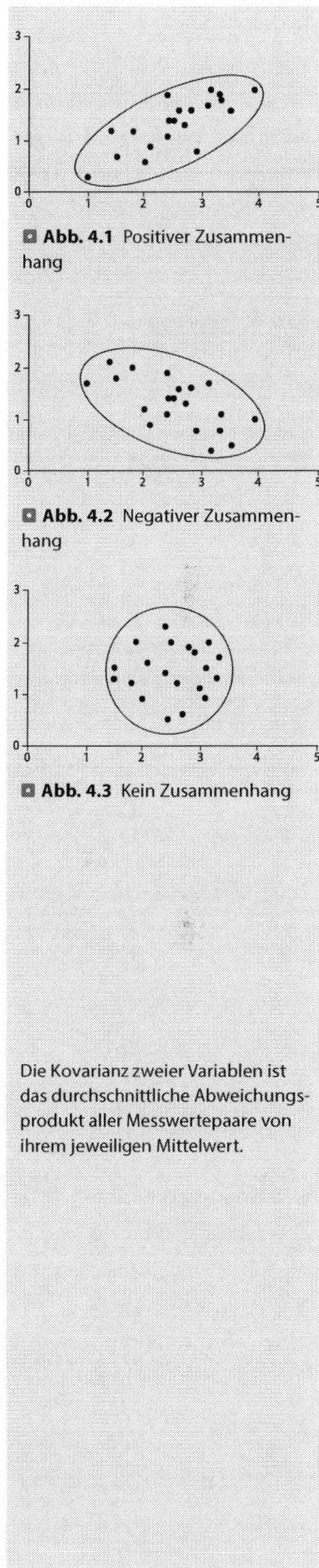

■ **Abb. 4.1** Positiver Zusammenhang

■ **Abb. 4.2** Negativer Zusammenhang

■ **Abb. 4.3** Kein Zusammenhang

Die Kovarianz zweier Variablen ist das durchschnittliche Abweichungsprodukt aller Messwertepaare von ihrem jeweiligen Mittelwert.

4

Eine positive Kovarianz resultiert, wenn die beiden Variablen weitgehend gemeinsam in die gleiche Richtung von ihrem Mittelwert abweichen, d. h., positive Abweichungen der einen Variable werden mit positiven Abweichungen der anderen multipliziert bzw. negative mit negativen. Der Zusammenhang ist positiv.

Dagegen ergibt sich eine negative Kovarianz, wenn viele entgegengesetzt gerichtete Abweichungen vom jeweiligen Mittelwert auftreten, d. h., eine positive Abweichung auf der einen Variable korrespondiert mit einer negativen Abweichung auf der anderen und umgekehrt. Die Kreuzproduktsumme und somit auch die Kovarianz werden negativ. Die Merkmale weisen einen negativen oder inversen Zusammenhang auf.

Sind die Abweichungen mal gleich, mal entgegengesetzt gerichtet, so heben sich die Abweichungsprodukte gegenseitig auf und es resultiert eine Kovarianz nahe null. In diesem Fall besteht kein systematischer Zusammenhang zwischen den Variablen x und y. Die Ausprägung des Merkmals x sagt also nichts über die Ausprägung des Merkmals y aus.

Der Betrag der Kovarianz zwischen zwei Variablen kann beliebige Werte zwischen null und einer festgelegten maximalen Kovarianz annehmen. Diese gibt an, wie hoch die Kovarianz im konkreten Fall höchstens werden kann. Der Betrag der maximalen Kovarianz ist für positive wie auch negative Zusammenhänge identisch. Er ist definiert als das Produkt der beiden Merkmalsstreuungen:

$$\left| cov(max) \right| = \hat{\sigma}_x \cdot \hat{\sigma}_y$$

Die maximale numerische Kovarianz zwischen zwei Variablen ist abhängig von den Streuungen der beiden Verteilungen und von der Maßeinheit der erhobenen Daten. Entsprechendes gilt für die empirisch gefundene Kovarianz. Die Abweichungen, die in die Formel zur Berechnung des Zusammenhangs eingehen, sind abhängig vom gewählten Maßstab. Somit ergibt sich beispielsweise für ein und dieselbe Datenerhebung eine viel höhere Kovarianz, wenn als Längenmaß die Einheit Zentimeter anstelle von Meter verwendet wird. Die Kovarianz ist also kein standardisiertes Maß und folglich zur quantitativen Kennzeichnung des Zusammenhangs zweier Merkmale nur bedingt geeignet. Sie kann allerdings in ein standardisiertes Maß überführt werden: den Korrelationskoeffizienten.

Bevor wir zu diesem Schritt übergehen, wollen wir die Berechnung der Kovarianz anhand eines Beispiels durchführen. Dieses Beispiel wird auch in den folgenden Abschnitten weitere Beachtung finden.

Ein Forscher glaubt, dass zwischen Extraversion und Humor ein positiver Zusammenhang besteht. Den Grad der Extraversion erhebt er mit einem Persönlichkeitstest, der einen Wertebereich von 0 bis 30 hat, wobei hohe Werte eine hohe Extraversion anzeigen. Den Humorwert einer Versuchsperson operationalisiert er anhand der Häufigkeit des Lachens während der Präsentation eines Films. Die Stichprobe ($N = 15$) ergibt die ◻Tab. 4.1.

Die Kovarianz von Extraversion und Humor in dieser Stichprobe berechnet sich wie folgt:

$$cov(x,y) = \frac{(7-14) \cdot (11-20) + \ldots + (6-14) \cdot (18-20)}{15-1} = \frac{310}{14} = 22{,}14$$

Der Zusammenhang zwischen Extraversion und Humor ist also positiv. Über die relative Höhe des Zusammenhangs sagt dieser Wert allerdings nichts aus. Das leistet erst ein standardisiertes Maß wie der Korrelationskoeffizient.

◻ Tab. 4.1 Extraversion und Humor

Vp-Nr.	Extraversionswerte	Lachen
1	7	11
2	12	14
3	23	22
4	13	22
5	12	10
6	19	22
7	12	21
8	20	13
9	8	22
10	19	29
11	21	35
12	13	16
13	5	17
14	20	28
15	6	18
Mittelwerte	**14**	**20**
Streuung	**5,95**	**6,98**

4.1.3 Die Produkt-Moment-Korrelation

Die Produkt-Moment-Korrelation nach Pearson ist das gebräuchlichste Maß für die Stärke des Zusammenhangs zweier Variablen. Sie drückt sich aus im Korrelationskoeffizienten r. Er stellt die Standardisierung der im vorherigen Abschnitt behandelten Kovarianz dar. Dabei wird die empirisch ermittelte Kovarianz an der maximalen Kovarianz relativiert. Durch diesen einfachen Rechenschritt wird die Kovarianz von der Streuung der Merkmale bereinigt. Der resultierende Korrelationskoeffizient r ist somit maßstabsunabhängig.

$$r_{xy} = \frac{cov_{emp}}{cov_{max}} = \frac{cov(x,y)}{\hat{\sigma}_x \cdot \hat{\sigma}_y}$$

Die Formel gibt zu erkennen, dass der Korrelationskoeffizient niemals größer als 1 oder kleiner als –1 werden kann, denn die empirisch gefundene Kovarianz kann die maximal mögliche Kovarianz zwischen den beiden Variablen in ihrem Wert nicht übersteigen. Der Wertebereich der Korrelation ist somit im Gegensatz zu dem der Kovarianz begrenzt zwischen –1 und +1.

Ein perfekter positiver Zusammenhang würde für r den Wert 1, ein perfekter negativer Zusammenhang den Wert –1 liefern. Besteht zwischen den Variablen kein Zusammenhang (cov = 0), so ist r ebenfalls null, man spricht von einer Nullkorrelation.

Eine Umwandlung der Formel der Korrelation ist sehr aufschlussreich:

$$r = \frac{\sum_{i=1}^{n}(x_i - \bar{x}) \cdot (y_i - \bar{y})}{(n-1) \cdot \hat{\sigma}_x \cdot \hat{\sigma}_y} = \frac{1}{n-1} \cdot \sum_{i=1}^{n}\left(\frac{x_i - \bar{x}}{\hat{\sigma}_x} \cdot \frac{y_i - \bar{y}}{\hat{\sigma}_y}\right)$$

Der Korrelationskoeffizient r ist ein standardisiertes Maß für den Zusammenhang zweier Variablen.

▶ Video »Kovarianz und Produkt-Moment-Korrelation« auf http://www.lehrbuch-psychologie.de

Definition der Produkt-Moment-Korrelation

Der Korrelationskoeffizient kann nur Werte im Bereich von –1 bis +1 annehmen.

Die Quotienten in der Klammer entsprechen der Formel für die z-Standardisierung (▶ Abschn. 1.4). Die z-Standardisierung übernimmt dabei die Funktion, die unterschiedlichen Streuungen der beiden Verteilungen aus der Kovarianz herauszurechnen. Die Korrelation ist also im Grunde genommen nichts anderes als die Kovarianz zweier z-standardisierter Variablen mit dem Mittelwert 0 und der Streuung 1:

$$r = \frac{\sum\limits_{i=1}^{n}(z_{xi}-0)\cdot(z_{yi}-0)}{n-1} = cov(z_{xi}, z_{yi})$$

Um die Korrelation im Rechenbeispiel zum Zusammenhang von Extraversion und Humor bestimmen zu können, müssen zuerst die Merkmalsstreuungen $\hat{\sigma}_x$ und $\hat{\sigma}_y$ berechnet werden:

$$\hat{\sigma}_x = 5{,}95 \quad \text{und} \quad \hat{\sigma}_y = 6{,}98$$

Daraus folgt für den Korrelationskoeffizienten:

$$r_{xy} = \frac{cov(x,y)}{\hat{\sigma}_x \cdot \hat{\sigma}_y} = \frac{22{,}14}{5{,}95 \cdot 6{,}98} = 0{,}53$$

Selbstverständlich resultiert dasselbe Ergebnis, wenn wir die Messwerte vorher z-standardisieren und anschließend die Kovarianz der z-Werte bilden.

Wie ist das empirische Ergebnis von $r = 0{,}53$ zu interpretieren? Ab welcher Höhe eine Korrelation zwischen zwei Variablen als inhaltlich bedeutsam angesehen werden kann, hängt stark vom jeweiligen Forschungsgegenstand ab. Weiterhin spielt es eine Rolle, ob die Untersuchung Labor- oder Feldcharakter hat. Allgemein werden bei Laborexperimenten wegen der Kontrollierbarkeit von Störeinflüssen höhere Zusammenhänge erwartet, wohingegen bei Feldstudien der Anspruch an die Höhe der Korrelation in der Regel niedriger ist.

Aus der ermittelten Korrelation in unserem Beispiel von $r = 0{,}53$ schließen wir vorerst, dass der in der Untersuchung gefundene Zusammenhang zwischen Extraversion und Humor zumindest deskriptiv stark von null verschieden ist. Ein Signifikanztest dieser Korrelation folgt weiter unten.

Der Korrelationskoeffizient r macht den Anschein, als wäre er als Prozentmaß des Zusammenhangs zu verstehen, etwa dergestalt, dass eine Korrelation von 0,8 einen doppelt so hohen Zusammenhang beschreibt wie eine Korrelation von 0,4. Aussagen diesen Typs sind aber mit Korrelationswerten nicht zulässig, da die hierfür erforderliche Äquidistanz nicht gegeben ist. Allerdings macht sich dies erst bei hohen Korrelationen rechnerisch bemerkbar. Für viele Anwendungen ist die Korrelation daher ein äußerst nützlicher Kennwert und wird auch überall in den Sozialwissenschaften sehr häufig eingesetzt. Sie ist aber kein perfektes Maß, wenn es darum geht, Korrelationen aus verschiedenen Untersuchungen miteinander zu vergleichen und zusammenzufassen. Eine Möglichkeit, mit diesem Problem umzugehen, ist die Fishers Z-Transformation. Ihre Erklärung folgt in ▶ Abschn. 4.1.4.

Exkurs: Korrelation und Kausalität

An dieser Stelle sei darauf hingewiesen, dass man eine Korrelation nicht vorschnell als Beweis für Kausalitätsbeziehungen betrachten darf. Ist eine Korrelation zwischen zwei Variablen vorhanden, so sagt diese noch nichts über zugrunde liegende Ursache-Wirkungs-Beziehungen zwischen den beteiligten Merkmalen aus. Grundsätzlich sind mehrere Möglichkeiten denkbar:

Variable x verursacht Variable y oder umgekehrt Variable y bewirkt Variable x. Ein viel zitiertes Beispiel bilden die empirisch ermittelten Zusammenhänge zwischen dem Konsum gewaltverherrlichender Filme und erhöhter Aggressionsbereitschaft der Filmkonsumenten. Führt die Darstellung von Gewalt in den Medien zu erhöhter Ag-

Die Korrelation entspricht der Kovarianz zweier z-standardisierter Variablen.

Der Korrelationskoeffizient ist nicht intervallskaliert. Er ist demnach nicht als Prozentmaß des Zusammenhangs interpretierbar.

Ein bestehender Zusammenhang gibt keine Auskunft über etwaige Kausalitätsrelationen zwischen den untersuchten Merkmalen.

gressionsbereitschaft, oder sehen sich aggressive Kinder einfach lieber aggressive Filme an? Nicht immer ist klar, in welche Richtung die Kausalität verläuft.

Darüber hinaus ist eine hohe Korrelation kein Garant dafür, dass überhaupt ein direkter ursächlicher Zusammenhang zwischen den untersuchten Merkmalen besteht. Beide Variablen x und y können von einer dritten gemeinsamen Ursache abhängen. Dieses Phänomen wird als Scheinkorrelation bezeichnet. So nahmen beispielsweise nach dem 1. Weltkrieg in Deutschland sowohl die Anzahl der Störche als auch die Geburtenrate ab. Hier einen direkten Zusammenhang zu vermuten, ist offensichtlich falsch. Plausibler ist es, beide Rückgänge als Folgen der zunehmenden Industrialisierung zu erklären (vgl. ▶ Abschn. 4.1.11).

Es sollte deutlich geworden sein, dass ein korrelativer Zusammenhang nicht als Beweis für kausale Abhängigkeit angesehen werden darf. Auch hier gilt, dass die Mathematik nicht in der Lage ist, zwischen sinnvollen und unsinnigen Aussagen zu unterscheiden. Letztendlich ist es dem Forscher selbst auferlegt, unter den möglichen Erklärungen die treffendste auszuwählen.

> Eine Scheinkorrelation tritt auf, wenn zwei Variablen von einer dritten gemeinsamen Ursache abhängen.

4.1.4 Die Fishers *Z*-Transformation

Liegen zu einem untersuchten Merkmalszusammenhang mehrere Ergebnisse in Form von Korrelationen vor, so ist es sinnvoll, einen Mittelwert aus den Einzelergebnissen zu bilden. Ein Mittelwert aus mehreren Korrelationen ist aber stets mit einem Fehler behaftet, da Korrelationskoeffizienten nicht intervallskaliert sind. Dieses Problem löst die Fishers *Z*-Transformation. Sie ist unter keinen Umständen mit der *z*-Standardisierung aus ▶ Abschn. 1.4 zu verwechseln. Die Aufgabe dieser Transformation ist es, Korrelationen in annähernd intervallskalierte Werte zu überführen, sodass die Bildung des arithmetischen Mittels zulässig ist. Dazu sind drei Schritte notwendig:

1. Transformation der einzelnen Korrelationen in Fishers *Z*-Werte
2. Bildung des arithmetischen Mittels der Fishers *Z*-Werte
3. Rücktransformation des arithmetischen Mittels der Fishers *Z*-Werte in eine Korrelation

> Die Fishers *Z*-Transformation bildet Korrelationen annähernd auf Intervallskalenniveau ab.
>
> Für die Berechnung eines Mittelwerts von Korrelationen sollten diese vorher in Fishers *Z*-Werte transformiert werden.

Die Berechnungsvorschrift zur Transformation der Korrelationen in Fishers *Z*-Werte lautet:

$$Z = \frac{1}{2} \cdot \ln\left(\frac{1+r}{1-r}\right)$$

Zur Vereinfachung der Berechnung sind in der ▶ Tabelle D im Anhang A2 für verschiedene Korrelationswerte die entsprechenden Fishers *Z*-Werte eingetragen. Aus den Fishers *Z*-Werten kann dann ein Mittelwert gebildet werden.

Die Rücktransformation des Mittelwerts der Fishers *Z*-Werte in eine mittlere Korrelation folgt der Berechnungsvorschrift:

$$\bar{r} = \frac{e^{2 \cdot \bar{Z}} - 1}{e^{2 \cdot \bar{Z}} + 1}$$

▶ Tabelle D im Anhang A2

▶ Tabelle D im Anhang A2

Ein praktischer Hinweis zur Formel: e ist der Index für die Eulersche Zahl (2,7182818). Die Funktion ex ist auf den meisten Taschenrechnern als »Invers«- bzw. »Shift«-Funktion zur ln-Funktion zu finden. Wer die Rechenarbeit scheut, sei auf ▶ Tabelle D im Anhang A2 verwiesen. In Microsoft Excel können die Transformationen mit den Befehlen »Fisher« und »FisherINV« durchgeführt werden.

Fishers *Z*-Werte sind zwar annähernd intervallskaliert, ihr Wertebereich ist im Gegensatz zu dem der Korrelation aber nicht begrenzt (er geht gegen unendlich). Somit stellen auch sie kein prozentuales Maß für den Zusammenhang zweier Variablen dar.

Der Wertebereich der Fishers
Z-Werte ist nicht begrenzt.

Noch einmal: Korrelationen sind nicht äquidistant, Unterschiede können streng genommen nur als Größer-Kleiner-Relationen interpretiert werden. Fishers Z-Werte dagegen sind nahezu äquidistant, es lassen sich Mittelwerte bilden und die Größe von Abständen interpretieren.

Die Fishers Z-Transformation eignet sich neben der Produkt-Moment-Korrelation auch für die punktbiseriale (▶ Abschn. 4.2.1) und die Rangkorrelation (▶ Abschn. 4.2.2).

Beispiel: Der Forscher aus der obigen Untersuchung ($r_1 = 0,53$) führt diese Studie noch zwei weitere Male durch, um ein valideres Ergebnis zu erhalten. Dabei findet er die Korrelationen $r_2 = 0,47$ und $r_3 = 0,64$. Wie lautet der Mittelwert aus den drei Korrelationen?

Schritt 1

▶ Tabelle D im Anhang A2

Transformation der Korrelationen in Fishers Z-Werte (vgl. ▶ Tabelle D im Anhang A2):
$$r_1 = 0,53 \rightarrow Z_1 = 0,59$$
$$r_2 = 0,47 \rightarrow Z_2 = 0,51$$
$$r_3 = 0,64 \rightarrow Z_3 = 0,76$$

Schritt 2
Bildung des Mittelwerts aus den drei Fishers Z-Werten:
$$\bar{Z} = 0,62$$

Schritt 3
Rücktransformation dieses Mittelwerts anhand der Formel oder mithilfe der ▶ Tabelle D im Anhang A2 in eine Korrelation.

▶ Tabelle D im Anhang A2

$$\bar{r} = \frac{e^{2 \cdot 0,62} - 1}{e^{2 \cdot 0,62} + 1} = 0,55$$

Die mittlere Korrelation aus den drei Studien beträgt 0,55.

4.1.5 Signifikanz von Korrelationen

Es wird geprüft, mit welcher Wahrscheinlichkeit eine empirische Korrelation aus einer Population mit einer Korrelation von null stammt.

Der Signifikanztest für Korrelationen verläuft analog zum t-Test.

Auch die Korrelation lässt sich einem Signifikanztest unterziehen. Dieser verläuft analog zum t-Test (▶ Abschn. 3.1) mit einem Unterschied: Der Stichprobenkennwert der Testverteilung besteht aus der Korrelation zweier Stichproben und nicht aus einer Mittelwertsdifferenz (▶ Abschn. 3.1.1). Die Nullhypothese des Signifikanztests für Korrelationen besagt, dass eine empirisch ermittelte Korrelation r zweier Variablen aus einer Grundgesamtheit stammt, in der eine Korrelation ρ (Rho) von null besteht. Die Alternativhypothese behauptet, dass die tatsächliche Korrelation der Population von null verschieden ist. Das Hypothesenpaar lautet:

Statistische Hypothesen der Korrelation

$$H_0: \rho = 0$$
$$H_1: \rho \neq 0$$

Auch bei Korrelationen ist das gerichtete Testen von Hypothesen möglich. Dafür muss die Richtung des postulierten Zusammenhangs a priori feststehen (▶ Abschn. 3.2). Das Hypothesenpaar verändert sich dadurch entsprechend.

Aus ▶ Abschn. 3.1.3 ist die zugehörige Prüfstatistik, die t-Verteilung (▶ Tabelle B im Anhang A2), bereits bekannt. Der t-Wert aus der empirischen Korrelation r und dem Stichprobenumfang N lässt sich wie folgt berechnen:

Definition des t-Werts für die Korrelation

▶ Tabelle B im Anhang A2

Freiheitsgrade: df = N − 2

$$t_{df} = \frac{r \cdot \sqrt{N - 2}}{\sqrt{1 - r^2}} \text{ mit } df = N - 2$$

N: Anzahl der Versuchspersonen
df: Freiheitsgrade

Diese Formel zur Überführung eines empirischen Korrelationskoeffizienten in einen t-Wert gilt für alle in ▶ Abschn. 4.1 besprochenen Arten von Korrelationen gleichermaßen.

Für den Signifikanztest gilt, dass gegen ein vorher festgelegtes Fehlerniveau α bzw. gegen einen kritischen t-Wert getestet wird. Übertrifft der empirische t-Wert diese Grenzmarke, so ist die Korrelation statistisch signifikant. Die Nullhypothese wird abgelehnt, die Alternativhypothese angenommen.

Beispiel: Ein Forscher vermutet einen positiven Zusammenhang zwischen Intelligenz und Kreativität. In einer Untersuchung ergibt sich bei einer Stichprobe von 20 Probanden eine Korrelation von $r = 0,41$. Ist diese Korrelation auf dem 5%-Niveau statistisch bedeutsam (einseitiger Test)?

Der zugehörige t-Wert berechnet sich zu:

$$t_{\mathrm{df}=18} = \frac{0,41 \cdot \sqrt{20-2}}{\sqrt{1-0,41^2}} = 1,907$$

Aus ▶ Tabelle B im Anhang A2 lässt sich der kritische t-Wert von $t_{krit\,(df\,=\,18)} = 1,734$ entnehmen. Die Korrelation ist folglich knapp signifikant.

▶ Tabelle B im Anhang A2

In wissenschaftlichen Publikationen werden Sie häufig die Angabe von Korrelationskoeffizienten verbunden mit den entsprechenden Freiheitsgraden finden. Wie oben erläutert, berechnen sich diese nach $df = N - 2$. Die Korrelation aus dem Beispiel zum Zusammenhang zwischen Intelligenz und Kreativität würde vollständig wie folgt angegeben: $r(18) = 0,41$.

In den ergänzenden Dateien zu diesem Buch finden Sie Erläuterungen zu der Frage, wie Sie die Berechnung einer bivariaten Korrelation in SPSS durchführen können.

▶ Berechnung einer bivariaten Korrelation mit SPSS auf http://www.lehrbuch-psychologie.de

4.1.6 Konfidenzintervall für eine Korrelation

Die Bestimmung des Konfidenzintervalls für eine Korrelation läuft analog zu der Bestimmung beim Mittelwert ab (▶ Abschn. 2.3). Dabei ist zu beachten, dass Korrelationen in ihrer Grundverteilung nicht normalverteilt sind. Sie lassen sich jedoch durch die Fishers Z-Transformation (▶ Abschn. 4.1.4) annähernd in eine Normalverteilung überführen. Unter Zuhilfenahme der Formel für die Standardabweichung von Fishers Z-Werten lässt sich so ein symmetrisches Konfidenzintervall um den zugehörigen Fishers Z-Wert der Korrelation bilden. Die ermittelten Grenzwerte können anschließend per Rücktransformation in r-äquivalente Grenzwerte überführt werden. Diese sind dann natürlich nicht mehr symmetrisch um r angeordnet.

Beispiel: Wie lautet das 95%-Konfidenzintervall für $r = 0,55$ ($N = 120$)?

Schritt 1
r in Fishers Z umwandeln:

$$r_Z = \frac{1}{2}\ln\left(\frac{1+r}{1-r}\right) = \frac{1}{2}\ln\left(\frac{1+0,55}{1-0,55}\right) = 0,62$$

Schritt 2
Standardfehler für Fishers Z berechnen:

$$\sigma_Z = \sqrt{\frac{1}{n-3}} = \sqrt{\frac{1}{120-3}} = 0,092$$

Schritt 3

Konfidenzintervall um Z bestimmen: Ein Konfidenzintervall von 95 % wird durch einen Bereich von 1,96 Standardfehlereinheiten (▸ Abschn. 2.3.2) um den Z-Wert herum aufgespannt.

$$\text{untere Grenze:} \quad Z + z_{(\alpha/2)} \cdot \sigma_Z = 0{,}62 - 1{,}96 \cdot 0{,}092 = 0{,}440$$
$$\text{obere Grenze:} \quad Z + z_{(\alpha/2)} \cdot \sigma_Z = 0{,}62 + 1{,}96 \cdot 0{,}092 = 0{,}800$$

Schritt 4

Rücktransformation der Fishers Z-Werte in Korrelationen:

$$r_{untere\ Grenze} = \frac{e^{2Z} - 1}{e^{2Z} + 1} = \frac{e^{2 \cdot 0{,}440} - 1}{e^{2 \cdot 0{,}440} + 1} = 0{,}414$$

$$r_{obere\ Grenze} = \frac{e^{2Z} - 1}{e^{2Z} + 1} = \frac{e^{2 \cdot 0{,}800} - 1}{e^{2 \cdot 0{,}800} + 1} = 0{,}664$$

Das 95%-Konfidenzintervall um die empirische Korrelation 0,55 (bei $N = 120$) beträgt [0,414; 0,664]. Die gefundene Stichprobenkorrelation stammt mit einer Wahrscheinlichkeit von 95 % aus einer Populationskorrelation in diesem Bereich.

4.1.7 Effektstärke

Korrelationen können als Effektstärkenmaße interpretiert werden.

Da eine Korrelation an den Streuungen der beteiligten Variablen standardisiert ist (vgl. ▸ Abschn. 4.1.3), kann man die Korrelation r als ein Effektstärkenmaß interpretieren. Allerdings empfiehlt es sich aufgrund der fehlenden Äquidistanz zur besseren Vergleichbarkeit Fishers Z-transformierte Korrelationen zu verwenden (Rosenthal, 1994).

Konventionen von Cohen (1988) für die Einordnung des Korrelationskoeffizienten r:
– kleiner Effekt: $r = 0{,}10$
– mittlerer Effekt: $r = 0{,}30$
– großer Effekt: $r = 0{,}50$

Cohen (1988) hat auch für die Einordnung von Korrelationskoeffizienten r Konventionen vorgeschlagen. Diese finden besonders dann Anwendung, wenn die Bewertung des empirischen Ergebnisses aufgrund vorangegangener Forschung und/oder inhaltlicher Überlegungen schwerfällt.

Der Determinationskoeffizient r^2 gibt an, wie viel Prozent Varianz der einen Variable durch die andere aufgeklärt wird.

Ein alternatives Effektstärkenmaß ist der sogenannte Determinationskoeffizient r^2. Allerdings geht durch die Quadrierung die Information über die Richtung des Zusammenhangs (positiver vs. negativer Zusammenhang) verloren. Der Determinationskoeffizient steht für den Anteil der Varianz einer Variable, der durch die Varianz der anderen Variable aufgeklärt wird. In diesem Sinne ist r^2 auch als Effektstärkenmaß einer Korrelation zu verstehen. Je mehr Varianz die beiden untersuchten Variablen gemeinsam haben, je stärker sie also kovariieren, desto größer ist der Effekt. Im Gegensatz zu r liefert der Determinationskoeffizient r^2 intervallskalierte Werte und darf als Prozentmaß interpretiert werden.

Der Determinationskoeffizient ist ein Effektstärkenmaß für den Zusammenhang zweier Variablen.

Liefert eine empirische Untersuchung einen Korrelationskoeffizienten von $r = 0{,}50$ zwischen den Variablen A und B, so liegt der Determinationskoeffizient bei $r^2 = 0{,}25$. Dieser Wert ist so zu interpretieren, dass die Variable B 25 % der Varianz von Variable A aufklärt. 75 % der Varianz werden durch andere Faktoren verursacht.

r^2 nimmt stets kleinere Werte an als r (abgesehen von $r = r^2 = 1$). Deshalb müssen die Korrelationskoeffizienten groß sein, um für einen beträchtlichen Anteil der Varianz aufkommen zu können. Beispielsweise ist eine Beziehung von $r = \pm 0{,}71$ notwendig, um die Hälfte der Varianz der beiden Merkmale erklären zu können. Der Gültigkeitsbereich des Determinationskoeffizienten r^2 als Effektstärkenmaß bleibt nicht auf die Produkt-Moment-Korrelation beschränkt, sondern gilt für alle in diesem Abschnitt behandelten Korrelationstechniken gleichermaßen. Zusätzlich ist er ein Gütemaß für die lineare Regression. In ▸ Abschn. 4.3.8 folgt seine Darstellung aus regressionsanalytischer Sicht.

4.1.8 Teststärkeanalyse

Analog zur Teststärkebestimmung beim *t*-Test (vgl. ▸ Abschn. 3.4.1) lässt sich für die Korrelationsrechnung die Wahrscheinlichkeit bestimmen, in einer Untersuchung einen Effekt einer bestimmten Stärke zu finden, falls er tatsächlich existiert. Wie wir aus dem vorangegangenen Abschnitt bereits wissen, ist *r* bzw. r^2 bereits als Effektstärke interpretierbar. Die Bestimmung der Teststärke kann entweder mithilfe des Nonzentralitätsparameters λ (und den dazugehörigen TPF-Tabellen, ▸ Tabelle C im Anhang A2) erfolgen oder bequem mithilfe von G*Power. Der Nonzentralitätsparameter berechnet sich dabei wie folgt:

▸ Tabelle C im Anhang A2

$$\lambda_\alpha = \frac{r^2}{1-r^2} \cdot N$$

Berechnung des Nonzentralitäts-parameters λ für eine Korrelation.

Wie groß ist die Wahrscheinlichkeit, eine positive Korrelation mittlerer Stärke (*r* = 0,3) in einer Untersuchung mit 100 Versuchsteilnehmern bei einem α-Fehler von 5 % zu entdecken?

$$\lambda_{\alpha=0,05} = \frac{0,3^2}{1-0,3^2} \cdot 100 = 9,89$$

Aus TPF-Tabelle 7 (▸ Tabelle C im Anhang A2, einseitiger Test; FG(Z) = 1) ergibt sich für λ = 9,89 eine Teststärke von 0,925 < 1 – β < 0,95. Ein mittlerer Effekt lässt sich also mit sehr hoher Wahrscheinlichkeit bei diesem Stichprobenumfang nachweisen. Eingegeben in G*Power ergibt sich ein exakter Wert von 1 – β = 0,9303. G*Power gibt allerdings den Nonzentralitätsparameter δ an. δ ist die Wurzel aus λ.

▸ Tabelle C im Anhang A2

4.1.9 Stichprobenumfangsplanung

Um zu ermitteln, wie viele Versuchspersonen nötig sind, um mit einer bestimmten Teststärke einen a priori angenommenen Effekt *r* bzw. r^2 zu entdecken, wird obige Formel nach *N* aufgelöst:

$$N = \frac{\lambda_{\alpha;\text{Teststärke}}}{\frac{r^2}{1-r^2}}$$

Bestimmung des optimalen Stich-probenumfangs für eine Korrelation

Wie viele Probanden werden benötigt, um eine vermutete Populationskorrelation von *r* = –0,20 mit einer Teststärke von 80 % bei einem α von 0,10 nachzuweisen? Aus TPF-Tabelle 9 (▸ Tabelle C im Anhang, einseitiger Test) resultiert ein λ von 4,5. Daraus ergibt sich der benötigte Stichprobenumfang von:

$$N = \frac{\lambda_{\alpha=0,1;1-\beta=80\%}}{\frac{r^2}{1-r^2}} = \frac{4,5}{\frac{(-0,2)^2}{1-(-0,2)^2}} = 108$$

▸ Tabelle C im Anhang A2

Unter den obigen Vorgaben ergibt sich ein optimaler Stichprobenumfang von 108 Versuchspersonen.

4.1.10 Stichprobenfehler

Bei der Rekrutierung einer Stichprobe ist zwingend darauf zu achten, dass sie für die interessierende Population repräsentativ ist. Gilt dies nicht, so verbietet sich eine Übertragung der durch die Stichprobe gewonnenen Ergebnisse auf die Population. Jede irgendwie geartete Selektion kann entscheidenden Einfluss auf die Ergebnisse und

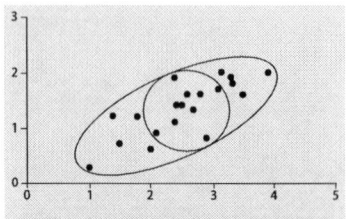

◻ Abb. 4.4 Positive Populationskorrelation, Nullkorrelation in der Stichprobe

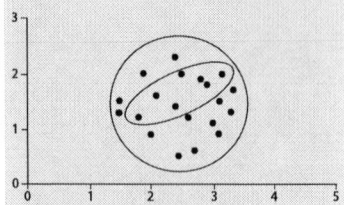

◻ Abb. 4.5 Nullkorrelation in der Population, positive Korrelation in der Stichprobe

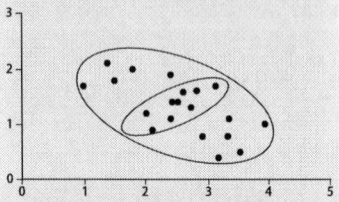

◻ Abb. 4.6 Negative Populationskorrelation, positive Korrelation in der Stichprobe

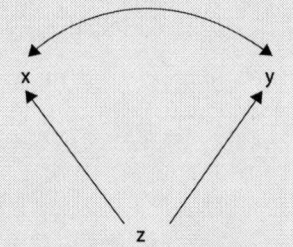

◻ Abb. 4.7 Erhöhung des gemeinsamen Anteils an der Gesamtvarianz zwischen *x* und *y* durch die Variable *z*

Die Partialkorrelation kann eingesetzt werden, um einen Scheinzusammenhang aufzudecken.

damit auf die Schlussfolgerungen nehmen. Auf diese Weise entstehen leicht folgenreiche Fehlinterpretationen.

Beispielsweise ist es möglich, dass bei der Zusammenstellung einer Stichprobe nicht die gesamte Variationsbreite der Population berücksichtigt wurde. Dadurch kann die Erkenntnis über den real existierenden Zusammenhang verloren gehen. Die in ◻ Abb. 4.4 gezeigte Stichprobe (dicke Umrandung) deutet auf eine Nullkorrelation hin, während in der Population ein positiver Zusammenhang zwischen den beiden Merkmalen herrscht. In der Regel führt eine eingeschränkte Varianz bezüglich eines Merkmals in der untersuchten Stichprobe dazu, dass der wahre Zusammenhang zwischen beiden Merkmalen auf Populationsebene unterschätzt wird.

Auch andere Fälle sind vorstellbar: Eine Nullkorrelation auf Populationsebene, aber durchaus bedeutsame Zusammenhänge für einzelne Subgruppen (◻ Abb. 4.5) oder sogar Fälle, bei denen der Zusammenhang in der Stichprobe entgegengesetzt zum Zusammenhang in der Population verläuft (◻ Abb. 4.6).

Auch der Signifikanztest einer Korrelation kann das Problem selektiver Stichproben nicht lösen. Umso wichtiger ist es, schon bei der Planung einer Untersuchung auf mögliche Verzerrungen der Stichprobe zu achten und diesen vorzubeugen.

4.1.11 Die Partialkorrelation

Der Exkurs Korrelation und Kausalität (▶ Abschn. 4.1.3) hat darauf hingewiesen, dass eine Korrelation zwischen zwei Merkmalen nicht einfach als Indiz für einen kausalen Zusammenhang (*x* beeinflusst *y* oder *y* beeinflusst *x*) interpretiert werden darf. Denn prinzipiell besteht immer die Möglichkeit, dass eine dritte gemeinsame Variable *z* für den Zusammenhang von *x* und *y* verantwortlich ist (◻ Abb. 4.7).

Ein anschauliches Beispiel hierfür ist der positive Zusammenhang zwischen der Anzahl der Feuerwehrleute, die einen Hausbrand bekämpfen, auf der einen und der Höhe des Sachschadens, der bezahlt werden muss, auf der anderen Seite. Hieraus zu schlussfolgern, dass die Feuerwehrleute den resultierenden Sachschaden kausal verursachen, wäre nicht nur respektlos gegenüber der Feuerwehrzunft, sondern auch unwissenschaftlich. Plausibler ist die Annahme, dass die Anzahl der Feuerwehrleute und die Höhe des Sachschadens nur deshalb miteinander kovariieren, weil sie beide von einer gemeinsamen Ursache abhängen: der Schwere des Brandes.

Eine positive oder negative Korrelation zwischen zwei Variablen *x* und *y*, die nicht auf einen direkten Zusammenhang zwischen beiden, sondern auf eine dritte Variable *z* zurückzuführen ist, heißt auch Scheinkorrelation. Eine Einsatzmöglichkeit der Partialkorrelation ist es, genau diesen »versteckten« Einfluss einer dritten Variablen auf die Merkmale *x* und *y* herauszufiltern und somit den »wahren«, in diesem Fall geringeren Zusammenhang zwischen beiden Variablen aufzudecken. In der Sprache der Statistik sagt man auch, dass die Drittvariable *z* aus *x* und *y* herauspartialisiert wird. Daher der Name dieser Korrelationstechnik. Weitere Bezeichnungen lauten bedingte Korrelation oder Korrelation erster Ordnung, im Gegensatz zur oben dargestellten bivariaten Korrelation nullter Ordnung.

Berechnet wird die Partialkorrelation erster Ordnung anhand einer auf den ersten Blick komplexen Formel, in die die bivariaten Korrelationen nullter Ordnung zwischen den Variablen *x*, *y* und *z* eingehen.

Diejenige Variable, die auspartialisiert wird, wird mit einem senkrechten Strich (|), einem Punkt oder einem Komma im Index der Korrelation abgetrennt.

$$r_{xy|z} = \frac{r_{xy} - r_{yz} \cdot r_{xz}}{\sqrt{(1 - r_{yz}^2) \cdot (1 - r_{xz}^2)}}$$

$r_{xy|z}$: Partialkorrelation der beiden interessierenden Merkmale
r_{xy}: Korrelation nullter Ordnung der beiden interessierenden Merkmale
$r_{xz}; r_{yz}$: Korrelation von x und y mit der Drittvariablen z

Demnach lautet die brennende Frage: Verringert sich der empirische Zusammenhang zwischen der Größe des Feuerwehreinsatzes und dem Schaden, wenn die Schwere des Feuers herauspartialisiert wird? Ein Feuerwehrhauptmann führt zu diesem Zweck Buch über zehn Einsätze, wobei er die Schwere des Brandes zum Zeitpunkt des Eintreffens der Feuerwehr auf einer Skala von 1 bis 10 selbst einschätzt und später von den Versicherungen Angaben über die tatsächlich entstandenen Sachschäden einholt. Aus den gesammelten Daten (Tab. 4.2) lassen sich die drei bivariaten Korrelationen ermitteln:

$$r_{xy} = 0{,}632 \ (p = 0{,}050)$$
$$r_{xz} = 0{,}720 \ (p = 0{,}019)$$
$$r_{yz} = 0{,}803 \ (p = 0{,}005)$$

Eingesetzt in obige Formel ergibt sich eine Partialkorrelation von:

$$r_{xy|z} = \frac{0{,}632 - 0{,}720 \cdot 0{,}803}{\sqrt{(1 - 0{,}720^2) \cdot (1 - 0{,}803^2)}} = \frac{0{,}05384}{\sqrt{0{,}1711}} = 0{,}130$$

Die Korrelation zwischen der Anzahl der Feuerwehrleute und dem Sachschaden verringert sich erheblich von 0,632 auf 0,130, wenn der Einfluss der Schwere des Brandes herauspartialisiert wird. Bei diesem Zusammenhang handelt es sich somit weitgehend um einen Scheinzusammenhang.

Die Signifikanz einer Partialkorrelation kann über den t-Test mithilfe folgender Prüfgröße beurteilt werden:

$$t_{df} = r_{xy|z} \cdot \sqrt{\frac{N - 2}{1 - r_{xy|z}^2}}$$

Die Freiheitsgrade ergeben sich zu $df = N - 3$.

In unserem Beispiel ergibt sich ein t-Wert von $t_{df=7} = 0{,}37$ für die Partialkorrelation (bitte nachrechnen). Bei 7 Freiheitsgraden lautet die zugehörige Wahrscheinlichkeit unter der Nullhypothese $p = 0{,}72$ (zweiseitiger Test). Während die Korrelation nullter Ordnung signifikant war, ist die um die Schwere des Brandes bereinigte Partialkorrelation erster Ordnung statistisch nicht mehr signifikant.

Bislang haben wir lediglich den Fall einer Scheinkorrelation besprochen. Dabei ist die Partialkorrelation im Betrag geringer als die Korrelation nullter Ordnung. Als zweiter Fall ist aber auch denkbar, dass die Partialkorrelation größer ist als die Korrelation nullter Ordnung. Dieser Fall tritt ein, wenn die Drittvariable z mit einer der beiden Variablen, sagen wir x, unkorreliert, mit der anderen Variable y dagegen hoch korreliert ist. In diesem Fall ist der Zähler der Formel zur Berechnung der Partialkorrelation gleich der Korrelation r_{xy}. Im Nenner steht jedoch ein Wert kleiner als eins, sodass die resultierende Partialkorrelation gegenüber r_{xy} erhöht ist. Die Variable z wird in diesem Fall auch als Suppressorvariable bezeichnet, da sie den wahren Zusammenhang zwischen x und y »unterdrückt«. Wird z aus y herauspartialisiert, wird y um einen für den Zusammenhang mit x irrelevanten Varianzanteil bereinigt. Dadurch steigt der Anteil gemeinsamer Varianz zwischen x und y an der verbliebenen Varianz von y.

Berechnung einer Partialkorrelation erster Ordnung

 Tab. 4.2 Datenbeispiel für den Zusammenhang zwischen der Anzahl der Feuerwehrleute, dem Schaden in Euro und der Schwere des Brands

Feuerwehr-leute	Schaden in Euro	Brand
7	60.000	4
8	85.000	5
10	40.000	2
10	35.000	5
11	120.000	7
11	60.000	3
12	90.000	4
12	75.000	7
14	150.000	9
16	120.000	10

Signifikanzprüfung einer Partialkorrelation

Die Partialkorrelation kann auch die Wirkung einer Suppressorvariablen aufheben, die den wahren Zusammenhang zwischen zwei Merkmalen unterdrückt.

Drittens kann es sein, dass Korrelation und Partialkorrelation sich überhaupt nicht unterscheiden, dann nämlich, wenn die vermeintliche Drittvariable mit beiden interessierenden Variablen x und y unkorreliert ist. In diesem Fall reduziert sich die Formel der Partialkorrelation zur Korrelation zwischen x und y:

$$r_{xy|z} = \frac{r_{xy} - r_{yz} \cdot r_{xz}}{\sqrt{(1 - r_{yz}^2) \cdot (1 - r_{xz}^2)}} = \frac{r_{xy} - 0}{\sqrt{(1-0) \cdot (1-0)}} = r_{xy}$$

Zusammengefasst bietet die Partialkorrelation die Möglichkeit, den Zusammenhang zweier Variablen um den Einfluss möglicher Störvariablen statistisch zu bereinigen. So lässt sich der »wahre« Zusammenhang beider Variablen ermitteln. Die Partialkorrelation ist in all den Fällen einsetzbar, in denen eine begründete Vermutung über eine mögliche einflussreiche Drittvariable besteht. Allerdings ist dafür natürlich auch die Erfassung dieser Drittvariable für jede Beobachtungseinheit notwendig. In manchen Untersuchungen ist dies nur mit sehr viel Aufwand oder gar nicht möglich. Deshalb bedient sich die Experimentalpsychologie häufig der versuchsplanerischen Methode der Konstanthaltung oder Elimination von Störvariablen. In der klinischen Psychologie etwa gibt es Fragestellungen, bei denen der Hungerzustand der Versuchspersonen einen Einfluss auf die abhängige Variable nehmen kann, z. B. Essverhalten. In solchen Fällen bietet es sich an, alle Versuchspersonen zu bitten, vor der Untersuchung eine bestimmte Zeit keine Nahrung zu sich zu nehmen. Ist dies, aus welchen Gründen auch immer, nicht möglich, kann der Hungerzustand der Versuchspersonen in der Untersuchung erfasst werden. Später lässt sich dann mithilfe der Partialkorrelation der Einfluss des Hungers auf das Essverhalten herauspartialisieren. Ist also die Elimination oder Konstanthaltung von Störvariablen nicht möglich oder vor einer Untersuchung nicht bedacht, bietet auch in der Experimentalpsychologie die Partialkorrelation einen angemessenen Weg, mit Störvariablen umzugehen.

Das Verfahren der Partialkorrelation ist zudem sehr flexibel: Durch Erweiterung der Formel können auch mehrere Störvariablen gleichzeitig berücksichtig werden (sogenannte Partialkorrelationen höherer Ordnung) oder nur eine von zwei Variablen um den Einfluss einer Drittvariablen bereinigt werden (Semipartialkorrelation; zur Vertiefung siehe Bortz und Schuster, 2010, S. 344f.).

Die rechnerische Durchführung einer Partialkorrelation mit SPSS verläuft ähnlich wie die Berechnung einer bivariaten Korrelation nullter Ordnung. Näheres dazu erfahren Sie in den ergänzenden Dateien auf der Internetseite zum Buch.

▶ Durchführung einer Partialkorrelation mit SPSS auf http://www.lehrbuch-psychologie.de

4.2   Weitere Korrelationstechniken

Neben der in den Sozialwissenschaften häufig anzutreffenden Produkt-Moment-Korrelation für intervallskalierte Daten existieren eine Reihe weiterer Verfahren für verschiedene Kombinationen von Skalenniveaus (intervallskaliert, ordinal, nominal). Der folgende Abschnitt beschreibt zwei dieser Verfahren näher: die punktbiseriale Korrelation und die Rangkorrelation. Am Ende von Anhang A2 finden Sie eine Übersicht, die auf weitere Techniken verweist.

▶ Übersicht über die Korrelationstechniken am Ende von Anhang A2

4.2.1   Die punktbiseriale Korrelation

Die punktbiseriale Korrelation bestimmt den Zusammenhang zwischen einer dichotomen und einer intervallskalierten Variable.

Die punktbiseriale Korrelation ist das geeignete Verfahren, um den Zusammenhang zwischen einem intervallskalierten und einem dichotomen, nominalskalierten Merkmal zu bestimmen. Ein Merkmal ist dann dichotom, wenn es in genau zwei Ausprägungen auftreten kann. Als Beispiele seien das Geschlecht oder die Kategorien »Ausführen« und »Unterlassen« einer Handlung genannt. Die Formel für die punktbiseriale Korrelation lautet:

$$r_{pb} = \frac{\overline{y}_1 - \overline{y}_0}{\hat{\sigma}_y} \cdot \sqrt{\frac{n_0 \cdot n_1}{N^2}}$$

x :   dichotome Variable in den Ausprägungen x_0 und x_1 (nicht in der Formel)
y :   intervallskalierte Variable
$\overline{y}_0$:   Mittelwert der y-Werte in x_0
$\overline{y}_1$:   Mittelwert der y-Werte in x_1
n_0 :   Stichprobengröße in x_0
n_1 :   Stichprobengröße in x_1
N : $n_0 + n_1$ (Anzahl aller Untersuchungseinheiten)
$\hat{\sigma}_y$:   geschätzte Populationsstreuung aller y-Werte (▶ Abschn. 1.3)

Die Formel der punktbiserialen Korrelation hat zwar ein anderes Erscheinungsbild als die der Produkt-Moment-Korrelation, aber beide sind direkt ineinander überführbar. Obiger Ausdruck ergibt sich, wenn in die Berechnungsvorschrift der Produkt-Moment-Korrelation für das dichotome Merkmal die gewählten Kodierungen eingesetzt werden. Die distinkte Formel vereinfacht lediglich die Berechnung der Korrelation per Hand. Ebenso lässt sich die Kovarianz eines dichotomen mit einem intervallskalierten Merkmal durch Anwendung der Kovarianzformel in ▶ Abschn. 4.1.2 bestimmen.

Die punktbiseriale Korrelation hat wie der Korrelationskoeffizient der Produkt-Moment-Korrelation einen Wertebereich von –1 bis +1 (▶ Abschn. 4.1.3). Dabei steht $r =$ –1 für einen perfekten negativen und $r = +1$ für einen perfekten positiven Zusammenhang. Kein Zusammenhang besteht bei $r = 0$.

Die Formel ist so konzipiert, dass eine positive Korrelation dann resultiert, wenn die y-Werte unter x_0 im Durchschnitt kleiner sind als die y-Werte unter x_1, d.h., die Merkmalsausprägung nimmt von x_0 nach x_1 zu. Entsprechend resultiert eine negative punktbiseriale Korrelation, wenn die durchschnittlichen Merkmalsausprägungen der y-Werte in x_0 über den Ausprägungen in x_1 liegen.

Der zugehörige Signifikanztest erfolgt wie bei der Produkt-Moment-Korrelation über die t-Verteilung mit der Formel aus ▶ Abschn. 4.1.5:

$$t_{df} = \frac{r_{pb} \cdot \sqrt{N-2}}{\sqrt{1 - r_{pb}^2}} \quad \text{mit } df = N-2$$

N :   Anzahl der Versuchspersonen
df :   Freiheitsgrade

Betrachten wir als Beispiel den Zusammenhang zwischen Körpergröße und Geschlecht. In ◻ Tab. 4.3 ist die Körpergröße (in cm) von 13 Versuchspersonen (7 Frauen, 6 Männer) eingetragen. Die Mittelwerte der y-Werte belaufen sich auf 170 cm für die weiblichen, auf 179 cm für die männlichen Versuchspersonen und auf $y_{ges} = 174{,}15$ cm für die Gesamtstichprobe. Die geschätzte Populationsstreuung von y liegt bei 9,38 cm (bitte nachrechnen).

Nun lässt sich die punktbiseriale Korrelation berechnen.

$$r_{pb} = \frac{\overline{y}_1 - \overline{y}_0}{\hat{\sigma}_y} \cdot \sqrt{\frac{n_0 \cdot n_1}{N^2}} = \frac{179 - 170}{9{,}38} \cdot \sqrt{\frac{7 \cdot 6}{13^2}} = 0{,}48$$

Die punktbiseriale Korrelation zwischen der Körpergröße und dem Geschlecht beträgt $r_{pb} = 0{,}48$. Zwischen diesen beiden Merkmalen herrscht also ein Zusammenhang dergestalt, dass Männer größer sind als Frauen.

Die Richtung des Zusammenhangs lässt sich sowohl aus den Mittelwerten als auch aus dem Vorzeichen der Korrelation erschließen. Wären die Frauen mit y_1 und die Männer mit y_0 kodiert, so würde die negative Korrelation $r_{pb} = -0{,}48$ resultieren.

◻ **Tab. 4.3** Zusammenhang zwischen Körpergröße (in cm) und Geschlecht

Weiblich y_0	Männlich y_1
171	180
155	184
178	191
182	174
168	178
166	167
170	–

▶ Durchführung einer punktbiserialen Korrelation mit SPSS auf http://www.lehrbuch-psychologie.de

▶ Tabelle B im Anhang A2

▶ Zusammenhang von punktbiserialer Korrelation und t-Test anhand von SPSS-Outputs auf http://www.lehrbuch-psychologie.de

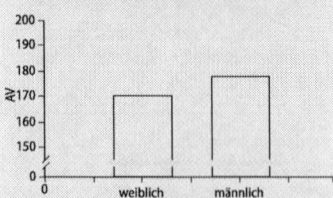

☑ **Abb. 4.8** Darstellung von Mittelwertsunterschieden beim t-Test

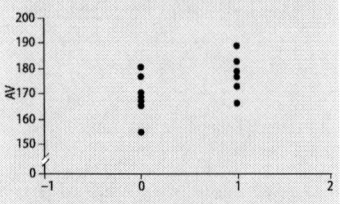

☑ **Abb. 4.9** Darstellung einer punktbiserialen Korrelation

Die Korrelation zweier rangskalierter Merkmale berechnet sich mit der Rangkorrelation nach Spearman.

Ist der gefundene Zusammenhang statistisch signifikant?

$$t_{df=11} = \frac{r_{pb} \cdot \sqrt{N-2}}{\sqrt{(1-r^2)}} = \frac{0{,}48 \cdot \sqrt{13-2}}{\sqrt{1-0{,}48^2}} = 1{,}81$$

Der kritische t-Wert für $\alpha = 0{,}05$ und $df = 11$ lautet $t_{krit} = 1{,}796$ (▶ Tabelle B im Anhang A2). Die Korrelation ist knapp signifikant. Informationen über die Durchführung einer punktbiserialen Korrelation in SPSS finden Sie auf der Internetseite zum Buch.

Punktbiseriale Korrelation und t-Test

Konzeptuell entsprechen sich punktbiseriale Korrelation und t-Test, mit nur einer Ausnahme: Korrelationen erfassen Zusammenhänge, der t-Test untersucht Mittelwertsunterschiede. Die Unterscheidung ist allerdings eine rein oberflächliche, wie die ☑ Abb. 4.8 und ☑ Abb. 4.9 zeigen. Die Daten stammen aus dem Beispiel im vorherigen Abschnitt. Aus den Abbildungen geht hervor, dass ein Mittelwertsvergleich, wie ihn der t-Test betreibt, ohne Einschränkungen auch als eine punktbiseriale Korrelation zu verstehen ist. Beide Konzepte sind direkt ineinander überführbar. Die Begründung dieser Zusammenhänge liegt im Allgemeinen Linearen Modell (ALM, vgl. Bortz und Schuster, 2010). Die ergänzende Datei zu diesem Kapitel auf der Internetseite zum Buch erläutert diesen Zusammenhang anhand von SPSS-Outputs. Zur Bestimmung der Teststärke und des optimalen Stichprobenumfangs siehe ▶ Abschn. 3.4.1 bzw. ▶ Abschn. 3.4.3.

4.2.2   Die Rangkorrelation

Zur Berechnung der Korrelation zweier ordinalskalierter Merkmale bietet sich die Rangkorrelation nach Spearman an. Der Rangkorrelationskoeffizient r_S stellt eine Analogie zur Produkt-Moment-Korrelation dar, wobei anstelle intervallskalierter Messwerte die jeweiligen Rangplätze der ordinalskalierten Daten eingesetzt werden. Die Rangkorrelation erfasst, inwieweit zwei Rangreihen systematisch miteinander variieren. Ihre Berechnungsvorschrift lautet:

$$r_s = 1 - \frac{6 \cdot \sum_{i=1}^{n} d_i^2}{N \cdot (N^2 - 1)}$$

d_i stellt die Differenz der Rangplätze einer Untersuchungseinheit i bezüglich der Variablen x und y dar, N die Anzahl der Untersuchungseinheiten.

Genau wie bei der Produkt-Moment-Korrelation erstreckt sich der Wertebereich der Rangkorrelation von –1 bei einem perfekten negativen Zusammenhang aufgrund einer gegenläufigen Reihenfolge bis +1 bei einem perfekten positiven Zusammenhang aufgrund einer identischen Reihenfolge.

Für $n \geq 30$ kann der Rangkorrelationskoeffizient durch den folgenden t-Test näherungsweise auf Signifikanz überprüft werden. Wieder hat der Test $df = N - 2$ Freiheitsgrade:

$$t_{df} = \frac{r_s \cdot \sqrt{N-2}}{\sqrt{1-r_s^2}}$$

Beispiel: Zehn Teilnehmer eines Karaoke-Wettbewerbs werden sowohl von einer fachkundigen Jury als auch von einer Laien-Jury aus dem Publikum bewertet und in eine Rangreihe gebracht (☑ Tab. 4.4).

Die Frage lautet, ob beide Parteien trotz unterschiedlicher Fachkenntnis zu einer vergleichbaren Einschätzung der Teilnehmer gelangen.

Tab. 4.4 Bewertungen von Kandidaten bei einem Karaoke-Wettbewerb von zwei Jurys			
Kandidaten-Nummer	Rangplatz x_i Experten-Jury	Rangplatz y_i Laien-Jury	$d_i = (x_i - y_i)$
1	8	6	2
2	10	10	0
3	3	1	2
4	1	4	–3
5	6	7	–1
6	7	9	–2
7	2	3	–1
8	5	2	3
9	9	8	1
10	4	5	–1

Eingesetzt in die Spearman-Rangkorrelations-Formel resultiert für r_s:

$$r_s = 1 - \frac{6 \cdot \sum_{i=1}^{n} d_i^2}{N \cdot (N^2 - 1)} = 1 - \frac{6 \cdot \left[2^2 + 0 + 2^2 + \ldots + (-1)^2\right]}{10 \cdot \left(10^2 - 1\right)} = 1 - \frac{204}{990} = 0,79$$

Die Ratings der Experten-Jury und der Laien-Jury korrelieren also stark miteinander. Ist die Korrelation statistisch signifikant?

$$t_{df=8} = \frac{r_s \cdot \sqrt{N-2}}{\sqrt{\left(1 - r_s^2\right)}} = \frac{0,79 \cdot \sqrt{10-2}}{\sqrt{\left(1 - 0,79^2\right)}} = \frac{2,23}{0,61} = 3,66$$

Der zugehörige t-Wert übertrifft den kritischen t-Wert von 1,860 ($\alpha = 0,05$; $df = 8$) bei Weitem. Dieses Beispiel hat allerdings lediglich rechnerischen Nutzen, denn die Anzahl der Untersuchungseinheiten reicht nicht aus, um eine zuverlässige Signifikanzprüfung durchführen zu können. Hier wäre eine vorangehende Stichprobenumfangsplanung notwendig.

Sollen eine intervallskalierte und eine ordinale Variable miteinander korreliert werden, so kann ebenfalls die Rangkorrelation verwendet werden. Hierzu ist es nötig, die Verteilung des intervallskalierten Merkmals als lediglich rangskalierte Daten zu betrachten. In diesem Sinne erfährt diese Variable eine Herabstufung des Skalenniveaus. Die Rangkorrelation liefert eine Abschätzung des Zusammenhangs dieser beiden Variablen (Bortz und Schuster, 2010).

Wie Sie eine Rangkorrelation mit SPSS berechnen können, erfahren Sie auf der Internetseite zum Buch.

► Berechnung einer Rangkorrelation mit SPSS auf http://www.lehrbuch-psychologie.de

4.3 Einfache lineare Regression

Der Zusammenhang zweier Variablen lässt sich nach den bisherigen Kenntnissen durch die Korrelation mathematisch beschreiben. In den empirischen Sozialwissenschaften ist es oftmals darüber hinaus von Interesse, auch Vorhersagen über die Ausprägung von Variablen zu machen. Genau das leistet die Regression. Liegen für zwei Merkmale x und y eine Reihe von Wertepaaren vor, so lässt sich aufgrund dieser Daten

Die einfache lineare Regression liefert eine lineare Funktion, die der Vorhersage eines Merkmals y (Kriterium) aus einem Merkmal x (Prädiktor) dient.

eine Funktion zur Vorhersage von y aus x bestimmen. Diese Funktion heißt Regressionsgleichung. Dabei ist x die unabhängige Variable, genannt Prädiktor, und y die gesuchte abhängige Variable, das Kriterium. Schon hier wird deutlich, dass bei der Regression zwischen unabhängiger und abhängiger Variable unterschieden wird, wogegen bei der oben besprochenen Korrelation die beiden Merkmale gewissermaßen gleichberechtigt nebeneinander stehen und allein der Zusammenhang zwischen ihnen von Interesse ist.

Der Name Regression leitet sich von den Arbeiten Sir Francis Galtons her, welcher als Erster über Funktionsgleichungen das Phänomen untersucht hat, dass Söhne von großen Vätern tendenziell etwas kleiner sind als ihre Väter, sodass ein Rückschritt (lat.: regressus) zur Durchschnittsgröße vorliegt. Diese spezielle Entdeckung hat damals dem ganzen Gebiet seinen Namen gegeben.

In diesem Kapitel fokussieren wir auf die einfache lineare Regression. »Einfach« heißt sie deshalb, weil nur ein Prädiktor und ein Kriterium verwendet werden (◻ Abb. 4.10). Im Gegensatz zur einfachen Regression nutzt die multiple Regression die Information aus mehreren Prädiktoren, um die Ausprägungen auf einem Kriterium vorherzusagen (für einen Ausblick auf die multiple Regression siehe ▶ Abschn. 4.3.11). »Linear« heißt die Regression deshalb, weil angenommen wird, dass der Zusammenhang zwischen Prädiktor und Kriterium linearer und nicht etwa kurvilinearer oder exponentieller Natur ist.

Zunächst werden die Berechnung und die Eigenschaften der Regressionsgeraden im Vordergrund stehen. Im Folgenden beschäftigen wir uns mit wichtigen Einsichten und Besonderheiten hinsichtlich der Regressionsanalyse. ▶ Abschn. 4.3.8 stellt abschließend zwei Maße für die Güte einer Regression vor. An dieser Stelle werden Sie erkennen, wie eng Regression und Korrelation miteinander verknüpft sind.

◻ Abb. 4.10 Fragestellung der einfachen Regression

4.3.1 Die Regressionsgerade

Kehren wir nochmals auf den in der Einleitung dieses Kapitels erwähnten Unterschied zwischen einem funktionalen und einem stochastischen Zusammenhang zurück: Jeder kennt aus der Physik zahlreiche funktionale Zusammenhänge, etwa den Zusammenhang zwischen Masse und Gewichtskraft. Durch Einsetzen der Masse m in die Gleichung $G = g \cdot m$ ist für jede beliebige Masse die jeweilige Gewichtskraft G bestimmbar, wobei die Konstante g den Wert $g = 9{,}81$ N/kg hat. Ein solcher linearer Zusammenhang kann durch eine Gerade grafisch wiedergegeben werden (◻ Abb. 4.11). Für jeden x-Wert lässt sich der zugehörige y-Wert ablesen. Ist es möglich, solche Vorhersagen auch bei den stochastischen Zusammenhängen in der Psychologie vorzunehmen?

Stochastische Zusammenhänge sind unvollkommene Zusammenhänge, die sich grafisch in einer Punktewolke zeigen (▶ Abschn. 4.1.1). Je höher der tatsächliche Zusammenhang ist, desto enger wird die Punktewolke. Bei maximalem Zusammenhang geht die Punktewolke schließlich in eine Gerade über. In diesem rein theoretischen Fall liegt ein funktionaler Zusammenhang vor.

An diesem Punkt setzt die Regressionsanalyse an: Das Ziel dieses Verfahrens ist es, den stochastischen Zusammenhang zwischen zwei Variablen durch eine lineare Funktion wiederzugeben. Anschaulich bedeutet dies, dass die Punktewolke durch eine einzige, möglichst repräsentative Gerade ersetzt wird. Dies gelingt natürlich umso besser, je enger die Punktewolke ist, also je höher die beiden Merkmale tatsächlich miteinander korrelieren.

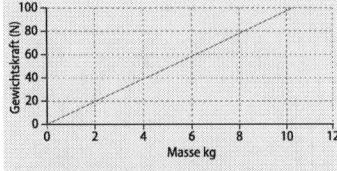

◻ Abb. 4.11 Eine Gerade mit der Gleichung $G = g \cdot m$

Die Regressionsgerade gibt den Gesamttrend der Einzelwerte am besten wieder.

4.3.2 Berechnung der Regressionsgleichung

Die Regressionsgerade ist diejenige Gerade, die den Gesamttrend der Punkte am besten wiedergibt. Die Steigung dieser Geraden wird mit b bezeichnet und heißt Regressionsgewicht, die Höhenlage (bzw. der y-Achsenabschnitt) wird mit a bezeichnet. Die Variable y der Funktion wird als Schätzer mit einem Dach ($\hat{y}$) gekennzeichnet, da hypothetische Werte vorhergesagt werden, die nicht unbedingt mit den tatsächlichen Werten übereinstimmen.

Somit lautet die allgemeine Regressionsgleichung:

$$\hat{y} = b \cdot x + a$$

Diese Funktion, deren Parameter b und a es zu bestimmen gilt, liefert für jeden Wert x_i einen zugehörigen Wert $\hat{y}_i$. Dieser vorhergesagte Wert kann jedoch von dem empirischen Wert y_i abweichen.

In der ◻ Abb. 4.12 sind die empirischen und die vorhergesagten Werte dreier Versuchspersonen und eine willkürliche Regressionsgerade eingezeichnet. Die Klammer markiert die Abweichung des empirischen Werts y_2 vom theoretischen Wert $\hat{y}_2$. Diese Abweichung ist der Fehler, den die Regressionsgerade bei der Vorhersage von y_2 macht. Die Differenz $y_i - \hat{y}_i$ gibt allgemein für jede Versuchsperson an, wie stark ihr wahrer Wert von dem durch die Gerade vorhergesagten Wert abweicht. Die optimale Gerade, die diesen Punkteschwarm am besten wiedergibt, ist diejenige, bei der über alle Versuchspersonen hinweg dieser Vorhersagefehler am kleinsten ist.

Zur Lösung dieser Aufgabe bemühen wir das Kriterium der kleinsten Quadrate: Die Gerade ist so zu legen, dass die Summe der Quadrate aller Abweichungen der empirischen y-Werte von den vorhergesagten y-Werten möglichst klein wird:

$$\sum_{i=1}^{n}(y_i - \hat{y}_i)^2 = \min$$

Die Quadrierung hat im Vergleich zu nicht quadrierten Werten den Vorteil, dass sie inhaltlich bedeutsamere Abweichungen stärker berücksichtigt. Zusätzlich fallen Irritationen durch unterschiedliche Vorzeichen weg.

Setzt man für $\hat{y}_i$ die allgemeine Geradengleichung $\hat{y} = b \cdot x + a$ ein, so ergibt sich ein Ausdruck, dessen Minimum über die Differenzialrechnung bestimmt werden kann. In diesem Zusammenhang sind aber nur die Ergebnisse dieser Rechenarbeit von Bedeutung: Die beiden »idealen« Parameter b (Steigung) und a (Höhenlage) der Regressionsgerade lassen sich wie folgt ermitteln:

$$b_{yx} = \frac{cov(x,y)}{\sigma_x^2} \; ; \; a_{yx} = \overline{y} - b_{yx} \cdot \overline{x}$$

Die Indizierung der Parameter a und b mit yx besagt, dass die y-Werte aus den x-Werten vorhergesagt werden. Der umgekehrte Fall, nämlich die Vorhersage der x-Werte aus den y-Werten, ist ebenso möglich. Hier sind das Regressionsgewicht b und der y-Achsenabschnitt a entsprechend definiert als:

$$b_{xy} = \frac{cov(x,y)}{\sigma_y^2} \; ; \; a_{xy} = \overline{x} - b_{xy} \cdot \overline{y}$$

Aus diesen Definitionen ergibt sich eine zweite Geradengleichung und damit eine zweite Regressionsgerade, die im Normalfall eine etwas andere Vorhersage liefert als die erste Regressionsgerade (◻ Abb. 4.13). Das liegt daran, dass bei der Berechnung der zweiten Regressionsgerade das Prinzip der kleinsten Quadrate auf die x-Werte anstelle der y-Werte angewandt wird.

Die Steigung der Regressionsgeraden heißt auch Regressionsgewicht.

Allgemeine Regressionsgleichung

▶ Video »Regressionsgleichung« auf http://www.lehrbuch-psychologie.de

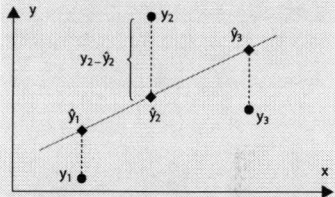

◻ **Abb. 4.12** Abweichung der empirischen Werte von den vorhergesagten Werten

Die Regressionsgerade wird mithilfe des Kriteriums der kleinsten Quadrate ermittelt.

Prinzipiell lassen sich für zwei Variablen je nach Prädiktor- und Kriteriumswahl zwei unterschiedliche Regressionsgleichungen bestimmen.

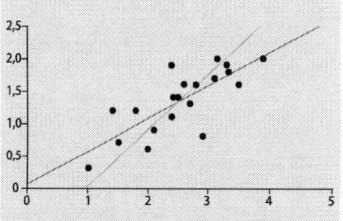

◻ **Abb. 4.13** Zwei Regressionsgeraden

Tab. 4.5 Reaktionszeit und Alkoholkonzentration

Alkoholkonzentration x (Promille)	Reaktionszeit y (ms)
0,0	590
0,3	581
0,5	687
0,7	658
1,0	632
1,2	645
1,4	687
1,8	624
2,3	702
2,5	789
$\bar{x} = 1,17$	$\bar{y} = 659,5$
$\sigma_x^2 = 0,70$	$\sigma_y^2 = 3701,17$

Die beiden Regressionsgeraden weisen stets einen gemeinsamen Schnittpunkt auf, dessen Koordinaten mit dem Mittelwert der beiden Merkmalsverteilungen identisch ist. Die Bestimmung beider Regressionsgeraden ist in der Regel nicht notwendig, da meist im Vorhinein aus inhaltlichen Erwägungen feststeht, welche Variable als Prädiktor und welche als Kriterium dient. Die zweite Regressionsgerade findet deshalb im Folgenden nur an wenigen Stellen weitere Beachtung. Die angestellten Überlegungen lassen sich aber auf beide Regressionsgeraden anwenden.

Ein wesentlicher Vorteil der Regressionsanalyse ist die Möglichkeit einer Vorhersage: Ist die Regressionsgleichung zwischen zwei Variablen bekannt, so lässt sich zu einem beliebigen Wert der Prädiktorvariable der zugehörige Kriteriumswert prognostizieren.

Beispielsweise erhöht Alkohol die Reaktionszeit. Auf einer Party werden neun Personen zufällig um die Teilnahme an einer Untersuchung gebeten. Die Alkoholkonzentration in Promille wird mit einem Alkoholmeter gemessen. Jede Versuchsperson muss anschließend einen Reaktionstest auf einem Laptop durchführen, der die Reaktionszeit erfasst. Die Daten sind in der ☐ Tab. 4.5 zusammengefasst. Gesucht ist die Regressionsgleichung zur Vorhersage von Reaktionszeiten aufgrund der Alkoholkonzentration. Diese Gleichung wäre etwa im Zusammenhang mit der Beeinträchtigung durch Alkohol im Straßenverkehr von Interesse. Mit welcher Reaktionszeit ist z. B. bei einer Konzentration von 0,8 Promille zu rechnen?

Prädiktor- und Kriteriumsvariable haben eine Kovarianz von:

$$cov(x,y) = \frac{\sum_{i=1}^{n}(x_i - \bar{x}) \cdot (y_i - \bar{y})}{n-1} = 37,82$$

Der Zusammenhang ist positiv. Wir erwarten also eine Gerade mit positiver Steigung b:

$$b_{yx} = \frac{cov(x,y)}{\sigma_x^2} = \frac{37,82}{0,70} = 54,03$$

Die Steigung der Geraden beträgt 54,03. Dieser Wert drückt aus, dass sich ein Wert auf der y-Achse um 54,03 ms erhöht, wenn man auf der x-Achse um eine Einheit (1 Promille) nach rechts geht. Die Gerade hat eine Höhenlage von:

$$a_{yx} = \overline{y} - b_{yx} \cdot \overline{x} = 659,5 - 54,03 \cdot 1,17 = 596,29$$

Bei diesem y-Wert schneidet die Gerade die y-Achse. Somit lautet die vollständige Funktionsgleichung der gesuchten Regressionsgerade:

$$\hat{y} = 54,03 \cdot x + 596,29$$

Nun können wir bestimmen, welche Reaktionszeit bei einer Konzentration von 0,8 Promille zu erwarten ist. Das Einsetzen von $x = 0,8$ liefert einen y-Wert von:

$$\hat{y} = 54,03 \cdot 0,8 + 596,29 = 639,51$$

Die Messpunkte und die ermittelte Regressionsgerade sind in ◘ Abb. 4.14 veranschaulicht. Der vorhergesagte y-Wert bei 0,8 Promille ist gekennzeichnet.

Zur Durchführung und Interpretation einer Regression mit SPSS finden Sie ausführliche Hinweise in der ergänzenden Datei auf der Internetseite zum Buch.

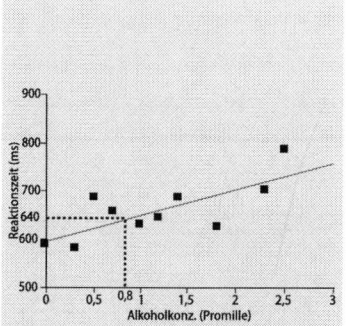

◘ **Abb. 4.14** Regressionsgerade zur Vorhersage von Reaktionszeit aus der Alkoholkonzentration

▶ Durchführung und Interpretation einer linearen Regression mit SPSS auf http://www.lehrbuch-psychologie.de

4.3.3 Wichtige Einsichten und Zusammenhänge

Der folgende Abschnitt behandelt verschiedene Fragen, die eng mit der Regressionsrechnung in Verbindung stehen. Außerdem thematisiert er den Spezialfall einer Kovarianz von null sowie die Regression z-standardisierter Variablen.

Mittelwert der vorhergesagten y-Werte

Der Mittelwert der vorhergesagten Variable entspricht dem Mittelwert der tatsächlichen Verteilung. Dies kann durch einen mathematischen Beweis gezeigt werden (hier nicht dargestellt). Diese Einsicht erklärt sich wie folgt: Die Regressionsrechnung soll die Abweichungen der tatsächlichen von den vorhergesagten Werten so gering wie möglich halten. Dabei muss sie aber stets repräsentativ für die ganze Verteilung bleiben. Der Mittelwert der vorhergesagten Werte darf sich folglich nicht verändern.

Regressionsgleichungen bei einer Kovarianz von null

Eine Kovarianz bzw. Korrelation von null besagt, dass zwischen den beiden Merkmalen kein Zusammenhang besteht. Somit ergibt sich für b und a:

$$b_{yx} = \frac{0}{\sigma_x^2} = 0 \, ; \; a_{yx} = \overline{y} - 0 \cdot \overline{x} = \overline{y}$$

Die Regressionsgerade der vorhergesagten y-Werte verläuft auf der Höhe des Mittelwerts $\overline{y}$ parallel zur x–Achse. Die Steigung beträgt null. Entsprechend beträgt auch die Steigung und die Höhe der Vorhersage von x aus y jeweils null und verläuft auf Höhe des Mittelwerts $\overline{x}$. Die ◘ Abb. 4.15 zeigt beide Regressionsgeraden.

Liegt kein Zusammenhang der betrachteten Variablen vor, so sagen beide Geraden für alle Werte den jeweiligen Kriteriumsmittelwert voraus. Das ist durchaus sinnvoll, denn das arithmetische Mittel ist der Wert, der die Verteilung am besten repräsentiert (▶ Abschn. 2.3). Das Kriterium der kleinsten Quadrate ist somit erfüllt, wenn jeder Vorhersagewert mit dem Mittelwert übereinstimmt. Die stochastische Unabhängigkeit der beiden Variablen zeigt sich grafisch darin, dass die Geraden senkrecht zueinander stehen.

Mit wachsendem Zusammenhang wird der Betrag der Kovarianz größer. Entsprechend verkleinert sich der Winkel zwischen den Geraden immer mehr. Bei maximaler

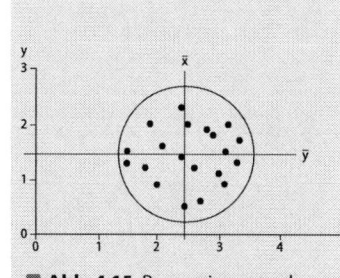

◘ **Abb. 4.15** Regressionsgeraden bei einer Kovarianz von null

Die Steigung einer Regressionsgeraden von z-standardisierten Variablen entspricht der Korrelation sowie der Kovarianz zwischen den beiden Merkmalen.

□ Tab. 4.6 Regression von Größe (in cm) aus Geschlecht

Kodierung Geschlecht (x)	
Frauen	**Größe y**
0	171
0	155
0	178
0	182
0	168
0	166
0	170
	$\overline{x}_0 = 170\,\mathrm{cm}$
Männer	**Größe y**
1	180
1	184
1	191
1	174
1	178
1	167
	$\overline{x}_1 = 179\,\mathrm{cm}$

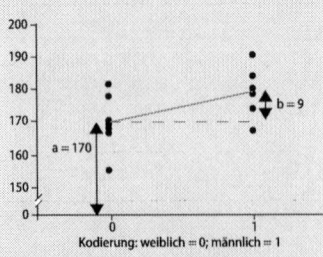

□ Abb. 4.16 Regressionsgerade von Größe aus Geschlecht mit der Steigung *b* und dem Achsenabschnitt *a*

Kovarianz bzw. perfektem Zusammenhang fallen die beiden Geraden schließlich zusammen.

Regression und *z*-standardisierte Variablen

Liegen die beiden Merkmale x und y in z-standardisierter Form vor, so haben beide Verteilungen den Mittelwert 0 und eine Streuung von 1 (▶ Abschn. 1.4). In ▶ Abschn. 4.1.3 wurde ersichtlich, dass die Kovarianz zweier z-standardisierter Variablen gleich deren Korrelation ist. Das bedeutet für die Regression, dass die Steigung der Regressionsgerade mit der Korrelation der beiden Variablen identisch ist:

$$b_{yx} = \frac{cov(z_x, z_y)}{1} = r_{xy}$$

Die Höhenlage der Regressionsgerade beträgt stets:

$$a_{z_y} = a_{z_x} = \overline{z}_y - b \cdot \overline{z}_x = 0 - b \cdot 0 = 0$$

Das bedeutet, dass die Regressionsgerade stets durch den Ursprung des Koordinatensystems verläuft. Das gleiche gilt natürlich auch für die Vorhersage von x aus y.

Zusammengefasst haben z-standardisierte Variablen den Vorteil, dass die Interpretation und die grafische Darstellung eines Zusammenhangs bedeutend einfacher sind als bei unstandardisierten Variablen. Die Steigung der Regressionsgerade ist identisch mit der Korrelation.

4.3.4 Dichotom nominalskalierte Prädiktoren

In vielen Fällen nutzen Forscher die einfache lineare Regression dazu, ein intervallskaliertes Kriterium aus einem intervallskalierten Prädiktor vorherzusagen. Es ist aber auch problemlos möglich, einen dichotom nominalskalierten Prädiktor wie etwa das Geschlecht als Prädiktor zu verwenden. Dabei lässt sich der nominalskalierte Prädiktor mathematisch integrieren, indem seine beiden Kategorien mit 0 und 1 kodiert werden (□ Tab. 4.6). Diese Form der Kodierung heißt Dummy-Kodierung. Wenn ein dummy-kodierter Prädiktor in die Regression eingeht, schätzt die Regressionsgleichung eine Konstante a, die dem Mittelwert der mit 0 kodierten Kategorie (Referenzkategorie) entspricht, und eine Steigung b, die die Veränderung in den Einheiten des Kriteriums angibt, wenn man von der Referenzkategorie zur mit 1 kodierten Kategorie »übergeht«. Diese Veränderung *b* entspricht genau der Mittelwertsdifferenz zwischen beiden Kategorien.

Im Datenbeispiel (□ Tab. 4.6) zur Vorhersage von Körpergröße *y* aus dem Geschlecht *x* sind Frauen im Schnitt 170 cm groß, Männer 179 cm, der Gesamtmittelwert beträgt 174,15 cm. Kodiert man die weibliche Kategorie mit 0 und die männliche mit 1, so lässt sich durch Anwendung der Formeln für die Varianz (▶ Abschn. 1.3.2) und Kovarianz (▶ Abschn. 4.1.2) eine Varianz des Geschlechts von $\sigma_x^2 = 0{,}269$ und eine Kovarianz mit der Körpergröße von $cov(x,y) = 2{,}423$ berechnen. Der Mittelwert für die dummy-kodierte Variable Geschlecht beträgt 0,4615 (bitte nachrechnen). Damit lassen sich die Steigung *b* und die Höhenlage *a* berechnen:

$$b_{yx} = \frac{cov(x,y)}{\sigma_x^2} = \frac{2{,}423}{0{,}269} = 9{,}00$$

$$a_{yx} = \overline{y} - b \cdot \overline{x} = 174{,}15 - 9 \cdot 0{,}4615 = 170$$

Die Regressionsgleichung lautet somit: $y = 9{,}00 \cdot x + 170$

Wie in □ Abb. 4.16 ersichtlich, setzt die Regressionsgerade im Mittelwert der mit 0 kodierten Frauengruppe an und entspricht in ihrer Steigung von $b = 9$ genau der Mittelwertsdifferenz, die man benötigt, um vom Mittelwert der Frauengruppe (170 cm) zum Mittelwert der Männergruppe (179 cm) zu »gelangen«. Ein Test dieser Steigung auf Signifikanz (vgl. ▶ Abschn. 4.3.7) würde aufgrund der gemeinsamen mathematischen Fundierung im Allgemeinen Linearen Modell (ALM) zu identischen Resultaten führen wie ein Mittelwertsvergleich der beiden Gruppen mithilfe eines t-Tests für unabhängige Stichproben (vgl. auch ▶ Abschn. 4.2.1).

Somit ist die einfache Regression auch in der Lage, dichotom nominalskalierte Merkmale zu berücksichtigen. Nominalskalierte Variablen, die mehr als zwei Kategorien aufweisen, können durch eine entsprechende Anzahl von $p - 1$ Dummy-Kodierungen integriert werden (Bortz und Schuster, 2010). Allerdings ist dies dann ein Spezialfall der multiplen Regression (▶ Abschn. 4.3.11).

4.3.5 Nichtlineare Zusammenhänge

Wie der Name bereits hinreichend deutlich macht, ist das hier behandelte Verfahren für lineare Zusammenhänge konzipiert. Seine Anwendung ist dementsprechend nur in solchen Fällen gerechtfertigt, bei denen aufgrund von theoretischen Überlegungen lineare Beziehungen zwischen zwei Variablen zu erwarten sind. Diese Überlegungen erfolgen manchmal leider nicht im Vorfeld einer Untersuchung. Daher ist es ein Ziel dieses Buches, den bewussten und kritischen Umgang mit statistischen Methoden zu vermitteln.

Doch selbst wenn theoretische Erwägungen einen linearen Zusammenhang zwischen zwei Variablen vorhersagen, ist es unabdingbar, die empirischen Werte post hoc in einem Streudiagramm zu betrachten, um diese Vorhersage zu überprüfen.

Statistikprogramme wie SPSS berechnen für jede irgendwie geartete Beziehung zwischen Variablen eine lineare Regression, unabhängig davon, ob diese Operation sinnvoll ist oder nicht. Die ◻ Abb. 4.17 zeigt ein Beispiel, in dem trotz eines vorliegenden parabolischen (und damit nichtlinearen) Zusammenhangs eine positive lineare Korrelation und eine entsprechende Regressionsgerade berechnet wurden. Eine folgenschwere Fehlinterpretation dieser Daten im Sinne eines linearen Zusammenhangs ist durch die simple Betrachtung des dazugehörigen Streudiagramms vermeidbar.

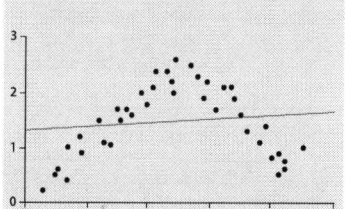

◻ **Abb. 4.17** Kurvilinearer Zusammenhang und lineare Regressionsgerade

4.3.6 Regressionsgewichte

Der vorangegangene Abschnitt erläuterte die Berechnung des Regressionsgewichts b. Es gibt an, um wie viele Einheiten der Originalmetrik sich das Kriterium y verändert, wenn man den Prädiktor x um eine Einheit der Originalmetrik erhöht. So führt laut obiger Gleichung jedes zusätzliche Promille Alkohol zu einer Zunahme der Reaktionszeit um ca. 54 ms. Dieses Regressionsgewicht b heißt unstandardisiertes Regressionsgewicht, weil die ursprünglichen Maßeinheiten erhalten bleiben (im Beispiel die Maßeinheiten Promille und Millisekunden).

$$b_{yx} = \frac{\text{Anzahl Einheiten auf } y}{\text{pro 1 Einheit auf } x}$$

In vielen Fällen ist es jedoch vorteilhaft, die Regressionsgewichte verschiedener Regressionsgleichungen miteinander vergleichen zu können. Zum Beispiel könnte in einer zweiten Gleichung untersucht werden, ob Alkohol eine andere abhängige Variable wie etwa die visuelle Wahrnehmungsgenauigkeit ebenso stark beeinflusst wie die Reaktionszeiten. Oder eine andere unabhängige Variable, Schlafentzug, soll in ihrer Auswirkung auf die Reaktionszeiten mit dem Einfluss von Alkohol verglichen werden. Um eine einheitliche Metrik für derartige Vergleiche zu erhalten, muss das unstandar-

Das unstandardisierte Regressionsgewicht b_{yx} ist von den Maßeinheiten des untersuchten Merkmals abhängig.

disierte Regressionsgewicht von der Originalmetrik der untersuchten Merkmale bereinigt werden, indem b in den Zählereinheiten wie auch in den Nennereinheiten an der Streuung der jeweiligen Merkmale relativiert wird. Das resultierende standardisierte Regressionsgewicht wird mit β (auch »Beta-Gewicht«) bezeichnet und errechnet sich wie folgt:

$$\beta_{yx} = \frac{\dfrac{\text{Anzahl Einheiten auf } y}{\sigma_y}}{\dfrac{1 \text{ Einheit auf } x}{\sigma_x}} = b \cdot \frac{\dfrac{1}{\sigma_y}}{\dfrac{1}{\sigma_x}} = b \cdot \frac{\sigma_x}{\sigma_y}$$

Der standardisierte Regressionskoeffizient β ist von den Maßeinheiten der untersuchten Merkmale unabhängig und drückt aus, um wie viele Standardabweichungseinheiten sich y verändert, wenn sich x um eine Standardabweichung vergrößert.

Im Fall der einfachen Regression (d. h. ein Prädiktor, ein Kriterium) ist β außerdem identisch mit der Produkt-Moment-Korrelation zwischen den beiden Merkmalen:

$$\beta_{yx} = b \cdot \frac{\sigma_x}{\sigma_y} = \frac{cov(x,y)}{\sigma_x^2} \cdot \frac{\sigma_x}{\sigma_y} = \frac{cov(x,y)}{\sigma_x \cdot \sigma_y} = r_{xy}$$

Der standardisierte Regressionskoeffizient der einfachen linearen Regression hat damit – wie die Korrelation – einen Wertebereich von –1 und +1, wobei –1 eine perfekt negative, 0 keine und +1 eine perfekt positive Vorhersage von y aus x anzeigt. Der einzige Unterschied zwischen r und β besteht bei der einfachen linearen Regression darin, dass die Korrelation keine Annahme über den Kausalzusammenhang zwischen den Merkmalen macht, wohingegen der Regression eine Annahme über die Richtung der Verursachung zugrunde liegt (was aber nicht heißt, dass diese Annahme auch tatsächlich zutrifft).

Bei der Vorhersage der Reaktionszeit aus der Alkoholkonzentration beträgt das unstandardisierte Regressionsgewicht $b = 54{,}03$. Die Standardabweichungen der untersuchten Merkmale lauten $\sigma_x = 0{,}838$ und $\sigma_y = 60{,}837$. Damit bestimmt sich das standardisierte Regressionsgewicht zu:

$$\beta_{yx} = b \cdot \frac{\sigma_x}{\sigma_y} = 54{,}03 \cdot \frac{0{,}838}{60{,}837} = 0{,}74$$

Die Vorhersage im fiktiven Beispiel ist sehr hoch. In der sozialwissenschaftlichen Forschung sind die standardisierten Regressionsgewichte meist deutlich geringer.

4.3.7 Signifikanztest von Regressionsgewichten

Um beurteilen zu können, ob ein Merkmal X ein Merkmal Y statistisch bedeutsam vorhersagt, gibt es einen Signifikanztest, der ähnlich wie der t-Test funktioniert. Die Prüfgröße ist t-verteilt und wird gebildet, indem der unstandardisierte Regressionskoeffizient b an seinem Standardfehler relativiert wird:

$$t = \frac{b}{s_b}$$

Auf die nähere Bestimmung des Standardfehlers s_b verzichten wir an dieser Stelle (siehe hierfür Bortz und Schuster, 2010). Dieser Standardfehler schätzt die Streuung der empirischen Regressionskoeffizienten um den wahren Populationswert – analog zur Mittelwertdifferenz beim t-Test (▶ Abschn. 3.1.2). Die Nullhypothese dieses Tests nimmt an, dass der Koeffizient nicht signifikant von null verschieden ist. Je größer b und je kleiner der Standardfehler ist, desto größer ist der t-Wert und desto eher kann

Der standardisierte Regressionskoeffizient β_{yx} gibt an, um wie viele Standardabweichungseinheiten sich y verändert, wenn sich x um eine Standardabweichung vergrößert.

Das Beta-Gewicht β_{yx} hat einen Wertebereich von –1 bis 1.

Signifikanzprüfung des Regressionsgewichts

die Nullhypothese verworfen werden. Die Signifikanz wird zwar über das unstandardisierte Regressionsgewicht berechnet, dient aber ebenso zur Beurteilung der Signifikanz des standardisierten Regressionsgewichts. Alternativ dient im Fall der einfachen linearen Regression die Signifikanz der Korrelation (▶ Abschn. 4.1.5) als Beurteilungsgrundlage dafür, ob eine gegebene Vorhersageleistung statistisch bedeutsam ist. In diesem Fall ist β identisch mit der Korrelation zwischen Prädiktor und Kriterium (▶ Abschn. 4.3.6). Bei der multiplen Regression (▶ Abschn. 4.3.11) ist dies jedoch nicht möglich.

SPSS liefert standardmäßig einen Output, in dem neben der Konstanten der Regressionsgerade (der Schnittpunkt der Geraden mit der y-Achse) und dessen Test auf Verschiedenheit von null das unstandardisierte (b) und standardisierte Regressionsgewicht (β) sowie deren t-Test auf Signifikanz enthalten sind (siehe SPSS-Ergänzungen im Internet zu ▶ Kap. 4). Für die Steigung b aus dem Alkoholbeispiel liefert SPSS einen Standardfehler von 17,21. Daraus resultieren ein t-Wert von 3,13 und eine Fehlerwahrscheinlichkeit von $p = 0{,}014$: Die Alkoholkonzentration sagt die Reaktionszeit signifikant vorher.

▶ Erläuterung eines SPSS-Outputs einer einfachen Regressionsgleichung auf http://www.lehrbuch-psychologie.de

4.3.8 Die Güte des Zusammenhangs

Jede empirische Verteilung zweier Merkmale kann einer Regressionsanalyse unterzogen werden. Das Ergebnis ist eine Regressionsgleichung, welche die Verteilung der Messwertepaare nach dem Kriterium der kleinsten Quadrate bestmöglich repräsentiert. Ihre Funktionsgleichung dient der Vorhersage neuer Messwerte.

Liegt ein unvollständiger Zusammenhang vor, so sind die Vorhersagen der Regressionsgerade mit einem Fehler behaftet. Das ist der Preis dafür, dass eine nicht optimale Messwerteverteilung (Punkteschwarm) in eine exakte Funktion (Gerade) transformiert wird. Dieser Fehler zeigt sich darin, dass die vorhergesagten Werte in der Mehrzahl der Fälle nicht mit den empirischen Daten übereinstimmen. Das Ausmaß dieser Abweichungen ist ein Indikator dafür, wie exakt die Regression in ihrer Vorhersage ist. Dieses Gütemaß der Regressionsvorhersage heißt Standardschätzfehler (eine genaue Besprechung folgt weiter unten in diesem Abschnitt).

Die Argumentation kann aber auch umgekehrt erfolgen: An der Genauigkeit der Vorhersage zeigt sich, inwieweit zwei Merkmale funktional miteinander verknüpft sind. Je erfolgreicher sich die Regressionsgleichung zur Vorhersage eignet, umso größer muss der tatsächliche Zusammenhang zwischen den Merkmalen sein. Zusätzlich zur Kovarianz und Korrelation lässt sich daher der Determinationskoeffizient (vgl. auch ▶ Abschn. 4.1.7) als Maß für die Güte einer Vorhersage ableiten. Sowohl der Standardschätzfehler als auch der Determinationskoeffizient entstammen der folgenden Überlegung, wonach sich die Gesamtvarianz der y-Werte in Regressions- und Fehlervarianz zerlegen lässt.

Bei der Regression gibt es für jeden Messwert y_i drei Arten von Abweichungen (◘ Abb. 4.18). Aus diesen Abweichungen lassen sich jeweils über alle y_i entsprechend drei Varianzen bilden. Dabei spielt es keine Rolle, ob diese Abweichungen im betreffenden Fall einen positiven oder negativen Wert erreichen, da die Quadrierung bei der Varianzberechnung die Vorzeichenunterschiede eliminiert.

1. Jeder y-Wert weicht von seinem Mittelwert $\bar{y}$ ab. Daraus lässt sich die geschätzte Populations- oder Gesamtvarianz bestimmen:

$$\hat{\sigma}_y^2 = \frac{\sum\limits_{i=1}^{N}(y_i - \bar{y})^2}{N-1}$$

Bei einem nicht perfekten Zusammenhang sind die Vorhersagen einer Regression fehlerhaft.

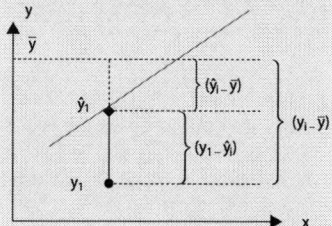

◘ **Abb. 4.18** Drei Arten von Abweichungen bei der Regression

4

2. Auch die von der Regressionsgeraden vorhergesagten $\hat{y}$-Werte weichen von ihrem Mittelwert $\bar{y}$ ab. Diese Abweichungen ergeben die Regressionsvarianz, also diejenige Varianz, die unter den vorhergesagten y-Werten besteht:

$$\hat{\sigma}_{\hat{y}}^2 = \frac{\sum_{i=1}^{N}(\hat{y}_i - \bar{y})^2}{N-1}$$

3. Es besteht eine Diskrepanz zwischen den empirischen und den prognostizierten Werten. Diese Abweichungen können als »Fehler« interpretiert werden, die die Regressionsgerade bei der Vorhersage macht. Zusammen ergeben sie die Fehler- oder Residualvarianz:

$$\hat{\sigma}_{[y/x]}^2 = \frac{\sum_{i=1}^{N}(y_i - \hat{y}_i)^2}{N-1}$$

Die Regressionsvarianz und die Residualvarianz summieren sich auf zur Gesamtvarianz.

Diese drei Varianzen stehen in einer einfachen mathematischen Beziehung zueinander. Die Gesamtvarianz setzt sich additiv zusammen aus der Regressionsvarianz und der Residualvarianz:

$$\hat{\sigma}_{y}^2 = \hat{\sigma}_{\hat{y}}^2 + \hat{\sigma}_{[y/x]}^2$$

Dieser Zusammenhang lässt sich folgendermaßen deuten: Die in einer Population bestehende Verteilung eines Merkmals soll anhand einer Regression wiedergegeben werden, indem eine zweite Variable als Prädiktor eingesetzt wird. Dabei »versucht« die Regressionsgerade so viel Varianz wie möglich dieses Merkmals aufzuklären. Die übrig bleibende Varianz, die nicht durch den Zusammenhang beider Variablen erklärt werden kann, bildet die Residualvarianz. Regressions- und Residualvarianz ergänzen sich bei der Regression zur Gesamtvarianz.

Bei einem perfekten Zusammenhang entsprechen die vorhergesagten Werte den tatsächlichen Werten, die Residualvarianz ist gleich null.

Bei einer Nullkorrelation ist die Residualvarianz gleich der Gesamtvarianz.

Diese wechselseitige Abhängigkeit sei an den beiden Extremfällen eines perfekten und eines nicht existenten Zusammenhangs verdeutlicht:

Ist ein Zusammenhang perfekt ($r = 1$ bzw. $r = -1$), so liegen alle Messwerte auf der Regressionsgeraden. In diesem Fall werden alle empirischen Werte durch die Regression korrekt vorhergesagt. Die Regressionsvarianz ist folglich maximal und gleich der Gesamtvarianz, die Residualvarianz beträgt hingegen null.

Besteht kein Zusammenhang ($r = 0$), so resultiert die Regressionsgerade $\hat{y}_i = \bar{y}$ (▶ Abschn. 4.3.1). Die Regression schätzt für jeden Wert y_i den Mittelwert der y-Werte und erklärt demnach keinerlei abweichende Ausprägung der Messwerte. In diesem Fall bestehen eine Regressionsvarianz von null und eine maximale Residualvarianz, die der Gesamtvarianz der y-Werte entspricht.

Wir greifen nochmals auf unser Alkohol-Beispiel aus ▶ Abschn. 4.3.2 zurück, um diese Varianzzerlegung nachzuvollziehen. In ◙ Tab. 4.7 sind rechts die von der Regressionsgeraden vorhergesagten $\hat{y}$-Werte verzeichnet (gerundete Werte). Aus diesen Daten lässt sich die Regressionsvarianz errechnen:

$$\hat{\sigma}_{\hat{y}}^2 = \frac{(596{,}50 - 659{,}50)^2 + \ldots + (731{,}11 - 659{,}59)^2}{10-1} = 2036{,}21$$

Zur Berechnung der Residualvarianz bestimmen wir die Differenz aus empirischen und vorhergesagten y-Werten, quadrieren diese und dividieren durch $N - 1$:

$$\hat{\sigma}_{[y/x]}^2 = \frac{(590 - 596{,}50)^2 + \ldots + (789 - 731{,}11)^2}{10-1} = 1664{,}96$$

◙ **Tab. 4.7** Alkoholkonzentration, empirische und vorhergesagte Reaktionszeit

Alkohol-konzen-tration (Promille)	Empirische Reaktions-zeit (ms)	Vorherge-sagte Re-aktionszeit (ms)
0,0	590	596,50
0,3	581	612,66
0,5	687	623,42
0,7	658	634,19
1,0	632	650,35
1,2	645	661,12
1,4	687	671,88
1,8	624	693,42
2,3	702	720,34
2,5	789	731,11
	$\bar{y} = 659{,}5$	$\hat{\bar{y}} = 659{,}5$

Nun lässt sich die Varianzzerlegung überprüfen:

$$\hat{\sigma}_{\hat{y}}^2 + \hat{\sigma}_{[y/x]}^2 = 2036,21 + 1664,96 = 3701,17$$

Wie vorhergesagt addieren sich beide Varianzen zur Gesamtvarianz auf.

Der Standardschätzfehler

Der Standardschätzfehler wird als ein Maß für die Güte einer Regression verwendet. Per definitionem bildet er die Wurzel aus der Residualvarianz:

$$\hat{\sigma}_{[y/x]} = \sqrt{\hat{\sigma}_{[y/x]}^2}$$

Der Standardschätzfehler gibt an, wie stark die empirischen y-Werte durchschnittlich um die von der Regressionsgeraden vorhergesagten Werte streuen. Je kleiner der Standardschätzfehler, umso genauer und zuverlässiger ist die Vorhersage. In der Beispielrechnung liegt er bei:

$$\hat{\sigma}_{[y/x]} = \sqrt{1664,96} = 40,80$$

Der Standardschätzfehler ist, anders als der Name vermuten lässt, kein standardisiertes Maß. Seine Größe ist vielmehr vom gewählten Erhebungsmaß abhängig. Er ist daher nur bedingt interpretierbar, denn je nach Maß liefert er unterschiedliche Zahlenangaben für denselben Zusammenhang.

Der Standardschätzfehler darf nicht mit dem Standardfehler verwechselt werden. Letzterer gibt die Präzision der Schätzung eines Populationsparameters anhand eines Stichprobenergebnisses wieder (▸ Abschn. 2.3).

Der Determinationskoeffizient

Ein wesentlich aussagekräftigeres Gütemaß als der Standardschätzfehler ist der Determinationskoeffizient r^2. Er wird durch eine Relativierung der Regressionsvarianz an der Gesamtvarianz gebildet:

$$r^2 = \frac{\hat{\sigma}_{\hat{y}}^2}{\hat{\sigma}_y^2} = \frac{\hat{\sigma}_{\hat{y}}^2}{\hat{\sigma}_{\hat{y}}^2 + \hat{\sigma}_{[y/x]}^2}$$

Der Quotient drückt den Anteil der Regressionsvarianz an der Gesamtvarianz aus. Multipliziert mit 100 gibt der Determinationskoeffizient an, wie viel Prozent der gesamten Varianz durch die Regression, also durch die gemeinsame Varianz der x- und y-Werte, erklärbar ist. Er ist demnach ein sehr anschauliches Maß für den Zusammenhang zweier Variablen. Ein Determinationskoeffizient von 0,6 bedeutet beispielsweise, dass 60 % der Varianz der y-Werte durch die Kenntnis der Prädiktorvariable x aufgeklärt werden können.

Der Determinationskoeffizient trägt nicht ohne Grund die Bezeichnung r^2. Er ist als das Quadrat des Korrelationskoeffizienten r definiert (▸ Abschn. 4.1.7). Somit schließt sich an dieser Stelle der Kreis zwischen Korrelation und Regression. Beide Maße geben Auskunft über den Zusammenhang zweier Merkmale, wobei der Determinationskoeffizient die anschaulichere Größe darstellt.

Aus der Beziehung zwischen Korrelation und Determinationskoeffizient ist ferner zu erkennen, dass es immer nur einen Determinationskoeffizienten zweier Variablen geben kann, obwohl zwei Regressionsgeraden gebildet werden können. Unabhängig davon, welche Variable als Prädiktor und welche als Kriterium definiert wird, bleibt der Anteil der aufgeklärten Varianz und damit der Determinationskoeffizient konstant.

Der Standardschätzfehler ist ein Maß für die Größe der Streuung der empirischen Werte um die anhand der Regressionsgeraden vorhergesagten Werte.

Der Standardschätzfehler ist kein standardisiertes Maß.

Definition des Determinationskoeffizienten

Der Determinationskoeffizient gibt den Anteil der Varianz der vorhergesagten Werte an der Gesamtvarianz an.

Er kann in Prozent angegeben werden.

Der Determinationskoeffizient ist das Quadrat der Korrelation.

Der Determinationskoeffizient aus unserem Beispiel beträgt:

$$r^2 = \frac{\hat{\sigma}_{\hat{y}}^2}{\hat{\sigma}_{y}^2} = \frac{2036,21}{3701,17} = 0,55$$

Inhaltlich ist dieses Ergebnis so zu interpretieren, dass die Alkoholkonzentration zu 55 % dafür verantwortlich ist, welche Reaktionszeit eine Versuchsperson im Computertest erzielt. Die restlichen 45 % sind auf den Einfluss anderer Variablen, beispielsweise dem Leistungsmotiv der Versuchspersonen und auf eventuelle Messfehler zurückzuführen. Das Beta-Gewicht β bzw. die Korrelation (▸ Abschn. 4.3.6) zwischen den beiden Variablen »Alkoholkonzentration« und »Reaktionszeit« lässt sich der Vollständigkeit halber leicht bestimmen, indem wir die Wurzel aus r^2 bilden:

$$\beta_{yx} = r = \sqrt{r^2} = 0,74$$

Ist in einer einfachen Regression der Determinationskoeffizient von Interesse, so empfiehlt sich im Normalfall seine Bestimmung über das Beta-Gewicht bzw. die Korrelation. Die hier vorgestellte Varianzzerlegung ist in der Regel zu aufwendig.

Der Determinationskoeffizient ist übrigens auch bei den anderen in ▸ Abschn. 4.1 behandelten Korrelationstechniken als Quadrat der Korrelation definiert und darf gleichwertig interpretiert werden. Im Grunde genommen ist der Determinationskoeffizient nichts anderes als ein Effektstärkenmaß (▸ Abschn. 3.3.3). Er gibt an, welcher Anteil der Variabilität der abhängigen Variable durch die unabhängige Variable aufgeklärt wird (▸ Abschn. 4.1.7).

> Der Determinationskoeffizient ist ein Effektstärkenmaß, welches dem Einfluss der abhängigen Variable auf die unabhängige Variable Rechnung trägt.

4.3.9 Teststärkeanalyse und Stichprobenumfangsplanung

Bei der einfachen linearen Regression bietet sich als Effektmaß das standardisierte Regressionsgewicht β bzw. der Determinationskoeffizient r^2 an. Da beide aus r ableitbar sind, kann die Teststärkeanalyse bzw. die Stichprobenumfangsplanung nach demselben Muster wie für die Korrelation erfolgen (▸ Abschn. 4.1.8 und ▸ Abschn. 4.1.9).

4.3.10 Voraussetzungen der linearen Regression

Abschließend sollen die wichtigsten Voraussetzungen für die Durchführung einer Regressionsanalyse angeführt werden.

- Das Kriterium muss intervallskaliert und normalverteilt sein.
- Der Prädiktor kann entweder intervallskaliert und normalverteilt sein oder dichotom nominalskaliert.
- Die Einzelwerte verschiedener Versuchspersonen müssen voneinander unabhängig zustande gekommen sein.
- Der Zusammenhang der Variablen muss theoretisch linear sein.
- Die Streuungen der zu einem x-Wert gehörenden y-Werte müssen über den ganzen Wertebereich von x homogen sein (Annahme der Homoskedastizität, vgl. Bortz und Schuster, 2010, S. 192)

Wie eingangs erwähnt, gibt es viele mögliche Arten des Zusammenhangs. Ist ein tatsächlicher Zusammenhang zwischen zwei Variablen nonlinear (z. B. kurvilinear), so liefert die Berechnung einer linearen Regression inhaltlich irreführende Ergebnisse.

4.3.11 **Ausblick: Multiple Regression**

Die multiple Regression zählt zur Klasse der multivariaten Verfahren. Damit sind Verfahren gemeint, die mehr als eine unabhängige oder abhängige Variable untersuchen. Die multiple Regression wird eingesetzt, wenn eine Kriteriumsvariable von mehr als einer unabhängigen Variable vorhergesagt werden soll (■ Abb. 4.19). Bei den zusätzlichen Prädiktoren kann es sich um weitere inhaltlich interessante Variablen handeln oder um Störvariablen, deren Einfluss kontrolliert werden soll. Im Fall der einfachen Regression dagegen wird der mögliche Einfluss weiterer Variablen ignoriert. Dies kann zu erheblichen Fehlschlüssen führen.

Formal darstellen lässt sich die multiple Regression als die Erweiterung der aus der einfachen Regression bekannten Vorhersagegleichung um eine beliebige Menge zusätzlicher unabhängiger Variablen:

$$y = a + b_1 \cdot x_1 + b_2 \cdot x_2 + b_3 \cdot x_3 + \dots b_i \cdot x_i$$

Die Konstante a bezeichnet die Höhenlage, b_1 bis b_i die Regressionsgewichte der unabhängigen Variablen x_1 bis x_i.

Auf die weiteren mathematischen Besonderheiten der multiplen Regression kann an dieser Stelle nicht näher eingegangen werden. Einen vertiefenden Einblick bieten z. B. Bortz und Schuster (2010), Backhaus, Erichson, Plinke und Weiber (2006) und Fahrmeir, Künstler, Pigeot und Tutz (2004). Stattdessen soll auf einen Hauptvorteil der multiplen Regression gegenüber der einfachen Regression oder der Korrelationsanalyse hingewiesen werden: Das Verfahren der multiplen Regression kann den relativen Einfluss der einzelnen Prädiktoren im Kontext der anderen Prädiktoren ermitteln.

Damit ist gemeint, dass die multiple Regression nicht den unabhängigen Beitrag eines jeden Prädiktors separat ermittelt, wie das bei der linearen Regression der Fall ist. Stattdessen wägt die multiple Regression die Vorhersagekraft der einzelnen Prädiktoren gegeneinander ab, indem sie Überschneidungen (d. h. Interkorrelationen) zwischen den einzelnen Prädiktoren berücksichtigt. Einfach ausgedrückt treten die Prädiktoren somit in einen gegenseitigen Wettbewerb um die Vorhersage der Kriteriumsvarianz. Anhand der standardisierten Regressionsgewichte lässt sich dann der eigenständige Beitrag eines jeden Prädiktors ermitteln und mit dem Beitrag der anderen Prädiktoren vergleichen. Mitunter können die so ermittelten Regressionsgewichte entscheidend von den einfachen bivariaten Korrelationen zwischen den Prädiktoren und dem Kriterium abweichen. Die Ergebnisse der multiplen Regression sind in diesem Fall aussagekräftiger, da die betreffenden Prädiktoren einem strengeren Test unterworfen werden und eine nur scheinbare Vorhersagekraft als solche entlarvt werden kann.

Eine Fragestellung für die multiple Regression könnte beispielsweise lauten, anhand welcher Indikatoren die geeignetsten Bewerber um einen Studienplatz ausgewählt werden können. Als Kriterium wird der Studienerfolg, gemessen mit der Studienabschlussnote herangezogen. Als unabhängige Variablen kommen in Betracht: die Abiturgesamtnote, ein studienfachspezifischer Leistungstest und eine Beurteilernote aus einem persönlichen Auswahlgespräch. Ein mögliches Szenario könnte etwa so aussehen, dass alle drei Prädiktoren zunächst mit der Studienabschlussnote signifikant korrelieren. In der multiplen Regression könnte sich dagegen zeigen, dass nur die Abiturnote und der Leistungstest den Studienabschluss bedeutsam vorhersagen, das Auswahlgespräch jedoch keine zusätzliche Varianz in der Studienabschlussnote aufklären kann. Im Fachjargon sagt man, dass dieser Prädiktor keine »inkrementelle Validität« besitzt, also keine eigenständige Vorhersagekraft, die über diejenige der bereits in die Regression eingeschlossenen Variablen Abiturgesamtnote und Leistungstest hinausgeht. Hätte man lediglich die Korrelationen oder mehrere einfache Regressionen betrachtet, wäre diese Erkenntnis nicht möglich gewesen.

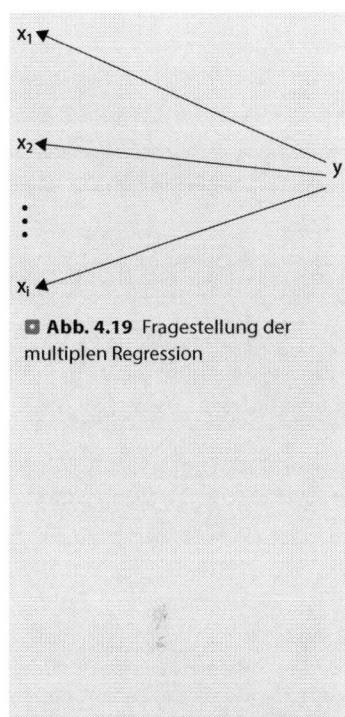

■ **Abb. 4.19** Fragestellung der multiplen Regression

Die multiple Regression eignet sich dazu, den relativen Einfluss eines Prädiktors im Kontext anderer Prädiktoren zu ermitteln.

4

Die multiple Regression ist die logische Erweiterung der einfachen Regression, die Sie in diesem Kapitel kennengelernt haben. Durch ihre Flexibilität ist sie ein in den empirischen Sozialwissenschaften sehr häufig verwendetes Verfahren.

Zusammenfassung

Thema von ▶ Kap. 4 war der Zusammenhang von Merkmalen. Dabei ist einerseits das Skalenniveau der untersuchten Variablen zu berücksichtigen, andererseits die Art des angenommenen Zusammenhangs. Wir haben in der Darstellung auf den linearen Zusammenhang fokussiert. Dieser lässt sich auf zwei verschiedene Arten statistisch bearbeiten:

Einerseits kann die Stärke des Zusammenhangs anhand deskriptiver Maße ausgedrückt werden. Wir haben für intervallskalierte Daten die Kovarianz und die Produkt-Moment-Korrelation kennengelernt. Die Produkt-Moment-Korrelation ist die standardisierte Form der Kovarianz und damit das aussagekräftigere Maß. Der Wertebereich der Korrelation erstreckt sich von −1 für einen perfekt negativen bis +1 für einen perfekt positiven Zusammenhang. Eine Nullkorrelation liegt bei $r = 0$ vor. Statistisch lässt sich die Korrelation über einen Signifikanztest absichern, der nach denselben Prinzipien wie der t-Test aus ▶ Kap. 3 funktioniert. Die Berechnung eines Konfidenzintervalls ist für die Korrelation ebenfalls möglich. Sollen mehrere Korrelationen zusammengefasst werden, ist es angebracht, die Fishers Z-Transformation anzuwenden, da Korrelationen keine Äquidistanz aufweisen.

Die Partialkorrelation bietet die Möglichkeit, den Einfluss einer Dritt- oder Störvariable aus dem Zusammenhang zweier Merkmale x und y herauszurechnen, um den »wahren« Zusammenhang zwischen x und y zu ermitteln. Die Partialkorrelation kann kleiner, größer oder gleich der Korrelation nullter Ordnung sein, je nachdem, ob die Drittvariable z sowohl mit x als auch y korreliert (Scheinzusammenhang), nur mit einer der beiden Variablen korreliert (Suppression) oder mit keiner der beiden Variablen korreliert.

Als weitere deskriptive Korrelationsmaße lernten wir die punktbiseriale Korrelation für den Zusammenhang zwischen einer intervallskalierten Variable und einem dichotomen Merkmal und die Rangkorrelation nach Spearman kennen. Beide Maße sind wie die Produkt-Moment-Korrelation interpretierbar.

Ein Zusammenhang kann aber auch über die Regressionsrechnung ermittelt werden, und zwar dann, wenn es von Interesse ist, aus den x-Werten auf die dazugehörigen y-Werte zu schließen. Dies wird durch die Berechnung der Regressionsgleichung ermöglicht, welche über die Regressionsgerade grafisch veranschaulicht werden kann. Die Steigung dieser Gerade heißt Regressionsgewicht. In der unstandardisierten Form gibt sie an, um wie viele Einheiten sich y verändert, wenn sich x um eine Einheit erhöht. In der standardisierten Form (Beta-Gewicht) gibt sie an, um wie viele Standardabweichungen sich y verändert, wenn sich x um eine Standardabweichung erhöht. Das standardisierte Regressionsgewicht eignet sich aufgrund der Bereinigung von den Originalmetriken der Merkmale gut zum Vergleich des Einflusses unterschiedlicher Prädiktoren.

Das Gütekriterium einer Regression ist ihre Vorhersagekraft. Schätzungen einer Regression sind umso zuverlässiger, je geringer die vorhergesagten Werte von den empirischen Werten abweichen. Der Standardschätzfehler gibt die Streuung der wahren Werte um die Regressionsgerade an. Wird die Regressionsvarianz zur Gesamtvarianz in Beziehung gesetzt, so ergibt sich der Determinationskoeffizient. Er gibt an, welcher Anteil der Kriteriumsvarianz aufgrund der Verteilung der x-Werte

▼

aufgeklärt werden kann. Er ist damit auch ein Maß für die Stärke eines bestehenden Zusammenhangs.

Die sinnvolle Berechnung einer Regression ist an vier wesentliche Bedingungen geknüpft: Dazu gehören die Normalverteilung und Intervallskalierung der Messwerte, ihre Unabhängigkeit innerhalb eines Merkmals und ausreichende Anzeichen dafür, dass es sich tatsächlich um einen linearen Zusammenhang handelt.

4.4 Aufgaben zu Kapitel 4

4.4.1 Verständnisfragen

a. Erklären Sie, wodurch jeweils ein positiver, negativer oder kein Zusammenhang zwischen zwei Variablen zustande kommt. Geben Sie für jeden der drei Fälle ein Beispiel.
b. Wie ist der Korrelationskoeffizient r_{xy} definiert? Welche Vorteile hat er als deskriptives Maß gegenüber der Kovarianz?
c. Was besagt eine Kovarianz/Korrelation von null?
d. Wie führt man eine arithmetische Mittelung von Korrelationskoeffizienten durch? Nennen Sie die wesentlichen Schritte.
e. Bringen Sie die Begriffe lineare Regression, Kriterium, Prädiktor, Regressionsgleichung, abhängige Variable und unabhängige Variable in einen sinnvollen Zusammenhang!
f. Welche Aussage gestattet der Determinationskoeffizient?
g. Welche Beziehung besteht bei der linearen Regression zwischen der Gesamtvarianz, der Regressionsvarianz und der Residualvarianz?

4.4.2 Anwendungsaufgaben

Aufgabe 1
An 15 Pädagogikstudenten wurden die Punktwerte in zwei Tests zur Erfassung von Hilfsbereitschaft erhoben. Dabei bedeuten hohe Werte im jeweiligen Test eine hohe Ausprägung an prosozialem Verhalten.
a. Zeichnen Sie ein Streudiagramm der Daten. Welche Art von Zusammenhang lässt sich vermuten?
b. Bestimmen Sie die Kovarianz zwischen den beiden Tests.
c. Berechnen Sie die Produkt-Moment-Korrelation r_{xy}.

Aufgabe 2
In einem Datensatz sind $\hat{\sigma}_x = 3$ und $\hat{\sigma}_y = 7$.
a. Welchen Wert kann die Kovarianz zwischen den beiden Merkmalen maximal annehmen?
b. Wie hoch müsste die empirische Kovarianz zwischen den Variablen mindestens sein, damit sich eine Korrelation von über 0,80 ergibt?

Person	Test X	Test Y
1	34	141
2	30	125
3	39	145
4	40	159
5	28	110
6	29	139
7	33	150
8	36	146
9	37	154
10	39	166
11	32	137
12	28	126
13	33	118
14	35	132
15	36	160

Schüler	Geschlecht w = 0; m = 1	Hilfsbereit- schaft
1	1	59
2	0	67
3	1	63
4	1	65
5	0	55
6	1	72
7	0	62
8	0	60
9	1	64
10	1	66
11	1	63
12	0	61
13	1	62
14	0	63
15	0	60

Student	Rang im IQ-Test	Rang in Klausur
1	3	1
2	7	4
3	8	8
4	4	5
5	12	10
6	2	2
7	6	9
8	5	6
9	11	11
10	10	12
11	1	3
12	9	7

Aufgabe 3

Sie sollen in einer Studie klären, ob es innerhalb einer bestimmten Klasse einen Zusammenhang zwischen dem Geschlecht der Schüler und deren Hilfsbereitschaft gibt. Diese wird mithilfe eines speziellen Tests mit Intervallskalenqualität erhoben. Ihre Untersuchung erbrachte die Daten in nebenstehender Tabelle.

a.   Bestimmen Sie die Güte des Zusammenhangs der untersuchten Variablen.

b.   Ist das gefundene Ergebnis statistisch signifikant ($\alpha = 0{,}05$)?

Aufgabe 4

Ein Weinhersteller wirbt Kunden mit dem Argument, dass Rotweinkonsum Weisheit fördere, da Rotweinkonsum und Weisheit zu $r = 0{,}45$ korreliert sind. Ein Psychologe bezweifelt dies, da beide Variablen mit dem Alter zusammenhängen: Rotweinkonsum und Alter zu $r = 0{,}68$, Weisheit und Alter zu $r = 0{,}55$. Zeigen Sie, dass der Weinhersteller einer Scheinkorrelation auf den Leim gegangen ist!

Aufgabe 5

Zwölf Studierende werden anhand ihrer Ergebnisse in einer Statistikklausur in eine Rangreihe gebracht. Dem Besten wurde Rang 1 zugeteilt, dem Zweiten Rang 2 usw. Dieselben Studenten unterzogen sich einem Intelligenztest und wurden anschließend ebenfalls anhand der Ergebnisse in eine Reihenfolge vergleichbar der ersten eingeteilt. Diese beiden Rangfolgen sind in der Tabelle aufgeführt.

Berechnen Sie die Korrelation der beiden Rangfolgen nach Spearman.

Aufgabe 6

In der Persönlichkeitsforschung betrifft eine kontroverse Frage den Anteil, den die Vererbung an der Ausprägung von Persönlichkeitsmerkmalen hat wie z. B. der Intelligenz. Ein wichtiges Untersuchungsparadigma ist die Zwillingsforschung. In dem Maße, in dem sich getrennt voneinander aufgewachsene eineiige Zwillinge bezüglich eines Merkmals ähnlich sind, kann auf eine genetische Veranlagung des Merkmals geschlossen werden.

Zehn getrennt voneinander aufgewachsene (eineiige) Zwillingspaare nehmen in einer Studie an einem Intelligenztest teil. Die Ergebnisse des Tests zeigt nebenstehende Tabelle.

a. Zeichnen Sie die Verteilung der Messwertepaare in ein Koordinatensystem ein (x-Achse: Zwilling 1; y-Achse: Zwilling 2).
b. Bestimmen Sie diejenige lineare Funktion, die es erlaubt, die Merkmalsausprägung y aus den Werten von x vorherzusagen.
c. Zeichnen Sie die zugehörige Regressionsgerade in das Koordinatensystem ein.
d. Bestimmen Sie die Residualvarianz und den Standardschätzfehler der linearen Regression.
e. Geben Sie eine statistisch fundierte Antwort auf die Frage nach dem Anteil, den die Anlage (Vererbung) in diesem Beispiel an der Ausprägung von Intelligenz hat. Welchen Einfluss repräsentiert die Residualvarianz?

Aufgabe 7

Es soll untersucht werden, in welchem Zusammenhang die in einem Test erfasste Leistungsmotivation mit der Leistung in einer motorischen Geschicklichkeitsaufgabe steht. Für die 15 Testpersonen wurden die angeführten Daten ermittelt.

a. Zeichnen Sie das Streudiagramm.
b. Berechnen Sie r_{xy}.
c. Diskutieren Sie die Höhe des Korrelationskoeffizienten und die Art des Zusammenhangs.

Paar	IQ Zwilling 1 x	IQ Zwilling 2 y
1	110	100
2	98	102
3	101	95
4	79	86
5	107	102
6	98	100
7	95	93
8	100	108
9	112	115
10	95	99

Person	Leistungsmotivation	Motorische Aufgabe
1	73	10
2	83	12
3	70	6
4	91	5
5	76	13
6	80	15
7	90	7
8	85	14
9	70	8
10	72	6
11	80	12
12	87	8
13	89	11
14	75	10
15	86	11

Vp-Nr.	Geschlecht	Alter	Angsttestwert	Assoziationen
1	w	23	62	6
2	w	25	53	8
3	m	32	46	15
4	w	22	51	16
5	m	23	59	10
6	m	20	41	17

Aufgabe 8

Eine Persönlichkeitspsychologin interessiert sich für den Zusammenhang von Angstneigung und Kreativität. Die Angstneigung wird dabei über einen Test (normiert mit Mittelwert 50 und Streuung 10) erfasst, die Kreativität hingegen so, dass der Proband zu einem vorgegebenen Bild möglichst viele Assoziationen aufschreiben soll. Die Psychologin erhält die Ergebnisse in der Tabelle.

a. Erstellen Sie ein Streudiagramm der beiden interessierenden Variablen (x-Achse: Assoziationen; y-Achse: Testwert).
Was können Sie über Richtung und Stärke des Zusammenhangs bereits jetzt aussagen?

b. Berechnen Sie die univariaten Statistiken der beiden Variablen (Mittelwerte, Varianzen und Streuungen).

c. Berechnen Sie die Kovarianz der beiden Variablen.

d. Berechnen Sie den Korrelationskoeffizienten.

e. Nehmen wir an, die Psychologin will Angsttestwerte aus der Anzahl der Assoziationen vorhersagen. Wie muss sie prinzipiell vorgehen? (nicht rechnen, nur beschreiben)

f. Berechnen Sie die Regressionsgleichung und zeichnen Sie die dazugehörige Gerade in das Streudiagramm ein.

g. Berechnen Sie den Determinationskoeffizienten. Was sagt er aus?

h. Berechnen Sie den Standardschätzfehler der Regression.

i. Wie groß ist die Regressionsvarianz?

j. Wie hoch wäre der Korrelationskoeffizient, wenn die Angstwerte der Prädiktor wären und die Anzahl der Assoziationen das Kriterium?

k. In welchem konkreten Punkt schneiden sich die beiden möglichen Regressionsgeraden?

l. In zwei anderen Studien wurden mit dem gleichen Vorgehen Korrelationen zwischen Angst und Assoziation von r = –0,70 und r = –0,62 gefunden. Errechnen Sie zusammen mit dem hier gefundenen Ergebnis eine mittlere Korrelation!

m. Wie groß ist die Korrelation zwischen dem Alter der Versuchspersonen und ihren Angstwerten?

n. Berechnen Sie aus der Prädiktorvariable »Alter« den vorhergesagten Wert im Angsttest für eine Versuchsperson, die a) 18 Jahre, b) 40 Jahre und c) 100 Jahre alt ist.
Beurteilen Sie anhand eines geeigneten Maßes, ob diese Vorhersage sinnvoll ist. Wenn man für diese Regression (Alter und Angst) die Gerade in das entsprechende Streudiagramm einzeichnet, wie groß kann maximal die Steigung dieser Geraden werden?
Wie groß ist die maximale Steigung dieser Geraden, wenn man die Variablen vorher z-standardisiert?

o. Berechnen Sie den geeigneten Korrelationskoeffizienten für den Zusammenhang zwischen dem Geschlecht der Versuchsperson und ihren Werten im Angsttest!

p. Wie viel Prozent der Varianz der Angstwerte wird durch die Variable »Geschlecht der Versuchsperson« aufgeklärt?

q. Ein anderer Psychologe führt die Untersuchung zum Zusammenhang von »Angstneigung« und »Kreativität« nochmals durch, diesmal allerdings (schlauerweise) mit viel mehr Versuchspersonen. Die Kreativität erfasst er über eine Selbsteinschätzung der Personen: Sie sollen angeben, ob sie sich für »eher kreativ« oder »eher nicht kreativ« halten. Welcher Korrelationskoeffizient muss hier gewählt werden?

Anhang

B. Rasch et al., *Quantitative Methoden 1*,
DOI 10.1007/978-3-662-43524-3, © Springer-Verlag Berlin Heidelberg 2014

Anhang A1: Lösungen der Aufgaben

Lösungen zu Kapitel 1

Verständnisaufgaben

Aufgabe 1

a. Richtig: Der Modalwert ist der Wert einer Verteilung, der die größte Auftretens-wahrscheinlichkeit hat.

b. Falsch: Dies gilt nur für eine ungerade Anzahl von ganzzahligen Messwerten. Bei einer geraden Anzahl liegt der Median zwischen den zwei mittleren Werten und kann unter Umständen einen gebrochenen Wert annehmen.

c. Richtig: Der Mittelwert ist formal definiert als die an der Anzahl der Messwerte relativierte Summe der Einzelwerte.

d. Falsch: Bei einer bimodalen Verteilung gibt es z. B. zwei Modi.

e. Richtig: Der Mittelwert liegt so, dass die Summe der quadrierten Abweichungen der Werte vom Mittelwert minimal ist.

f. Falsch: In einer Nominalskala werden den Merkmalsausprägungen willkürlich Zahlen zugeordnet, ungeachtet der Reihenfolge und der Abstände der Zahlen. Die Berechnung eines Mittelwerts ist auf diesem Skalenniveau nicht sinnvoll.

g. Falsch: Die soziale Schicht beinhaltet Informationen über eine Reihenfolge (Ordinalskala).

h. Richtig: Auf Ordinalskalenniveau sind alle linearen Transformationen erlaubt.

Aufgabe 2

a. Reines Klassifikationssystem, keine Informationen über Abstände und Reihen-folge; Skalentyp: Nominalskala.

b. Physikalische Skala mit Äquidistanz und definiertem Nullpunkt; Skalentyp: Verhältnisskala.

c. Enthält Informationen über eine Reihenfolge (je mehr das Kind heben kann, desto fitter ist es). Ob die relativen Abstände der körperlichen Verfassung aller-dings korrekt durch Gewichtheben abgebildet werden, ist fraglich; Skalentyp: Ordinalskala.

d. Physikalische Skala mit Äquidistanz und definiertem Nullpunkt; Skalentyp: Verhältnisskala.

e. Vergleiche c.; mögliches Problem: unterschiedliche Aufgabenschwierigkeit; etablierte psychologische Intelligenztests liefern allerdings in den meisten Fällen intervallskalierte Daten.

f. In der Regel werden aus Schulnoten Mittelwerte gebildet, sie werden also als in-tervallskaliert betrachtet. Ob aber das Intervall zwischen 1 und 2 wirklich das Gleiche ist wie das zwischen 3 und 4, soll an dieser Stelle nur zur Diskussion anregen.

Anwendungsaufgaben

Aufgabe 1

Ordinalskala, vielleicht Intervallskala; Problem: unterschiedliche Wortschwierigkeit.

Aufgabe 2

a. $\bar{x} = 19,5$; $\hat{\sigma}_x^2 = 37,9$; $\hat{\sigma}_x = 6,16$
b. $\bar{x} = 44$; $\hat{\sigma}_x^2 = 151,6$; $\hat{\sigma}_x = 12,32$
c. $-1,06$; $1,38$; $1,06$; $-0,08$; $-0,73$; $-0,57$

Aufgabe 3

a. $\bar{x}_A = 10$, $\hat{\sigma}_A^2 = 5$; $\bar{x}_B = 25$, $\hat{\sigma}_B^2 = 5$
b. $\bar{x}_{Gesamt} = 17,5$, $\hat{\sigma}_{Gesamt}^2 = 66,9$
   Die Gesamtvarianz ist deshalb so groß, weil die beiden Gruppen auf dem Zahlenstrahl sehr weit auseinander liegen. Zusätzlich zu der Varianz innerhalb der Gruppen gibt es eine Varianz zwischen den Gruppen (vgl. auch ▶ Kap. 3).

Aufgabe 4

a. Geschlecht: Nominalskala; Alter: Verhältnisskala
b. weiblich: 66,67 %; männlich: 33,33 %
c. Siehe Tabelle
d. Siehe Tabelle
e. 66,67 %
f. Median = 21; Modus = 20
g. $(3 \cdot 19 + 4 \cdot 20 + 3 \cdot 21 + 2 \cdot 22 + 1 \cdot 23 + 1 \cdot 2\,4 + 1 \cdot 27) / 15 = 318 / 15 = 21,2$
h. männlich: 22,8; weiblich: 20,4 ⇒ Die Studentinnen sind im Durchschnitt um 2,4 Jahre jünger.
i. Variationsbreite: 27 – 19 = 8

$$\text{Varianz: } \hat{\sigma}_x^2 = \frac{\sum_{i=1}^{n}(x_i - \bar{x})^2}{n-1} = 4,74 \; ; \; \text{Streuung: } \hat{\sigma}_x = \sqrt{\hat{\sigma}_x^2} = 2,18$$

Aufgabe 5

Für die Bestimmung des theoretischen Werts x_2 im anderen Angsttest ist eine z-Transformation erforderlich.

$$z = \frac{x - \mu}{\sigma} = \frac{12 - 20}{\sqrt{25}} = -\frac{8}{5}$$

$$\Rightarrow -\frac{8}{5} = \frac{x - 0}{\sqrt{100}} \Leftrightarrow x = -\frac{8 \cdot 10}{5} = -16$$

In dem anderen Angsttest würde die Versuchsperson einen Wert von −16 erhalten.

Lösungen zu Kapitel 2

Aufgabe 1

Zwei: Mittelwert und Streuung

Aufgabe 2

a. Oberhalb von $z = 0,84$ liegen 20 % der Werte
b. Unterhalb von $z = 0,39$ liegen 65 % der Werte

Alter	Häufigkeit	Prozent	Kumulierte Prozent
19	3	20	20
20	4	26,67	46,67
21	3	20	66,67
22	2	13,33	80
23	1	6,67	86,67
24	1	6,67	93,34
27	1	6,67	100,01[a]

[a] Hinweis: Die Zahl 100,01 % ist auf Rundungsfehler zurückzuführen

Aufgabe 3

Bei beiden Verteilungen liegen 86,6 % der Fläche zwischen ±1,5 Standardabweichungs-einheiten. In der z-Tabelle sind die Flächen angegeben, die der jeweilige z-Wert nach links abschneidet. Bei der Berechnung der Fläche zwischen zwei Grenzen müssen wir die Fläche der unteren Grenze von der Fläche der oberen Grenze abziehen.

Für $z = -1,5$ und $z = +1,5$ also: $0,9332 - 0,0668 = 0,8664$

Aufgabe 4

Beide Punktwerte liegen eine Standardabweichungseinheit über dem Mittelwert. Da beide Tests hinreichend normalverteilt sind, hat Mario in beiden Tests den gleichen Prozentrang und ist somit in beiden Tests »gleich gut«.

Aufgabe 5

Wie groß ist der IQ-Wert, der 5 % der Fläche in der Häufigkeitsverteilung nach rechts abschneidet?

Rechenweg: Den z-Wert nachschlagen, der 95 % der Fläche nach links abschneidet, und diesen z-Wert in die Verteilung des Intelligenztests transformieren.

$p = 0,95 \Rightarrow z = 1,65$

$x = \sigma_x \cdot z_x + \mu = 15 \cdot 1,65 + 100 = 124,75$

Eine Person müsste also mindestens einen IQ von 125 haben, um in dieser Firma einen Job zu bekommen.

Aufgabe 6

a. Z-Transformation eines einzelnen Werts:

$$z_i = \frac{x_i - \mu}{\sigma_x} = \frac{10 - 15}{2} = -\frac{5}{2} = -2,5$$

Wahrscheinlichkeit für 10 oder kleiner: $p = 0,0062$ (0,62 %)

b. Der Bereich 13 bis 17 entspricht in diesem Test ± einer Standardabweichung. Die Wahrscheinlichkeit, dass eine Versuchsperson einen Wert zwischen 13 und 17 erhält, ist $p = 0,68$ (68 %).

c. Wir könnten z. B. festlegen, jemanden als außergewöhnlich extravertiert zu bezeichnen, wenn sein Wert mindestens zwei Streuungseinheiten (SE) über dem Mittelwert liegt. Bei einer Streuung von zwei und einem Populationsmittelwert von 15 wäre eine Versuchsperson ab einem Extraversionswert von 19 außergewöhnlich extravertiert.

d. Wir könnten auch hier einen Abstand von zwei Streuungseinheiten festlegen, um »außergewöhnlich extravertiert« zu spezifizieren. Allerdings wird die Streuung von Mittelwerten durch den Standardfehler bestimmt:

$$\sigma_{\bar{x}} = \frac{\sigma_x}{\sqrt{n}} = \frac{2}{\sqrt{4}} = 1$$

Bei einem Standardfehler von 1 und einem Populationsmittelwert von 15 würde man eine Gruppe von 4 Personen ab einem Gruppenmittelwert von 17 als außergewöhnlich extravertiert bezeichnen.

Lösungen zu Kapitel 3

Verständnisaufgaben

Aufgabe 1

a. Nullhypothese: Die Ursache für die Differenz zwischen den Mittelwerten zweier untersuchter Gruppen ist rein zufällig zustande gekommen, d. h., die beiden Stichproben wurden aus zwei Populationen gezogen, die denselben Populationsmittelwert und dieselbe Streuung haben.

   Alternativhypothese: Es besteht ein systematischer Unterschied zwischen den beiden untersuchten Gruppen, d. h., die beiden Stichproben wurden aus Populationen gezogen, die einen unterschiedlichen Populationsmittelwert haben.

b. Die t-Verteilung ist trotz der Standardisierung immer noch von dem Stichprobenumfang abhängig. Dies liegt daran, dass in die Berechnung des t-Werts nicht einer, sondern zwei erwartungstreue Schätzer für Populationsparameter eingehen: Es müssen die Varianzen von zwei Populationen geschätzt werden, um die Streuung der Stichprobenkennwerteverteilung selbst zu schätzen. Die Freiheitsgrade der gefundenen Mittelwertsdifferenz erlauben eine genaue Beschreibung der zu verwendenden t-Verteilung.

c. Mit der Festlegung eines Signifikanzniveaus wird ein Entscheidungskriterium für die Bewertung des empirischen Ergebnisses bestimmt. Ist die Auftretenswahrscheinlichkeit des empirischen Ergebnisses unter der Nullhypothese kleiner als das gewählte Signifikanzniveau, so wird die Nullhypothese abgelehnt und die Alternativhypothese angenommen.

d. Die mathematischen Voraussetzungen für den t-Test sind die Intervallskalenqualität der Messdaten, die Normalverteilung des untersuchten Merkmals in der Population und die Varianzhomogenität (Gleichheit der Varianzen) der Populationen der beiden Stichproben.

e. Eine ungerichtete Alternativhypothese nimmt lediglich an, dass die Differenz der Populationsmittelwerte nicht gleich null ist.

   Eine gerichtete Alternativhypothese sagt bereits eine erwartete Richtung der Mittelwertsdifferenz voraus.

f. Der Varianzquotient Ω^2 ist ein prozentuales Effektstärkenmaß. Er bestimmt das Verhältnis der systematischen Varianz zur Gesamtvarianz.

Aufgabe 2

a. Der α-Fehler oder Fehler 1. Art ist die Entscheidung für die H_1, obwohl in Wirklichkeit die H_0 gilt. Die α-Fehlerwahrscheinlichkeit ist $\alpha = p(H_1|H_0)$.

b. Der β- Fehler oder Fehler 2. Art ist die Entscheidung für die H_0, obwohl in Wirklichkeit die H_1 gilt. Die β-Fehlerwahrscheinlichkeit ist $\beta = p(H_0|H_1)$.

c. Die Teststärke ist gleich $1 - \beta$.

d. Nach Bestimmung eines Signifikanzniveaus α ist die β-Fehlerwahrscheinlichkeit festgelegt, wenn die Stichprobengröße und der angenommene Effekt nicht verändert werden. Eine Verkleinerung von α bedingt dann eine Vergrößerung von β und damit eine Verkleinerung der Teststärke. Es ist deshalb nicht immer sinnvoll, in einem t-Test ein sehr niedriges Signifikanzniveau zu wählen, weil durch den größeren β-Fehler ein nicht signifikantes Ergebnis nicht mehr eindeutig zu interpretieren sein kann.

Aufgabe 3

Der β-Fehler ist die Wahrscheinlichkeit, sich fälschlicherweise **gegen** die Alternativhypothese zu entscheiden. Um den β-Fehler zu erhalten, muss man zunächst einen **Populationseffekt** festlegen. Je weniger Versuchspersonen man erhebt, desto **größer** wird der β-Fehler bei sonst gleichen Größen, denn umso **größer** wird auch die Streuung der **Stichprobenkennwerte**verteilung. Je größer der interessierende Populationseffekt ist, desto **größer** wird die Teststärke. Die Teststärke gibt die Wahrscheinlichkeit an, mit der man ein signifikantes Ergebnis **findet**, falls ein Populationseffekt einer bestimmten Größe **existiert**. Auch das α-Niveau spielt hier eine Rolle, denn je strenger man dieses festlegt, desto **kleiner** wird die Teststärke.

Anwendungsaufgaben

Aufgabe 1

a. Der Test muss einseitig durchgeführt werden, denn die inhaltliche Hypothese besagt ja ganz explizit: »Gruppe 1 sollte höhere Punktzahlen erreichen als Gruppe 2.«

b. Die statistische Alternativhypothese ist hier relevant: $H_1: \mu_1 - \mu_2 > 0$

c. Die empirische Mittelwertsdifferenz sollte eher positiv sein.

d. Die Streuung der Stichprobenkennwerteverteilung würde kleiner werden.

Aufgabe 2

a. Relevant ist hier die Differenz der gemittelten Werte des Therapieerfolgs pro Gruppe.

b. Diese Mittelwertsdifferenz sollte theoretisch null betragen, die Nullhypothese ist also die relevante Hypothese. Für die Prüfung der Nullhypothese ist immer ein zweiseitiger Test erforderlich.

Aufgabe 3

Hier muss gar nichts gerechnet werden, denn das empirische Ergebnis spricht bereits gegen die Richtung der Alternativhypothese. (Theoretisch wird eine positive Mittelwertsdifferenz angenommen, aber die empirische Mittelwertsdifferenz ist negativ!)

Aufgabe 4

a.

$$\text{Mittelwert: } \begin{matrix} \overline{x}_1 = 3{,}6 \\ \overline{x}_2 = 6{,}6 \end{matrix} \text{ und Streuung: } \begin{matrix} \hat{\sigma}_1 = 1{,}14 \\ \hat{\sigma}_2 = 1{,}67 \end{matrix}$$

b. Ungerichtete statistische Hypothese: $\mu_2 - \mu_1 \neq 0$
Berechnung des t-Werts:

$$t_{(df=8)} = \frac{\overline{x}_2 - \overline{x}_1}{\hat{\sigma}_{\overline{x}_2 - \overline{x}_1}} = \frac{\overline{x}_2 - \overline{x}_1}{\sqrt{\dfrac{\hat{\sigma}_2^2}{n_1} + \dfrac{\hat{\sigma}_1^2}{n_1}}} \Rightarrow t_{(df=8)} = \frac{6{,}6 - 3{,}6}{\sqrt{\dfrac{1{,}67^2}{5} + \dfrac{1{,}14^2}{5}}} = \frac{3}{0{,}9} = 3{,}33$$

$\Rightarrow t_{\text{krit}(df=8)} = 2{,}31$ (► Tabelle B im Anhang A2, Spalte für 0,975, da ungerichtete Hypothese). Der empirische t-Wert ist größer als der kritische t-Wert, die Mittelwerte unterscheiden sich signifikant voneinander ($p_{zweiseitig} < 0{,}05$).

► Tabelle B im Anhang A2

Aufgabe 5

a. Statistische Hypothese (einseitige Fragestellung): $\mu_{pos} - \mu_{neg} > 0$
Berechnung des t-Werts:

$$t_{(df=51)} = \frac{\overline{x}_{pos} - \overline{x}_{neg}}{\hat{\sigma}_{\overline{x}_{pos} - \overline{x}_{neg}}} = \frac{\overline{x}_{pos} - \overline{x}_{neg}}{\sqrt{\dfrac{\hat{\sigma}_{pos}^2}{n_{pos}} + \dfrac{\hat{\sigma}_{neg}^2}{n_{neg}}}} \Rightarrow t_{(df=51)} = \frac{6{,}8 - 5{,}9}{\sqrt{\dfrac{3{,}2}{25} + \dfrac{3{,}8}{28}}} = \frac{0{,}9}{0{,}51} = 1{,}76$$

Wahrscheinlichkeit des t-Werts unter der Nullhypothese: $p < 0{,}05$ ($t_{krit(df=40)} = 1{,}684$)

⇒ Die Nullhypothese kann verworfen werden; die Filme haben einen Einfluss auf die Stimmung.

b. Berechnung des empirischen Effekts aus den Daten:

$$f^2 = \frac{t^2 - 1}{N} = \frac{1{,}76^2 - 1}{53} = 0{,}040$$

$$\omega^2 = \frac{f^2}{f^2 + 1} = \frac{0{,}04}{0{,}04 + 1} = 0{,}038$$

⇒ Die Unterschiede in den Filmen erklären 3,8 % der Gesamtvarianz in der Stimmung der Versuchspersonen.

c. Stichprobenumfangsplanung:

$$\lambda_{90\%} = 8{,}56 \;\Rightarrow\; N = \frac{\lambda_{\text{Teststärke}}}{\Phi^2} = \frac{\lambda_{\text{Teststärke}}}{\dfrac{\Omega^2}{1 - \Omega^2}} = \frac{8{,}56}{\dfrac{0{,}05}{1 - 0{,}05}} = 162{,}64 \approx 164$$

⇒ Der Forscher hätte eigentlich 82 Personen pro Gruppe benötigt, um einen Effekt der Größe $\Omega^2 = 0{,}05$ mit einer Wahrscheinlichkeit von 90 % zu finden.

▶ Tabelle B im Anhang A2

Aufgabe 6

a. Ungerichtete Fragestellung: $t_{krit(df=120)} = 1{,}98$ (▶ Tabelle B im Anhang A2, Spalte für 0,975). Das Ergebnis ist auf dem 5%-Niveau signifikant ($p_{zweiseitig} < 0{,}05$), die H_0 kann abgelehnt werden.

b. Empirisches Effektstärkenmaß ω^2 ausrechnen:

$$f^2 = \frac{t^2 - 1}{N} = \frac{(4{,}88)^2 - 1}{160} = 0{,}14259 \;=>\; \omega^2 = \frac{f^2}{1 + f^2} = 0{,}1248$$

Da der empirische Effekt etwa 12,5 % beträgt und der Untersucher bereits einen Effekt von 10 % akzeptiert, kann das Ergebnis als »inhaltlich bedeutsam« angesehen werden.

Aufgabe 7

a. H_0: $\mu_1 - \mu_2 \geq 0$
H_1: $\mu_1 - \mu_2 < 0$; die H_1 ist hier relevant.

b. Schritte:

1. Streuung der Stichprobenkennwerteverteilung berechnen.
2. t-Wert unter der Nullhypothese bestimmen.
3. Wahrscheinlichkeit für diesen Wert berechnen bzw. Vergleich mit t_{krit}.

$$\hat{\sigma}_{\bar{x}_1 - \bar{x}_2} = \sqrt{\frac{\hat{\sigma}_1^2}{n_1} + \frac{\hat{\sigma}_2^2}{n_2}} = \sqrt{\frac{608400}{21} + \frac{672400}{21}} = \sqrt{60990{,}5} \approx 247$$

$$t_{df=40} = \frac{(\bar{x}_1 - \bar{x}_2) - (\mu_1 - \mu_2)}{\hat{\sigma}_{\bar{x}_1 - \bar{x}_2}} = \frac{-1157 - 0}{247} = -4{,}68$$

$$t_{krit(df=40)} = 1{,}684$$

c. Das Ergebnis ist signifikant, denn die Differenz der Mittelwerte geht in die vorhergesagte Richtung und der Betrag des empirischen t-Werts ist größer als der Betrag des kritischen t-Werts. Die Wahrscheinlichkeit, dass man sich irrt, wenn man die H_0 hier ablehnt, ist deshalb kleiner als das festgesetzte α-Niveau von 5 %. Man entscheidet sich also dafür, einen Effekt gefunden zu haben. Nun muss nur noch berechnet werden, wie groß der gefundene Effekt ist. Gemäß des Rechenwegs (vgl. ▶ Aufgabe 5b) erhält man $\omega^2 \approx 0{,}33$. Der geschätzte Populationseffekt beträgt hier etwa 33 %. Das ist ziemlich beachtlich: 33 % der Unterschiede in den

Gewichtsdifferenzen der Zwillinge werden durch die Enge der genetischen Verwandtschaft erklärt.

Aufgabe 8

$f^2 = 0{,}069$; $\omega^2 = 0{,}0645 \approx 6{,}5\,\%$ (Rechenweg: ► Aufgabe 5b)

Aufgabe 9

a. Er muss berechnen, wie groß die Wahrscheinlichkeit war, ein signifikantes Ergebnis zu erhalten, falls ein Effekt von $\Omega^2 \geq 0{,}2$ in der Population wirklich existiert hätte.
   Schritte:
   1. λ aus Ω^2 und N berechnen.
   2. Aus der richtigen Tabelle die Teststärke für diesen λ-Wert ermitteln:

$$\lambda = \frac{\Omega^2}{1 - \Omega^2} \cdot N = \frac{0{,}2}{0{,}8} \cdot 62 = 15{,}5$$

Hier: einseitiger Test, α-Niveau: 5 %, also ist die λ-Tabelle TPF-7 (► Tabelle C im Anhang A2) relevant. Aus ihr wird bei FG(Z) = 1 für λ = 15,5 eine Teststärke von etwa 99 % ermittelt.

► Tabelle C im Anhang A2

b. Eine Teststärke von 99 % besagt: »Wenn es einen Effekt von $\Omega^2 \geq 0{,}2$ in der Population gegeben hätte, dann hätte ich in meinem Experiment mit 99%-iger Sicherheit ein signifikantes Ergebnis erhalten.« Anders ausgedrückt: »Die Wahrscheinlichkeit, dass ich mich irre, wenn ich jetzt die H_0 annehme, beträgt nur etwa 1 %.« Somit kann die H_1 verworfen werden! Allerdings werden mit der berechneten Wahrscheinlichkeit nur Effekte der Größe $\Omega^2 \geq 0{,}2$ ausgeschlossen. Es ist durchaus möglich, dass kleinere Effekte in der Population existieren.

c. Für größere Populationseffekte ist die Teststärke eines Tests höher. Wenn ein Effekt der Größe $\Omega^2 = 0{,}2$ mit 99%-iger Sicherheit ausgeschlossen werden kann, dann kann die Existenz von größeren Effekten mit einer noch höheren Sicherheit verneint werden.

d. Wenn der Wissenschaftler ein α-Niveau von 10 % akzeptiert hätte, wäre das Testergebnis signifikant geworden, d. h., er hätte sich gegen die H_0 entscheiden müssen.

Aufgabe 10

Schritte:
1. α und β festlegen und mit ihnen die richtige Tabelle bestimmen.
2. λ aus der richtigen Tabelle ablesen.
3. Ω^2 in Φ^2 umrechnen.
4. λ und Φ^2 in die Formel zur Berechnung von n einsetzen.

Hier: zweiseitiger Test, α-Niveau: 5 %, also ist ► Tabelle C im Anhang A2 (TPF 6) hier relevant. Für eine Teststärke von 95 % liest man bei FG(Z) = 1 einen Wert von λ = 13 ab.

► Tabelle C im Anhang A2

$$\Phi^2 = \frac{\Omega^2}{1 - \Omega^2} = \frac{0{,}15}{0{,}85} \approx 0{,}176 \quad \text{n mit } \lambda \text{ und } \Phi^2 \text{ ausrechnen:}$$

$$N = \frac{\lambda}{\Phi^2} = \frac{13}{0{,}176} \approx 73{,}86 => n = \frac{73{,}86}{2} = 36{,}93$$

Pro Gruppe müssen also 37 Versuchspersonen untersucht werden, um mit 95%-iger Wahrscheinlichkeit ein signifikantes Ergebnis zu finden, falls ein Populationseffekt von 15 % (oder größer) wirklich existiert. Insgesamt würden demnach 74 Personen für dieses Experiment benötigt.

▶ Tabelle C im Anhang A2

Aufgabe 11

Berechnung der Teststärke (Lösungsweg: ▶ Aufgabe 9a). Für $\lambda = 4{,}21$ ergibt sich in ▶ Tabelle C im Anhang A2 (TPF 3) eine Teststärke von $< 50\,\%$. Bei einem nicht signifikanten Ergebnis kann sie bei einer so geringen Teststärke bzw. bei einer β-Fehlerwahrscheinlichkeit von über $50\,\%$ keine Entscheidung für die Nullhypothese treffen. Die Versuchspersonenanzahl ist für seine Untersuchung zu gering. Es ist nicht auszuschließen, dass ein Effekt der Größe $5\,\%$ in der Population vielleicht doch existiert.

Aufgabe 12

Um ein signifikantes Ergebnis bewerten zu können, muss der empirische Effekt aus den Daten berechnet werden.

$$f^2 = \frac{t^2 - 1}{N} = \frac{1{,}96^2 - 1}{300} = 0{,}009 \; ; \; \omega^2 = \frac{f^2}{1 + f^2} = \frac{0{,}009}{1 + 0{,}009} = 0{,}009$$

Der empirische Effekt des Medikaments im Vergleich zu einem Placebo ist kleiner als $1\,\%$. Sie sollten ihrem Freund raten, das Medikament nicht zu kaufen.

Aufgabe 13

a. Statistische Hypothesen für einen t-Test für abhängige Stichproben (einseitig, nachher – vorher):

H_0: $\mu_d \leq 0$
H_1: $\mu_d > 0$ inhaltlich relevant

b. Kennwert und Streuung des Kennwerts: $\bar{x}_d = 1{,}6$; $\hat{\sigma}_d = 1{,}65$

Streuung der Stichprobenkennwerteverteilung: $\hat{\sigma}_{\bar{x}_d} = \frac{\hat{\sigma}_d}{\sqrt{N}} = \frac{1{,}65}{\sqrt{10}} = 0{,}52$

c. t-Test für abhängige Stichproben:

$$t_{df=9} = \frac{\bar{x}_d}{\hat{\sigma}_{\bar{x}_d}} = \frac{1{,}6}{0{,}52} = 3{,}07 \; \Rightarrow p < 0{,}01; \; t_{krit(df=9)} = 1{,}83$$

Das Ergebnis ist signifikant. Die Meditation hat einen positiven Einfluss auf die Zufriedenheit der Patienten.

Lösungen zu Kapitel 4

Verständnisfragen

a. Ein positiver Zusammenhang bedeutet, dass die Werte auf beiden Variablen in gleicher Weise variieren (vom Mittelwert abweichen), d. h. überdurchschnittliche Werte auf x entsprechen überdurchschnittlichen Werten auf y, während unterdurchschnittliche Werte auf x mit unterdurchschnittlichen Werten auf y einhergehen. Beispiel: Aufmerksamkeit und Erinnerung.
Ein negativer Zusammenhang tritt auf, wenn hohe Werte auf der einen Variable mit niedrigen Werten auf der anderen einhergehen und umgekehrt. Beispiel: Angst und Selbstsicherheit.
Kein Zusammenhang existiert, wenn beide Variablen unsystematisch miteinander variieren, d. h., es lässt sich kein Trend feststellen. Beispiel: Schuhgröße und Introversion.

b. Der Korrelationskoeffizient ist der Quotient aus empirischer Kovarianz und maximaler Kovarianz. Die maximale Kovarianz entspricht dem Produkt der beiden Merkmalsstreuungen. Der Korrelationskoeffizient ist aufgrund der Relativierung maßstabsunabhängig (standardisiert) und hat einen festen Wertebereich (–1 bis

+1). Korrelationskoeffizienten unterschiedlicher Stichproben oder verschiedener Variablen können so miteinander verglichen werden, was mit der Kovarianz nicht möglich ist.

c. Eine Kovarianz (Korrelation) von null besagt, dass die untersuchten Merkmale voneinander unabhängig sind, d. h., Variable x steht in keinerlei Zusammenhang mit Variable y.

d. Mithilfe der Fishers Z-Transformation lassen sich Produkt-Moment-Korrelationen mitteln. Die nötigen Schritte sind:
  1. Transformation der einzelnen Werte in Fishers Z-Werte
  2. Bilden eines Z-Mittelwerts
  3. Rücktransformation des Z-Mittelwerts in eine Korrelation

e. Die lineare Regression dient der Merkmalsvorhersage. Aus der Ausprägung der unabhängigen Variable x, genannt Prädiktor, kann die zugehörige Ausprägung der abhängigen Variable, des Kriteriums, mithilfe der Regressionsgleichung vorhergesagt werden.

f. Der Determinationskoeffizient gibt denjenigen Varianzanteil der abhängigen Variable y wieder, der durch die unabhängige Variable aufgeklärt werden kann. Er ist somit ein prozentuales Maß für den gemeinsamen Varianzanteil zweier Variablen. Ebenso lässt er sich als Effektstärkenmaß begreifen, das die Größe des Einflusses der unabhängigen Variable auf die abhängige Variable angibt.

g. Bei der linearen Regression lässt sich die Gesamtvarianz der tatsächlichen Werte des Kriteriums in die Regressionsvarianz und die Residualvarianz aufspalten:

$$\hat{\sigma}_y^2 = \hat{\sigma}_{\hat{y}}^2 + \hat{\sigma}_{y/x}^2$$

Anwendungsaufgaben

Aufgabe 1

a. Anhand des Streudiagramms (■ Abb. 1) lässt sich ein linearer Zusammenhang vermuten.

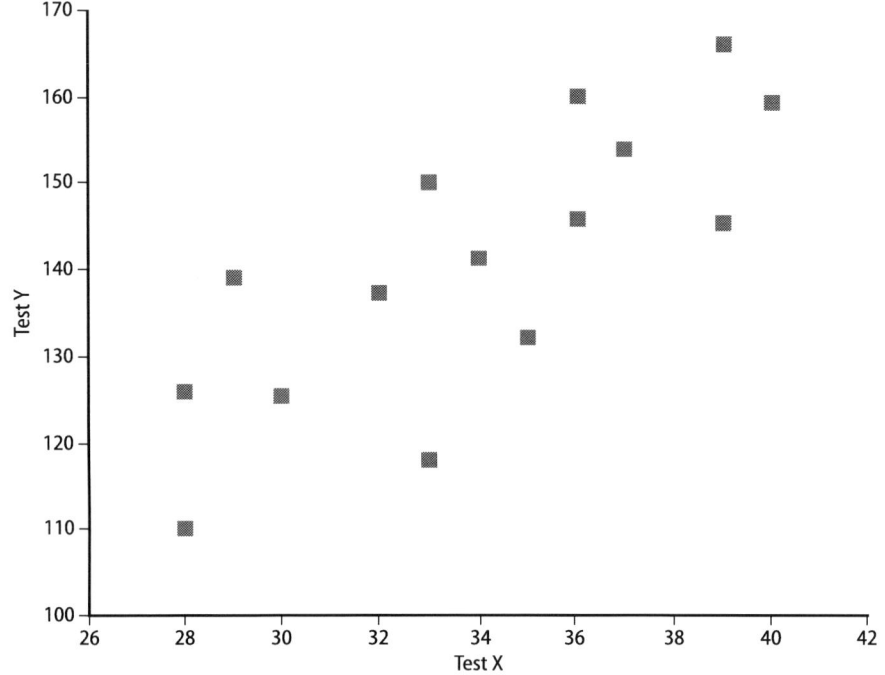

■ **Abb. 1**

b.

$$cov_{(x;y)} = \frac{\sum_{i=1}^{N}(x_i - \bar{x}) \cdot (y_i - \bar{y})}{N-1} \; ; \; \bar{x} = 33{,}93 \; ; \; \bar{y} = 140{,}53$$

$$cov_{(x;y)} = \frac{(34 - 33{,}93) \cdot (141 - 140{,}53) + \dots + (36 - 33{,}93) \cdot (160 - 140{,}53)}{15-1}$$

$$= \frac{702{,}50}{14} = 50{,}18$$

Die Kovarianz $(x;y)$ beträgt 50,18.

c. $\quad r_{xy} = \dfrac{cov_{(x;y)}}{\hat{\sigma}_x \cdot \hat{\sigma}_y} = \dfrac{50{,}18}{3{,}99 \cdot 16{,}19} = 0{,}78$

Der Korrelationskoeffizient r_{xy} beträgt 0,78.

Aufgabe 2

a. $\quad cov_{max} = \hat{\sigma}_x \cdot \hat{\sigma}_y = 3 \cdot 7 = 21$

Der Wert, den die Kovarianz maximal annehmen kann, beträgt 21.

b. $\quad r_{xy} = \dfrac{cov_{emp}}{cov_{max}} \Leftrightarrow cov_{emp} = r_{xy} \cdot cov_{max} = (0{,}80) \cdot 21 = 16{,}8$

Die Kovarianz muss mindestens einen Wert von 16,8 annehmen, wenn $r_{xy} \geq 0{,}80$ sein soll.

Aufgabe 3

a. $\quad \bar{y}_{(x=1)} = y_1 = 64{,}25 \; (\text{m}); \; n_1 = 8$
$\bar{y}_{(x=0)} = \bar{y}_0 = 61{,}14 \; (\text{w}); \; n_0 = 7$
$\hat{\sigma}_y = 3{,}91 \; ; \; N = 15$

$$r_{pb} = \frac{\bar{y}_1 - \bar{y}_0}{\hat{\sigma}_y} \cdot \sqrt{\frac{n_1 \cdot n_0}{N^2}} \Leftrightarrow r_{pb} = \frac{(64{,}25 - 61{,}14)}{3{,}91} \cdot \sqrt{\frac{8 \cdot 7}{225}} = 0{,}40$$

Es besteht ein Zusammenhang zwischen dem Geschlecht und der Bereitschaft zu helfen (Stärke des Zusammenhangs: 0,40). Jungen helfen im Schnitt etwas mehr als Mädchen.

b. $$t_{df=13} = \frac{r_{pb} \cdot \sqrt{N-2}}{\sqrt{1 - r_{pb}^2}} = \frac{0{,}40 \cdot \sqrt{13}}{\sqrt{0{,}84}} = 1{,}57$$

In der t-Verteilung nachgeschlagen ergibt sich ein kritischer t-Wert von 1,771. Somit ist das Ergebnis nicht signifikant (bei $\alpha = 0{,}05$). Wie immer bei nicht signifikanten Ergebnissen ist an dieser Stelle eine A-posteriori-Teststärkeanalyse nötig, sofern vor der Untersuchung keine Stichprobenumfangsplanung durchgeführt wurde.

Aufgabe 4

Gemäß der Formel aus ► Abschn. 4.1.11 ergibt sich eine Partialkorrelation zwischen Rotweinkonsum und Weisheit bei Auspartialisierung des Alters von:

$$r_{xy|z} = \frac{r_{xy} - r_{yz} \cdot r_{xz}}{\sqrt{(1 - r_{yz}^2) \cdot (1 - r_{xz}^2)}} = \frac{0{,}45 - 0{,}68 \cdot 0{,}55}{\sqrt{(1 - 0{,}68^2) \cdot (1 - 0{,}55^2)}} = 0{,}124$$

Der Zusammenhang zwischen Rotweinkonsum und Weisheit entpuppt sich als Scheinkorrelation!

Aufgabe 5

$$r_s = 1 - \frac{6 \cdot \sum\limits_{i=1}^{n} d_i^2}{n \cdot (n^2 - 1)} = 1 - \frac{240}{1716} = 1 - 0{,}14 = 0{,}86$$

Die Stärke des Zusammenhangs beträgt 0,86.

Aufgabe 6

a. Die ◘ Abb. 2 zeigt die Verteilung der Messwertepaare in einem Koordinatensystem (x-Achse: Zwilling 1; y-Achse: Zwilling 2).

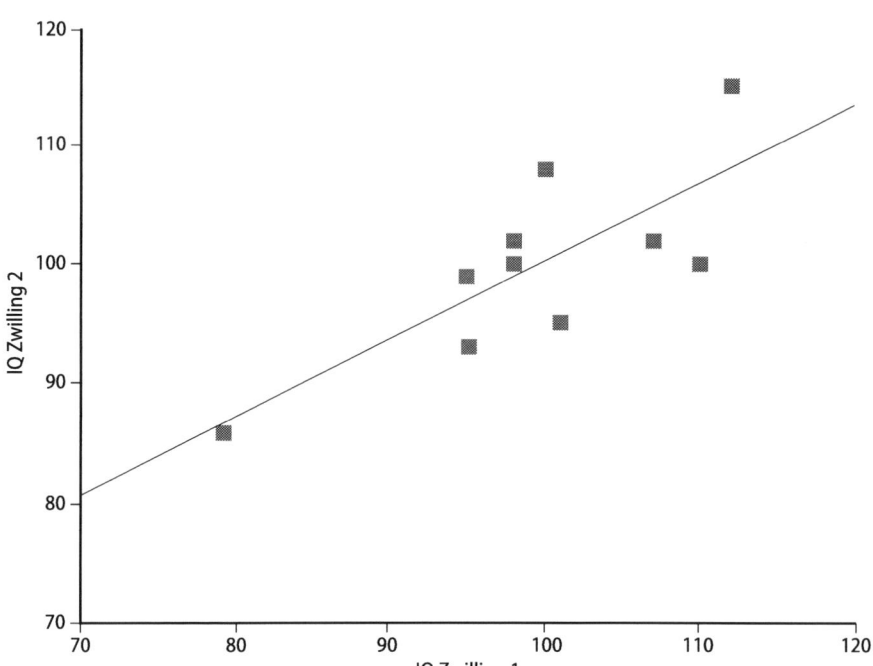

◘ **Abb. 2**

b. Lineare Regressionsgleichung (für Vorhersage y aus x):

$$\hat{y}_i = b_{yx} x_i + a_{yx}$$

$\bar{x} = 99{,}5$; $\bar{y} = 100$; $\hat{\sigma}_x^2 = 87{,}83$; $cov_{(x;y)} = 57{,}67$

Berechnung des Regressionsgewichts b_{yx}: $b_{xy} = \dfrac{cov_{(x;y)}}{\hat{\sigma}_x^2} = \dfrac{57{,}67}{87{,}83} = 0{,}66$

Berechnung der Regressionskonstanten a_{yx}:

$a_{yx} = \bar{y} - b_{yx} \cdot \bar{x} = 100 - (0{,}66 \cdot 99{,}5) = 34{,}33$

⇒ Die Funktion der vorliegenden linearen Regressionsgleichung lautet:

$\hat{y}_i = 0{,}66 \cdot x_i + 34{,}33$

c. Die vorhergesagten Werte $\hat{y}_i$ sind in nebenstehender Tabelle aufgeführt.

d. Die Formel zur Berechnung der Residualvarianz lautet:

$$\hat{\sigma}_{[y/x]}^2 = \frac{\sum\limits_{i=1}^{n}(y_i - \hat{y}_i)^2}{N - 1} = \frac{(100 - 106{,}93)^2 + \ldots + (99 - 97{,}03)^2}{10 - 1} = \frac{227{,}25}{9} = 25{,}25$$

Die Formel zur Berechnung des Standardschätzfehlers lautet: $\hat{\sigma}_{[y/x]} = \sqrt{\hat{\sigma}_{[y/x]}^2}$

⇒ $\hat{\sigma}_{(y/x)} = 5{,}02$

x_i	$\hat{y}_i$
110	106,93
98	99,01
101	100,99
79	86,47
107	104,95
98	99,01
95	97,03
100	100,33
112	108,25
95	97,03

e. Der Anteil der Vererbung entspricht der durch den Effekt aufgeklärten Varianz. Die Fehlervarianz fasst den Anteil aller übrigen Umwelteinflüsse wie Erziehung oder soziales Umfeld zusammen.

Aufgabe 7

a. ◘ Abb. 3

◘ **Abb. 3**

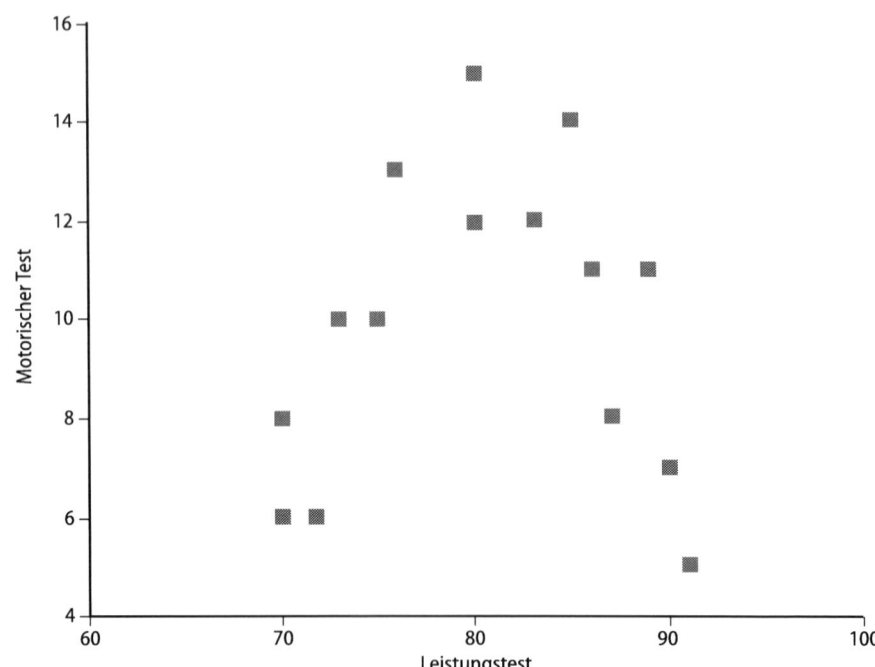

b. $r_{xy} = \dfrac{cov_{(x;y)}}{\hat{\sigma}_x \cdot \hat{\sigma}_y} = \dfrac{1{,}63}{7{,}42 \cdot 3{,}09} = 0{,}071$

Der Korrelationskoeffizient r_{xy} beträgt 0,071.

c. Mit r_{xy} wird die Stärke des linearen Zusammenhangs zwischen x und y ermittelt. Sie beträgt 0,071. Man könnte also auf das Fehlen eines entscheidenden Zusammenhangs schließen. Ein linearer Zusammenhang existiert hier nicht, wie auch das Streuungsdiagramm zeigt (◘ Abb. 3). Der Zusammenhang ist kurvilinear. Dessen Stärke kann jedoch durch r_{xy} nicht erfasst werden. An diesem Beispiel zeigt sich wieder, dass es immer besser ist, das Streudiagramm als Interpretationshilfe mit heranzuziehen.

Aufgabe 8

a. Streudiagramm (◘ Abb. 4): Man sieht schon hier, dass die beiden Variablen **negativ** miteinander kovariieren, d. h., je höher die Angstneigung ist, desto geringer ist die Kreativität und umgekehrt. Die Stärke des Zusammenhangs ist nicht so ohne Weiteres zu ersehen, dürfte aber recht groß sein (die Linie beschreibt den Punkteschwarm ziemlich gut).
    Zusätzlich ist in ◘ Abb. 4 die Regressionsgerade aus ► Aufgabe 8f eingezeichnet.

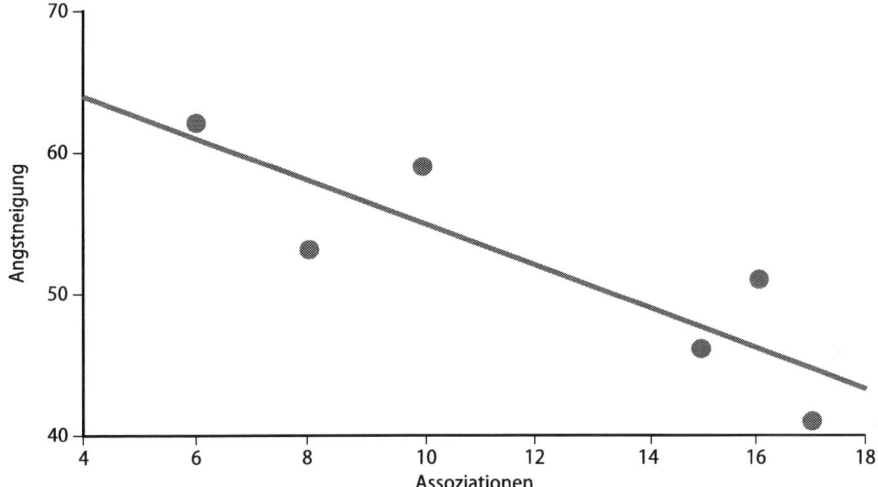

◘ Abb. 4

b. Die Tabelle zeigt die univariaten Statistiken der Variablen.

c. $cov_{(x;y)} = \dfrac{\sum\limits_{i=1}^{n}(x_i - \bar{x}) \cdot (y_i - \bar{y})}{N - 1} \Rightarrow cov_{(\text{Angst, Assoz.})} = -31$

d. $r_{xy} = \dfrac{cov_{(x;y)}}{\hat{\sigma}_x \cdot \hat{\sigma}_y} \Rightarrow r_{xy} = -0{,}86$

	Angsttest	Assozia-tionen
Mittelwerte:	$\bar{y} = 52$	$\bar{x} = 12$
Varianzen:	$\hat{\sigma}^2 = 61{,}6$	$\hat{\sigma}^2 = 21{,}2$
Streuungen:	$\hat{\sigma} = 7{,}85$	$\hat{\sigma} = 4{,}6$

e. Folgende Schritte sind erforderlich:
   1. Aus der Kovarianz und der Prädiktorvarianz das Regressionsgewicht b bestimmen.
   2. Aus den Mittelwerten und dem Regressionsgewicht b die Konstante a estimmen.
   3. Einsetzen in: [geschätzter Testwert] $= b \cdot$ [Assoziationen] $+ a$

   Lineare Regressionsgleichung (für Vorhersage y aus x):

   $$\hat{y}_i = b_{yx} x_i + a_{yx}$$

   Berechnung des Regressionsgewichts b_{yx}: $\quad b_{yx} = \dfrac{cov_{(x;y)}}{\hat{\sigma}^2_x}$

   Berechnung der Regressionskonstanten a_{yx}: $\quad a_{yx} = \bar{y} - b_{yx} \cdot \bar{x}$

f. Regressionsgleichung:

   $$\hat{y} = -1{,}46 \cdot x + 69{,}52 \quad (\text{Regressionsgerade: ◘ Abb. 4})$$

g. $r^2 = \dfrac{\hat{\sigma}^2_{\hat{y}}}{\hat{\sigma}^2_y} = \dfrac{\hat{\sigma}^2_{\hat{y}}}{\hat{\sigma}^2_{\hat{y}} + \hat{\sigma}^2_{[y/x]}} \Rightarrow r^2 = 0{,}74$

Der Determinationskoeffizient gibt an, wie viel Varianz der Kriteriumswerte (hier der Werte im Angsttest) durch die Regression über die Variable »Assoziationen« erklärt wird. Oder anders ausgedrückt: Wie viel Varianz haben die Variablen »Angsttest« und »Assoziation« gemeinsam, d. h., wie viel Varianz der einen Variable steckt auch in der anderen.

h. Der Standardschätzfehler $\hat{\sigma}_{[y|x]}$ ist die Wurzel aus der Residualvarianz.

   Aufgrund der Beziehung [Kriteriumsvarianz] = [Residualvarianz] + [Regressions-varianz] kann man ihn auch ohne mühsame Rechnung ermitteln, denn Kriteriumsva-rianz und Regressionsvarianz sind ja bereits bekannt:

   $$61{,}6 = \hat{\sigma}^2_{[y|x]} + (0{,}74 \cdot 61{,}6) \,; \quad \hat{\sigma}^2_{[y|x]} = 16{,}016 \Rightarrow \hat{\sigma}_{[y|x]} \approx 4$$

i. $\hat{\sigma}_{\hat{y}}^2 = 0,74 \cdot 61,6 = 45,58$

j.   Dies spielt für die Korrelation keine Rolle ($r = -0,86$).

k.   Die Regressionsgeraden schneiden sich bei den Mittelwertskoordinaten.
     Wenn also auf der x-Achse die Variable »Assoziationen« und auf der y-Achse die Variable »Angst« abgetragen wird, so lautet der konkrete Schnittpunkt (12;52).

l.   Mithilfe der Fishers Z-Transformation erfolgen folgende Schritte:
     1. Transformation der einzelnen Korrelationswerte in Fishers Z-Werte
     2. Bildung des arithmetischen Mittels der Fishers Z-Werte
     3. Rücktransformation des arithmetischen Mittels der Fishers Z-Werte in eine Korrelation

Die Berechnungsvorschrift zur Transformation der Korrelationen in Fishers Z-Werte lautet:

$$Z = \frac{1}{2} \cdot \ln\left(\frac{1+r}{1-r}\right)$$

Rücktransformation nach Bildung eines Fishers Z-Mittelwerts findet statt nach folgender Formel:

$$\bar{r} = \frac{e^{2 \cdot \bar{Z}} - 1}{e^{2 \cdot \bar{Z}} + 1}$$

Es ergibt sich eine mittlere Korrelation von –0,745.

m.
$$r_{xy} = \frac{cov_{(x;y)}}{\hat{\sigma}_x \cdot \hat{\sigma}_y} \Rightarrow r = -0,11$$

n.   Regressionsgleichung: [geschätzter Angstwert] = $-0,21 \cdot$ [Alter] + 57
     a. 53,22
     b. 48,6
     c. 36

Die Güte der Regression kann über den Determinationskoeffizienten beurteilt werden. Dieser beträgt hier $r^2 = 0,012$. Die Regression ist ungeeignet!

Die maximale Steigung ergibt sich, wenn man in die Formel zur Berechnung von b den maximalen Wert für die Kovarianz (= Produkt der geschätzten Populationsstreuungen) einsetzt, also $cov_{max} = -2,71$ (Achtung: inverser Zusammenhang, daher negative Kovarianz!). Man erhält eine maximale Steigung von $b_{max} = -1,88$.

Bei z-standardisierten Variablen entspricht die Steigung der Geraden der Korrelation. Die maximale Steigung zweier (negativ korrelierter) z-standardisierter Variablen beträgt also immer $b = -1$.

o.
$$r_{pb} = \frac{\bar{y}_1 - \bar{y}_0}{\hat{\sigma}_y} \cdot \sqrt{\frac{n_0 \cdot n_1}{N^2}} \Rightarrow r_{pb} = 0,424$$

p. $r_{pb}^2 = 0,179 \approx 18\%$

q.   Der Psychologe sollte hier eine punktbiseriale Korrelation berechnen.

Anhang A2: Tabellen

Anleitung zur Benutzung

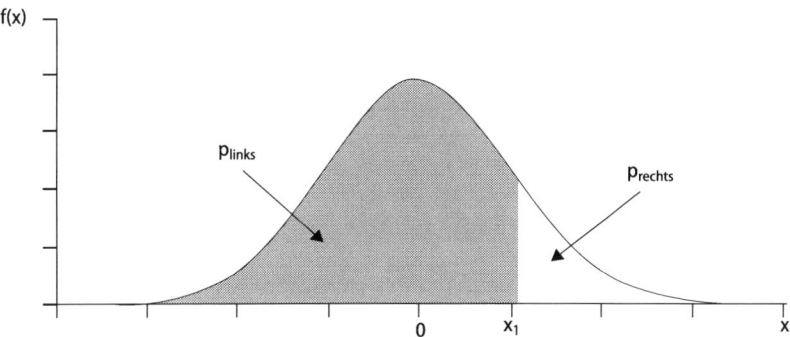

Abb. 1

z- und t-Wert-Tabellen

Ein empirisch ermittelter Wert x_1 (x steht stellvertretend für z oder t) schneidet in der z- bzw. t-Verteilung (▸ Tabelle A bzw. B) die Fläche unter der Kurve in zwei Teile (◘ Abb. 1). Die linke Fläche erstreckt sich von $-\infty$ bis x. Die Größe dieser Fläche sagt aus, wie wahrscheinlich das Auftreten von x-Werten ist, die gleich oder kleiner als x_1 sind. Die rechte Fläche reicht von x_1 bis $+\infty$. Sie gibt die Wahrscheinlichkeit für das Auftreten von x-Werten an, die größer als x_1 sind.

Die in den folgenden Tabellen angegebenen Wahrscheinlichkeiten beziehen sich auf die Flächenanteile, die ein positiver x-Wert nach links abschneidet (graue Fläche). Wie die Abbildung zeigt, ergibt sich die Größe der rechten Fläche (weiß) aus der Differenz zwischen der linken Fläche und der Gesamtfläche. Da der Flächeninhalt unter einer Verteilung immer eins ist, berechnet sich die Wahrscheinlichkeit wie folgt:

$p_{rechts} = 1 - p_{links}$

Die Wahrscheinlichkeit p_{rechts} wird dem Wert x_1 zugeordnet. Eine solche Zuordnung führt in der Praxis meist zu falschen Aussagen wie: »x_1 tritt mit der Wahrscheinlichkeit von y% auf!« Sie verschweigt, dass Wahrscheinlichkeiten immer Bereiche umfassen. Korrekt heißt es: »Ein x-Wert der Größe von x_1 oder größer tritt mit einer Wahrscheinlichkeit von y% auf!« Ist der gesuchte x-Wert nicht exakt in der Tabelle verzeichnet, so wird die Wahrscheinlichkeit für den nächst kleineren Wert angegeben. In diesem Fall sagt man: »Ein x-Wert der Größe von x_1 oder größer tritt mit einer Wahrscheinlichkeit von maximal y% auf.«

Besonderheiten der t-Tabelle

Negative t-Werte sind in der t-Tabelle nicht aufgeführt. Die Beachtung des Vorzeichens ist bei der Zuordnung der Wahrscheinlichkeit nicht notwendig, denn negative t-Werte werden prinzipiell wie positive behandelt. Bei einem negativen t-Wert beschreibt die Wahrscheinlichkeit aus der Tabelle allerdings den rechten Teil der Fläche. Die dem t-Wert zuzuordnende Wahrscheinlichkeit ist demzufolge die linke Fläche (grau). Sie gibt an, wie wahrscheinlich es ist, einen t-Wert zu erhalten, der kleiner oder gleich dem empirischen t-Wert ist.

TPF-Tabellen

In den TPF-Tabellen (▶ Tabelle C) ist der Nonzentralitätsparameter λ als Funktion der Zählerfreiheitsgrade und der Teststärke abgetragen. Insgesamt sind zehn Tabellen abgedruckt, da λ zusätzlich vom Signifikanzniveau α abhängt. Deshalb gibt es separate Tabellen für die gebräuchlichsten α-Niveaus. Die Tabellen haben Relevanz für die A-priori-Stichprobenumfangsplanung und für die A-posteriori-Teststärkebestimmung.

Die Vorgehensweise bei der Nutzung der Tabellen ist abhängig davon, welches der beiden Ziele verfolgt wird. Im Fall der Stichprobenumfangsplanung ist λ Teil der Formel $N = λ / Φ^2$. Der Nonzentralitätsparameter ergibt sich in Abhängigkeit des α- und β-Fehlers bzw. der Teststärke. Um den richtigen λ-Wert zu ermitteln, gilt es zuerst die dem gewünschten α-Niveau entsprechende Tabelle auszuwählen. Die richtige Zeile ergibt sich dabei aus den Zählerfreiheitsgraden des Effektes, für den die Stichprobenumfangsplanung erfolgt. In der Spalte der geforderten Teststärke kann nun der korrekte Wert abgelesen werden. Dieser Wert führt nach obiger Formel zum benötigten Stichprobenumfang.

Im Fall einer A-posteriori-Teststärkebestimmung liegt die Anzahl der Beobachtungen vor. Der theoretisch angenommene Effekt lässt sich aus anderen empirischen Arbeiten gewinnen oder kann aus den Konventionen von Cohen (1988) abgeleitet werden. Daraus lässt sich nach obiger Formel λ bestimmen. Die Zählerfreiheitsgrade determinieren die korrekte Zeile. Die Spalte, die den λ-Wert liefert, zeigt die empirische Power an, die der Test erzielte. In dem Fall, dass keine direkte Entsprechung für λ vorliegt, wählt man den nächst kleineren Wert aus. Die Teststärke liegt in diesem Fall zwischen dem Wert dieser Spalte und der folgenden. Die Ermittlung des Stichprobenumfangs bzw. der Teststärke ist zwar prinzipiell auf diese Art per Hand möglich. Einen wesentlich komfortableren Umgang und genauere Ergebnisse liefert aber das Programm G*Power (Link zu Download und Erläuterung auf www.lehrbuch-psychologie.de).

Für den t-Test entsprechen die Freiheitsgrade den Nennerfreiheitsgraden, ein Begriff, der in Zusammenhang mit dem eng verwandten Konzept der Varianzanalyse eingeführt wird. Wie an der Stelle deutlich wird, hat auch jeder t-Wert einen Zählerfreiheitsgrad ($df = 1$), aber niemals mehr. Aus diesem Grund ist ein t-Wert nur mit den Nennerfreiheitsgraden indiziert. Daraus ergibt sich, dass im Kontext des t-Tests immer nur die erste Zeile der TPF-Tabellen relevant ist. Des Weiteren muss bei der Auswahl der richtigen Tabelle beachtet werden, ob ein einseitiger oder zweiseitiger t-Test vorliegt.

Fishers Z-Tabellen

Fishers Z-Werte erlauben die Bildung eines Mittelwerts mehrerer Korrelationskoeffizienten r_i (▶ Kap. 4.1.4). Um den komplizierten Rechenaufwand der Transformation aller Koeffizienten r_i in z-Werte mittels der korrekten Formel zu vermeiden, liefert ▶ Tabelle D für ausgewählte Korrelationskoeffizienten r_i die entsprechenden z-Werte, sodass diese direkt abgelesen werden können und eine Umrechnung entfällt. Die Annäherung an die wahren Werte durch die in der Tabelle vorgegebenen ist für die meisten Problemstellungen hinreichend genau.

Tabelle A: Standardnormalverteilung

(Quelle: Glass, G. V., & Stanley, J. C. (1970). *Statistical methods in education and psychology* (pp. 513–519). Englewood Cliffs: Prentice-Hall.)

z-Wert	Fläche	Ordinate	z-Wert	Fläche	Ordinate	z-Wert	Fläche	Ordinate
-3,00	0,0013	0,0044	-2,67	0,0038	0,0113	-2,34	0,0096	0,0258
-2,99	0,0014	0,0046	-2,66	0,0039	0,0116	-2,33	0,0099	0,0264
-2,98	0,0014	0,0047	-2,65	0,0040	0,0119	-2,32	0,0102	0,0270
-2,97	0,0015	0,0048	-2,64	0,0041	0,0122	-2,31	0,0104	0,0277
-2,96	0,0015	0,0050	-2,63	0,0043	0,0126	-2,30	0,0107	0,0283
-2,95	0,0016	0,0051	-2,62	0,0044	0,0129	-2,29	0,0110	0,0290
-2,94	0,0016	0,0053	-2,61	0,0045	0,0132	-2,28	0,0113	0,0297
-2,93	0,0017	0,0055	-2,60	0,0047	0,0136	-2,27	0,0116	0,0303
-2,92	0,0018	0,0056	-2,59	0,0048	0,0139	-2,26	0,0119	0,0310
-2,91	0,0018	0,0058	-2,58	0,0049	0,0143	-2,25	0,0122	0,0317
-2,90	0,0019	0,0060	-2,57	0,0051	0,0147	-2,24	0,0125	0,0325
-2,89	0,0019	0,0061	-2,56	0,0052	0,0151	-2,23	0,0129	0,0332
-2,88	0,0020	0,0063	-2,55	0,0054	0,0154	-2,22	0,0132	0,0339
-2,87	0,0021	0,0065	-2,54	0,0055	0,0158	-2,21	0,0136	0,0347
-2,86	0,0021	0,0067	-2,53	0,0057	0,0163	-2,20	0,0139	0,0355
-2,85	0,0022	0,0069	-2,52	0,0059	0,0167	-2,19	0,0143	0,0363
-2,84	0,0023	0,0071	-2,51	0,0060	0,0171	-2,18	0,0146	0,0371
-2,83	0,0023	0,0073	-2,50	0,0062	0,0175	-2,17	0,0150	0,0379
-2,82	0,0024	0,0075	-2,49	0,0064	0,0180	-2,16	0,0154	0,0387
-2,81	0,0025	0,0077	-2,48	0,0066	0,0184	-2,15	0,0158	0,0396
-2,80	0,0026	0,0079	-2,47	0,0068	0,0189	-2,14	0,0162	0,0404
-2,79	0,0026	0,0081	-2,46	0,0069	0,0194	-2,13	0,0166	0,0413
-2,78	0,0027	0,0084	-2,45	0,0071	0,0198	-2,12	0,0170	0,0422
-2,77	0,0028	0,0086	-2,44	0,0073	0,0203	-2,11	0,0174	0,0431
-2,76	0,0029	0,0088	-2,43	0,0075	0,0208	-2,10	0,0179	0,0440
-2,75	0,0030	0,0091	-2,42	0,0078	0,0213	-2,09	0,0183	0,0449
-2,74	0,0031	0,0093	-2,41	0,0080	0,0219	-2,08	0,0188	0,0459
-2,73	0,0032	0,0096	-2,40	0,0082	0,0224	-2,07	0,0192	0,0468
-2,72	0,0033	0,0099	-2,39	0,0084	0,0229	-2,06	0,0197	0,0478
-2,71	0,0034	0,0101	-2,38	0,0087	0,0235	-2,05	0,0202	0,0488
-2,70	0,0035	0,0104	-2,37	0,0089	0,0241	-2,04	0,0207	0,0498
-2,69	0,0036	0,0107	-2,36	0,0091	0,0246	-2,03	0,0212	0,0508
-2,68	0,0037	0,0110	-2,35	0,0094	0,0252	-2,02	0,0217	0,0519

z-Wert	Fläche	Ordinate	z-Wert	Fläche	Ordinate	z-Wert	Fläche	Ordinate
-2,01	0,0222	0,0529	-1,65	0,0495	0,1023	-1,29	0,0985	0,1736
-2,00	0,0228	0,0540	-1,64	0,0505	0,1040	-1,28	0,1003	0,1758
-1,99	0,0233	0,0551	-1,63	0,0516	0,1057	-1,27	0,1020	0,1781
-1,98	0,0239	0,0562	-1,62	0,0526	0,1074	-1,26	0,1038	0,1804
-1,97	0,0244	0,0573	-1,61	0,0537	0,1092	-1,25	0,1056	0,1826
-1,96	0,0250	0,0584	-1,60	0,0548	0,1109	-1,24	0,1075	0,1849
-1,95	0,0256	0,0596	-1,59	0,0559	0,1127	-1,23	0,1093	0,1872
-1,94	0,0262	0,0608	-1,58	0,0571	0,1145	-1,22	0,1112	0,1895
-1,93	0,0268	0,0620	-1,57	0,0582	0,1163	-1,21	0,1131	0,1919
-1,92	0,0275	0,0632	-1,56	0,0594	0,1182	-1,20	0,1151	0,1942
-1,91	0,0281	0,0644	-1,55	0,0606	0,1200	-1,19	0,1170	0,1965
-1,90	0,0287	0,0656	-1,54	0,0618	0,1219	-1,18	0,1190	0,1989
-1,89	0,0294	0,0669	-1,53	0,0630	0,1238	-1,17	0,1210	0,2012
-1,88	0,0301	0,0681	-1,52	0,0643	0,1257	-1,16	0,1230	0,2036
-1,87	0,0307	0,0694	-1,51	0,0655	0,1276	-1,15	0,1251	0,2059
-1,86	0,0314	0,0707	-1,50	0,0668	0,1295	-1,14	0,1271	0,2083
-1,85	0,0322	0,0721	-1,49	0,0681	0,1315	-1,13	0,1292	0,2107
-1,84	0,0329	0,0734	-1,48	0,0694	0,1334	-1,12	0,1314	0,2131
-1,83	0,0336	0,0748	-1,47	0,0708	0,1354	-1,11	0,1335	0,2155
-1,82	0,0344	0,0761	-1,46	0,0721	0,1374	-1,10	0,1357	0,2179
-1,81	0,0351	0,0775	-1,45	0,0735	0,1394	-1,09	0,1379	0,2203
-1,80	0,0359	0,0790	-1,44	0,0749	0,1415	-1,08	0,1401	0,2227
-1,79	0,0367	0,0804	-1,43	0,0764	0,1435	-1,07	0,1423	0,2251
-1,78	0,0375	0,0818	-1,42	0,0778	0,1456	-1,06	0,1446	0,2275
-1,77	0,0384	0,0833	-1,41	0,0793	0,1476	-1,05	0,1469	0,2299
-1,76	0,0392	0,0848	-1,40	0,0808	0,1497	-1,04	0,1492	0,2323
-1,75	0,0401	0,0863	-1,39	0,0823	0,1518	-1,03	0,1515	0,2347
-1,74	0,0409	0,0878	-1,38	0,0838	0,1539	-1,02	0,1539	0,2371
-1,73	0,0418	0,0893	-1,37	0,0853	0,1561	-1,01	0,1562	0,2396
-1,72	0,0427	0,0909	-1,36	0,0869	0,1582	-1,00	0,1587	0,2420
-1,71	0,0436	0,0925	-1,35	0,0885	0,1604	-0,99	0,1611	0,2444
-1,70	0,0446	0,0940	-1,34	0,0901	0,1626	-0,98	0,1635	0,2468
-1,69	0,0455	0,0957	-1,33	0,0918	0,1647	-0,97	0,1660	0,2492
-1,68	0,0465	0,0973	-1,32	0,0934	0,1669	-0,96	0,1685	0,2516
-1,67	0,0475	0,0989	-1,31	0,0951	0,1691	-0,95	0,1711	0,2541
-1,66	0,0485	0,1006	-1,30	0,0968	0,1714	-0,94	0,1736	0,2565

z-Wert	Fläche	Ordinate	z-Wert	Fläche	Ordinate	z-Wert	Fläche	Ordinate
-0,93	0,1762	0,2589	-0,57	0,2843	0,3391	-0,21	0,4168	0,3902
-0,92	0,1788	0,2613	-0,56	0,2877	0,3410	-0,20	0,4207	0,3910
-0,91	0,1814	0,2637	-0,55	0,2912	0,3429	-0,19	0,4247	0,3918
-0,90	0,1841	0,2661	-0,54	0,2946	0,3448	-0,18	0,4286	0,3925
-0,89	0,1867	0,2685	-0,53	0,2981	0,3467	-0,17	0,4325	0,3932
-0,88	0,1894	0,2709	-0,52	0,3015	0,3485	-0,16	0,4364	0,3939
-0,87	0,1922	0,2732	-0,51	0,3050	0,3503	-0,15	0,4404	0,3945
-0,86	0,1949	0,2756	-0,50	0,3085	0,3521	-0,14	0,4443	0,3951
-0,85	0,1977	0,2780	-0,49	0,3121	0,3538	-0,13	0,4483	0,3956
-0,84	0,2005	0,2803	-0,48	0,3156	0,3555	-0,12	0,4522	0,3961
-0,83	0,2033	0,2827	-0,47	0,3192	0,3572	-0,11	0,4562	0,3965
-0,82	0,2061	0,2850	-0,46	0,3228	0,3589	-0,10	0,4602	0,3970
-0,81	0,2090	0,2874	-0,45	0,3264	0,3605	-0,09	0,4641	0,3973
-0,80	0,2119	0,2897	-0,44	0,3300	0,3621	-0,08	0,4681	0,3977
-0,79	0,2148	0,2920	-0,43	0,3336	0,3637	-0,07	0,4721	0,3980
-0,78	0,2177	0,2943	-0,42	0,3372	0,3653	-0,06	0,4761	0,3982
-0,77	0,2206	0,2966	-0,41	0,3409	0,3668	-0,05	0,4801	0,3984
-0,76	0,2236	0,2989	-0,40	0,3446	0,3683	-0,04	0,4840	0,3986
-0,75	0,2266	0,3011	-0,39	0,3483	0,3697	-0,03	0,4880	0,3988
-0,74	0,2296	0,3034	-0,38	0,3520	0,3712	-0,02	0,4920	0,3989
-0,73	0,2327	0,3056	-0,37	0,3557	0,3725	-0,01	0,4960	0,3989
-0,72	0,2358	0,3079	-0,36	0,3594	0,3739	0,00	0,5000	0,3989
-0,71	0,2389	0,3101	-0,35	0,3632	0,3752	0,01	0,5040	0,3989
-0,70	0,2420	0,3123	-0,34	0,3669	0,3765	0,02	0,5080	0,3989
-0,69	0,2451	0,3144	-0,33	0,3707	0,3778	0,03	0,5120	0,3988
-0,68	0,2483	0,3166	-0,32	0,3745	0,3790	0,04	0,5160	0,3986
-0,67	0,2514	0,3187	-0,31	0,3783	0,3802	0,05	0,5199	0,3984
-0,66	0,2546	0,3209	-0,30	0,3821	0,3814	0,06	0,5239	0,3982
-0,65	0,2578	0,3230	-0,29	0,3859	0,3825	0,07	0,5279	0,3980
-0,64	0,2611	0,3251	-0,28	0,3897	0,3836	0,08	0,5319	0,3977
-0,63	0,2643	0,3271	-0,27	0,3936	0,3847	0,09	0,5359	0,3973
-0,62	0,2676	0,3292	-0,26	0,3974	0,3857	0,10	0,5398	0,3970
-0,61	0,2709	0,3312	-0,25	0,4013	0,3867	0,11	0,5438	0,3965
-0,60	0,2749	0,3332	-0,24	0,4052	0,3876	0,12	0,5478	0,3961
-0,59	0,2776	0,3352	-0,23	0,4090	0,3885	0,13	0,5517	0,3956
-0,58	0,2810	0,3372	-0,22	0,4129	0,3894	0,14	0,5557	0,3951

z-Wert	Fläche	Ordinate	z-Wert	Fläche	Ordinate	z-Wert	Fläche	Ordinate
0,15	0,5596	0,3945	0,51	0,6950	0,3503	0,87	0,8078	0,2732
0,16	0,5636	0,3939	0,52	0,6985	0,3485	0,88	0,8106	0,2709
0,17	0,5675	0,3932	0,53	0,7019	0,3467	0,89	0,8133	0,2685
0,18	0,5714	0,3925	0,54	0,7054	0,3448	0,90	0,8159	0,2661
0,19	0,5753	0,3918	0,55	0,7088	0,3429	0,91	0,8186	0,2637
0,20	0,5793	0,3910	0,56	0,7123	0,3410	0,92	0,8212	0,2613
0,21	0,5832	0,3902	0,57	0,7157	0,3391	0,93	0,8238	0,2589
0,22	0,5871	0,3894	0,58	0,7190	0,3372	0,94	0,8264	0,2565
0,23	0,5910	0,3885	0,59	0,7224	0,3352	0,95	0,8289	0,2541
0,24	0,5948	0,3876	0,60	0,7257	0,3332	0,96	0,8315	0,2516
0,25	0,5987	0,3867	0,61	0,7291	0,3312	0,97	0,8340	0,2492
0,26	0,6026	0,3857	0,62	0,7324	0,3292	0,98	0,8365	0,2468
0,27	0,6064	0,3847	0,63	0,7357	0,3271	0,99	0,8389	0,2444
0,28	0,6103	0,3836	0,64	0,7389	0,3251	1,00	0,8413	0,2420
0,29	0,6141	0,3825	0,65	0,7422	0,3230	1,01	0,8438	0,2396
0,30	0,6179	0,3814	0,66	0,7454	0,3209	1,02	0,8461	0,2371
0,31	0,6217	0,3802	0,67	0,7486	0,3187	1,03	0,8485	0,2347
0,32	0,6255	0,3790	0,68	0,7517	0,3166	1,04	0,8508	0,2323
0,33	0,6293	0,3778	0,69	0,7549	0,3144	1,05	0,8531	0,2299
0,34	0,6331	0,3765	0,70	0,7580	0,3123	1,06	0,8554	0,2275
0,35	0,6368	0,3752	0,71	0,7611	0,3101	1,07	0,8577	0,2251
0,36	0,6406	0,3739	0,72	0,7642	0,3079	1,08	0,8599	0,2227
0,37	0,6443	0,3725	0,73	0,7673	0,3056	1,09	0,8621	0,2203
0,38	0,6480	0,3712	0,74	0,7704	0,3034	1,10	0,8643	0,2179
0,39	0,6517	0,3697	0,75	0,7734	0,3011	1,11	0,8665	0,2155
0,40	0,6554	0,3683	0,76	0,7764	0,2989	1,12	0,8686	0,2131
0,41	0,6591	0,3668	0,77	0,7794	0,2966	1,13	0,8708	0,2107
0,42	0,6628	0,3653	0,78	0,7823	0,2943	1,14	0,8729	0,2083
0,43	0,6664	0,3637	0,79	0,7852	0,2920	1,15	0,8749	0,2059
0,44	0,6700	0,3621	0,80	0,7881	0,2897	1,16	0,8770	0,2036
0,45	0,6736	0,3605	0,81	0,7910	0,2874	1,17	0,8790	0,2012
0,46	0,6772	0,3589	0,82	0,7939	0,2850	1,18	0,8810	0,1989
0,47	0,6808	0,3572	0,83	0,7967	0,2827	1,19	0,8830	0,1965
0,48	0,6844	0,3555	0,84	0,7995	0,2803	1,20	0,8849	0,1942
0,49	0,6879	0,3538	0,85	0,8023	0,2780	1,21	0,8869	0,1919
0,50	0,6915	0,3521	0,86	0,8051	0,2756	1,22	0,8888	0,1895

z-Wert	Fläche	Ordinate	z-Wert	Fläche	Ordinate	z-Wert	Fläche	Ordinate
1,23	0,8907	0,1872	1,59	0,9441	0,1127	1,95	0,9744	0,0596
1,24	0,8925	0,1849	1,60	0,9452	0,1109	1,96	0,9750	0,0584
1,25	0,8944	0,1826	1,61	0,9463	0,1092	1,97	0,9756	0,0573
1,26	0,8962	0,1804	1,62	0,9474	0,1074	1,98	0,9761	0,0562
1,27	0,8980	0,1781	1,63	0,9484	0,1057	1,99	0,9767	0,0551
1,28	0,8997	0,1758	1,64	0,9495	0,1040	2,00	0,9772	0,0540
1,29	0,9015	0,1736	1,65	0,9505	0,1023	2,01	0,9778	0,0529
1,30	0,9032	0,1714	1,66	0,9515	0,1006	2,02	0,9783	0,0519
1,31	0,9049	0,1691	1,67	0,9525	0,0989	2,03	0,9788	0,0508
1,32	0,9066	0,1669	1,68	0,9535	0,0973	2,04	0,9793	0,0498
1,33	0,9082	0,1647	1,69	0,9545	0,0957	2,05	0,9798	0,0488
1,34	0,9099	0,1626	1,70	0,9554	0,0940	2,06	0,9803	0,0478
1,35	0,9115	0,1604	1,71	0,9564	0,0925	2,07	0,9808	0,0468
1,36	0,9131	0,1582	1,72	0,9573	0,0909	2,08	0,9812	0,0459
1,37	0,9147	0,1561	1,73	0,9582	0,0893	2,09	0,9817	0,0449
1,38	0 9162	0,1539	1,74	0,9591	0,0878	2,10	0,9821	0,0440
1,39	0,9177	0,1518	1,75	0,9599	0,0863	2,11	0,9826	0,0431
1,40	0,9192	0,1497	1,76	0,9608	0,0848	2,12	0,9830	0,0422
1,41	0,9207	0,1476	1,77	0,9616	0,0833	2,13	0,9834	0,0413
1,42	0,9222	0,1456	1,78	0,9625	0,0818	2,14	0,9838	0,0404
1,43	0,9236	0,1435	1,79	0,9633	0,0804	2,15	0,9842	0,0396
1,44	0,9251	0,1415	1,80	0,9641	0,0790	2,16	0,9846	0,0387
1,45	0,9265	0,1394	1,81	0,9649	0,0775	2,17	0,9850	0,0379
1,46	0,9279	0,1374	1,82	0,9656	0,0761	2,18	0,9854	0,0371
1,47	0,9292	0,1354	1,83	0,9664	0,0748	2,19	0,9857	0,0363
1,48	0,9306	0,1334	1,84	0,9671	0,0734	2,20	0,9861	0,0355
1,49	0,9319	0,1315	1,85	0,9678	0,0721	2,21	0,9864	0,0347
1,50	0,9332	0,1295	1,86	0,9686	0,0707	2,22	0,9868	0,0339
1,51	0,9345	0,1276	1,87	0,9693	0,0694	2,23	0,9871	0,0332
1,52	0,9357	0,1257	1,88	0,9699	0,0681	2,24	0,9875	0,0325
1,53	0,9370	0,1238	1,89	0,9706	0,0669	2,25	0,9878	0,0317
1,54	0,9382	0,1219	1,90	0,9713	0,0656	2,26	0,9881	0,0310
1,55	0,9394	0,1200	1,91	0,9719	0,0644	2,27	0,9884	0,0303
1,56	0,9406	0,1182	1,92	0,9726	0,0632	2,28	0,9887	0,0297
1,57	0,9418	0,1163	1,93	0,9732	0,0620	2,29	0,9890	0,0290
1,58	0,9429	0,1145	1,94	0,9738	0,0608	2,30	0,9893	0,0283

z-Wert	Fläche	Ordinate	z-Wert	Fläche	Ordinate	z-Wert	Fläche	Ordinate
2,31	0,9896	0,0277	2,55	0,9946	0,0154	2,79	0,9974	0,0081
2,32	0,9898	0,0270	2,56	0,9948	0,0151	2,80	0,9974	0,0079
2,33	0,9901	0,0264	2,57	0,9949	0,0147	2,81	0,9975	0,0077
2,34	0,9904	0,0258	2,58	0,9951	0,0143	2,82	0,9976	0,0075
2,35	0,9906	0,0252	2,59	0,9952	0,0139	2,83	0,9977	0,0073
2,36	0,9909	0,0246	2,60	0,9953	0,0136	2,84	0,9977	0,0071
2,37	0,9911	0,0241	2,61	0,9955	0,0132	2,85	0,9978	0,0069
2,38	0,9913	0,0235	2,62	0,9956	0,0129	2,86	0,9979	0,0067
2,39	0,9916	0,0229	2,63	0,9957	0,0126	2,87	0,9979	0,0065
2,40	0,9918	0,0224	2,64	0,9959	0,0122	2,88	0,9980	0,0063
2,41	0,9920	0,0219	2,65	0,9960	0,0119	2,89	0,9981	0,0061
2,42	0,9922	0,0213	2,66	0,9961	0,0116	2,90	0,9981	0,0060
2,43	0,9925	0,0208	2,67	0,9962	0,0113	2,91	0,9982	0,0058
2,44	0,9927	0,0203	2,68	0,9963	0,0110	2,92	0,9982	0,0056
2,45	0,9929	0,0198	2,69	0,9964	0,0107	2,93	0,9983	0,0055
2,46	0,9931	0,0194	2,70	0,9965	0,0104	2,94	0,9984	0,0053
2,47	0,9932	0,0189	2,71	0,9966	0,0101	2,95	0,9984	0,0051
2,48	0,9934	0,0184	2,72	0,9967	0,0099	2,96	0,9985	0,0050
2,49	0,9936	0,0180	2,73	0,9968	0,0096	2,97	0,9985	0,0048
2,50	0,9938	0,0175	2,74	0,9969	0,0093	2,98	0,9986	0,0047
2,51	0,9940	0,0171	2,75	0,9970	0,0091	2,99	0,9986	0,0046
2,52	0,9941	0,0167	2,76	0,9971	0,0088	3,00	0,9987	0,0044
2,53	0,9943	0,0163	2,77	0,9972	0,0086			
2,54	0,9945	0,0158	2,78	0,9973	0,0084			

Tabelle B: *t*-Verteilung

(Quelle: Glass, G. V., & Stanley, J. C. (1970). *Statistical methods in education and psychology* (p. 521). Englewood Cliffs: Prentice-Hall.)

df	0,55	0,60	0,65	0,70	0,75	0,80	0,85	0,90	0,95	0,975	0,990	0,995	0,9995
1	0,158	0,325	0,510	0,727	1,000	1,376	1,963	3,078	6,314	12,706	31,821	63,660	636,620
2	0,142	0,289	0,445	0,617	0,816	1,061	1,386	1,886	2,920	4,303	6,965	9,925	31,598
3	0,137	0,277	0,424	0,584	0,765	0,978	1,250	1,638	2,353	3,182	4,541	5,841	12,941
4	0,134	0,271	0,414	0,569	0,741	0,941	1,190	1,533	2,132	2,776	3,747	4,604	8,610
5	0,132	0,267	0,408	0,559	0,727	0,920	1,156	1,476	2,015	2,571	3,365	4,032	6,859
6	0,131	0,265	0,404	0,553	0,718	0,906	1,134	1,440	1,943	2,447	3,143	3,707	5,959
7	0,130	0,263	0,402	0,549	0,711	0,896	1,119	1,415	1,895	2,365	2,998	3,499	5,405
8	0,130	0,262	0,399	0,546	0,706	0,889	1,108	1,397	1,860	2,306	2,896	3,355	5,041
9	0,129	0,261	0,398	0,543	0,703	0,883	1,100	1,383	1,833	2,262	2,821	3,250	4,781
10	0,129	0,260	0,397	0,542	0,700	0,879	1,093	1,372	1,812	2,228	2,764	3,169	4,587
11	0,129	0,260	0,396	0,540	0,697	0,876	1,088	1,363	1,796	2,201	2,718	3,106	4,437
12	0,128	0,259	0,395	0,539	0,695	0,873	1,083	1,356	1,782	2,179	2,681	3,055	4,318
13	0,128	0,259	0,394	0,538	0,694	0,870	1,079	1,350	1,771	2,160	2,650	3,012	4,221
14	0,128	0,258	0,393	0,537	0,692	0,868	1,076	1,345	1,761	2,145	2,624	2,977	4,140
15	0,128	0,258	0,393	0,536	0,691	0,866	1,074	1,341	1,753	2,131	2,602	2,947	4,073
16	0,128	0,258	0,392	0,535	0,690	0,865	1,071	1,337	1,746	2,120	2,583	2,921	4,015
17	0,128	0,257	0,392	0,534	0,689	0,863	1,069	1,333	1,740	2,110	2,567	2,898	3,965
18	0,127	0,257	0,392	0,534	0,688	0,862	1,067	1,330	1,734	2,101	2,552	2,878	3,922
19	0,127	0,257	0,391	0,533	0,688	0,861	1,066	1,328	1,729	2,093	2,539	2,861	3,883
20	0,127	0,257	0,391	0,533	0,687	0,860	1,064	1,325	1,725	2,086	2,528	2,845	3,850
21	0,127	0,257	0,391	0,532	0,686	0,859	1,063	1,323	1,721	2,080	2,518	2,831	3,819
22	0,127	0,256	0,390	0,532	0,686	0,858	1,061	1,321	1,717	2,074	2,508	2,819	3,792
23	0,127	0,256	0,390	0,532	0,685	0,858	1,060	1,319	1,714	2,069	2,500	2,807	3,767
24	0,127	0,256	0,390	0,531	0,685	0,857	1,059	1,318	1,711	2,064	2,492	2,797	3,745
25	0,127	0,256	0,390	0,531	0,684	0,856	1,058	1,316	1,708	2,060	2,485	2,787	3,725
26	0,127	0,256	0,390	0,531	0,684	0,856	1,058	1,315	1,706	2,056	2,479	2,779	3,707
27	0,127	0,256	0,389	0,531	0,684	0,855	1,057	1,314	1,703	2,052	2,473	2,771	3,690
28	0,127	0,256	0,389	0,530	0,683	0,855	1,056	1,313	1,701	2,048	2,467	2,763	3,674
29	0,127	0,256	0,389	0,530	0,683	0,854	1,055	1,311	1,699	2,045	2,462	2,756	3,659
30	0,127	0,256	0,389	0,530	0,683	0,854	1,055	1,310	1,697	2,042	2,457	2,750	3,646
40	0,126	0,255	0,388	0,529	0,681	0,851	1,050	1,303	1,684	2,021	2,423	2,704	3,551
60	0,126	0,254	0,387	0,527	0,679	0,848	1,046	1,296	1,671	2,000	2,390	2,660	3,460
120	0,126	0,254	0,386	0,526	0,677	0,845	1,041	1,289	1,658	1,980	2,358	2,617	3,373
z	0,126	0,253	0,385	0,524	0,674	0,842	1,036	1,282	1,645	1,960	2,326	2,576	3,291

Tabelle C: TPF-Tabellen

(Quelle: Hager, W. (1987). Grundlagen einer Versuchsplanung. In: G. Lüer (Hrsg.), *Allgemeine experimentelle Psychologie* (S. 254–258). Stuttgart: Fischer.)

TPF-1

λ als Funktion der Teststärke und der Zählerfreiheitsgrade FG(Z) für F-, χ^2- und zweiseitige t-Tests (FG(Z) = 1)

bei $\alpha = 0{,}002$ (entspricht bei einseitigen t-Tests (FG(Z) = 1) $\alpha = 0{,}001$)

Test-stärke FG(Z)	0,1000	0,5000	0,6667	0,7500	0,8000	0,8500	0,9000	0,9250	0,9500	0,9750	0,9900	0,9925	0,9950	0,9975	0,9990
1	3,27	9,55	12,40	14,17	15,46	17,03	19,11	20,52	22,42	25,50	29,34	30,50	32,10	34,78	38,20
2	4,23	11,41	14,58,	16,54	17,95	19,66	21,93	23,46	25,52	28,84	32,96	34,20	35,91	38,77	42,41
3	4,93	12,77	16,16	18,25	19,75	21,57	23,97	25,58	27,75	31,25	35,57	36,87	38,67	41,65	65,45
4	5,52	13,89	17,47	19,66	21,23	23,14	25,65	27,33	29,59	33,23	37,72	39,07	40,93	44,01	47,94
5	6,04	14,87	18,60	20,89	22,53	24,51	27,11	28,55	31,19	34,96	39,59	40,98	42,89	46,07	50,11
6	6,50	15,74	19,63	21,99	23,69	25,73	28,42	30,22	32,63	36,50	41,26	42,69	44,66	47,91	52,06
7	6,93	16,55	20,56	23,00	24,75	26,86	29,62	31,49	33,94	37,91	42,79	44,25	46,26	49,60	53,83
8	7,33	17,29	21,43	23,94	25,73	27,89	30,73	32,62	35,16	39,22	44,20	45,70	47,76	51,16	55,48
9	7,70	17,99	22,24	24,82	26,65	28,87	31,77	33,70	36,30	40,65	45,53	47,05	49,15	52,62	57,02
10	8,05	18,65	23,01	25,64	27,52	29,79	32,75	34,73	37,37	41,60	46,78	48,33	50,47	53,99	58,47
11	8,39	19,28	23,74	26,43	28,35	30,66	33,68	35,70	38,39	42,70	47,97	49,54	51,71	55,30	59,85
12	8,72	19,88	24,43	27,18	29,14	31,49	34,57	36,62	39,36	43,75	49,10	50,70	52,90	56,55	61,16
13	9,02	20,46	25,10	27,90	29,89	32,29	35,42	37,51	40,30	44,75	50,18	51,81	54,05	57,74	62,41
14	9,32	21,01	25,74	28,59	30,82	33,06	36,24	38,36	41,19	45,71	51,22	52,87	55,15	58,89	63,62
15	9,61	21,54	26,36	29,26	31,32	33,80	37,03	39,18	42,05	46,64	52,24	53,91	56,20	59,99	64,78
16	9,89	22,06	26,96,	29,90	32,00	34,51	37,79	39,97	42,89	47,53	53,21	54,90	57,22	61,05	65,90
18	10,42	23,05	28,10	31,13	33,29	35,88	39,25	41,49	44,48	49,24	55,05	56,78	59,16	63,08	68,04
20	10,92	23,98	29,18	32,30	34,51	37,16	40,62	42,91	45,98	50,86	56,80	58,56	60,99	65,00	70,06
22	11,41	24,86	30,20	35,60	35,67	38,39	41,93	44,27	47,41	52,40	58,45	60,25	62,73	66,82	71,98
24	11,87	25,71	31,18	34,45	36,78	39,55	43,17	45,57	48,77	55,86	60,03	61,87	64,39	68,55	73,81

TPF-2

λ als Funktion der Teststärke und der Zählerfreiheitsgrade FG(Z) für F-, χ^2- und zweiseitige t-Tests (FG(Z) = 1)

bei $\alpha = 0{,}005$ (entspricht bei einseitigen t-Tests (FG(Z) = 1) $\alpha = 0{,}0025$)

Test-stärke / FG(Z)	0,1000	0,5000	0,6667	0,7500	0,8000	0,8500	0,9000	0,9250	0,9500	0,9750	0,9900	0,9925	0,9950	0,9975	0,9990
1	2,33	7,88	10,48	12,12	13,31	14,77	16,72	18,03	19,82	22,72	26,35	27,45	28,97	31,52	34,78
2	3,10	9,58	12,11	14,33	15,65	17,26	19,39	20,83	22,78	25,93	29,85	31,03	32,67	35,39	38,88
3	3,68	10,81	13,97	15,92	17,33	19,05	21,31	22,84	24,90	28,23	32,35	33,59	35,31	38,17	41,82
4	4,16	11,82	15,16	17,23	18,73	20,51	22,29	24,49	26,64	30,11	34,40	35,70	37,48	40,45	44,22
5	4,58	12,70	16,21	18,36	19,91	21,79	24,26	25,92	28,15	31,75	36,18	37,52	39,36	42,42	46,31
6	4,96	13,49	17,14	19,38	20,98	22,93	25,49	27,20	29,50	33,21	37,77	39,15	41,04	44,18	48,17
7	5,30	14,22	18,00	20,31	21,97	23,97	26,61	28,37	30,74	34,54	39,23	40,63	42,57	45,79	49,87
8	5,63	14,89	18,79	21,17	22,88	24,94	27,64	29,45	31,88	35,78	40,57	42,01	43,99	47,28	51,45
9	5,93	15,52	19,54	21,98	23,73	25,84	28,61	30,47	32,95	36,94	41,83	43,30	45,32	48,67	52,92
10	6,22	16,11	20,23	22,74	24,53	26,69	29,53	31,42	33,96	38,01	43,01	44,51	46,57	49,98	54,31
11	6,49	16,68	20,90	23,46	25,30	27,51	30,40	32,33	34,92	39,06	44,14	45,66	47,75	51,22	55,62
12	6,76	17,22	21,54	24,15	26,02	28,28	31,22	33,19	35,83	40,05	45,21	46,76	48,88	52,41	56,87
13	7,01	17,73	22,14	24,82	26,72	29,02	32,02	34,02	36,70	40,99	46,23	47,80	49,97	53,54	58,87
14	7,25	18,23	22,73	25,45	27,39	29,73	32,78	34,82	37,54	41,89	47,22	48,81	51,00	54,63	59,22
15	7,48	18,71	23,29	26,06	28,04	30,41	33,51	35,88	38,15	42,77	48,17	49,79	52,01	55,68	60,33
16	7,71	19,17	23,84	26,65	28,66	31,07	34,22	36,32	39,13	43,61	49,08	50,72	52,98	56,69	61,48
18	8,14	20,06	24,48	27,78	29,85	32,33	35,58	37,73	40,62	45,22	50,84	52,51	54,82	58,62	63,44
20	8,55	20,89	25,86	28,85	30,97	33,55	36,85	39,07	42,02	46,73	52,49	54,20	56,56	60,44	65,36
22	8,94	21,68	26,79	29,86	32,04	34,66	38,07	40,33	43,36	48,18	54,05	55,80	58,20	62,17	67,19
24	9,32	22,44	27,60	30,83	33,06	35,74	39,22	41,54	44,64	49,56	55,55	57,33	59,78	63,82	68,92

TPF-3

λ als Funktion der Teststärke und der Zählerfreiheitsgrade FG(Z) für F-, χ^2- und zweiseitige t-Tests (FG(Z) = 1)

bei $\alpha = 0,01$ (entspricht bei einseitigen t-Tests (FG(Z) = 1) $\alpha = 0,005$)

Test-stärke / FG(Z)	0,1000	0,5000	0,6667	0,7500	0,8000	0,8500	0,9000	0,9250	0,9500	0,9750	0,9900	0,9925	0,9950	0,9975	0,9990
1	1,67	6,63	9,04	10,57	11,60	13,05	14,88	16,12	17,81	20,57	24,03	25,08	26,54	28,97	32,10
2	2,30	8,19	10,92	12,64	13,88	15,40	17,43	18,80	20,65	23,66	27,41	28,55	30,13	32,75	36,11
3	2,76	9,31	10,28	14,10	15,46	17,09	19,25	20,78	22,67	25,86	29,83	31,02	32,68	35,43	38,96
4	3,15	10,23	13,38	15,34	16,75	18,47	20,74	22,27	24,33	27,66	31,79	33,04	34,76	37,63	41,29
5	3,49	11,03	14,35	16,39	17,87	19,66	22,03	23,60	25,76	29,22	33,50	34,79	36,57	39,83	43,30
6	3,79	11,70	10,01	17,34	18,07	20,73	23,18	24,03	27,04	30,61	35,02	36,35	38,18	41,22	45,89
7	4,07	12,41	16,00	18,20	19,79	21,71	24,03	25,93	28,21	31,88	36,41	37,77	39,65	42,76	46,73
8	4,34	13,02	16,73	19,00	22,63	22,61	25,21	26,95	29,29	33,06	37,69	39,08	41,01	44,19	48,24
9	4,58	13,59	17,41	19,75	21,43	23,46	26,12	27,91	30,31	34,16	38,29	40,31	42,28	45,53	49,66
10	4,82	14,13	18,06	20,46	22,18	24,25	26,98	28,81	31,26	35,19	40,02	41,47	43,47	46,78	50,99
11	5,04	14,64	18,67	21,13	22,89	21,01	27,80	29,66	32,16	36,17	41,09	42,57	44,68	47,97	52,25
12	5,25	15,13	19,26	21,77	23,56	25,73	28,58	30,47	33,02	37,10	42,11	43,61	45,68	49,11	53,45
13	5,45	15,59	19,01	22,38	24,21	26,42	29,32	31,23	33,85	38,03	43,09	44,61	46,71	50,19	54,60
14	5,65	16,04	20,35	22,97	24,83	27,09	30,03	32,00	34,64	38,86	44,83	45,57	47,70	51,23	55,71
15	5,84	16,48	20,07	23,53	25,43	27,70	30,72	32,72	35,40	39,68	44,93	46,50	48,66	52,24	56,77
16	6,02	16,89	21,37	24,08	26,01	28,34	31,39	33,42	36,14	40,48	45,80	47,39	49,58	53,21	57,88
18	6,37	17,69	22,33	25,10	27,12	29,52	32,66	34,74	37,54	42,08	47,46	49,09	51,15	55,08	59,75
20	6,70	18,45	23,23	26,11	28,16	30,63	33,85	36,00	38,86	43,44	49,04	50,71	53,01	56,79	61,59
22	7,02	19,17	24,09	27,05	29,15	31,49	34,99	37,19	40,12	44,80	58,53	52,23	54,58	58,44	63,34
24	7,32	19,86	24,90	27,94	30,10	32,69	36,07	38,32	41,32	46,12	51,95	53,69	56,07	60,02	65,81

TPF-4

λ als Funktion der Teststärke und der Zählerfreiheitsgrade FG(Z) für F-, χ^2- und zwei-seitige t-Tests (FG(Z) = 1)

bei α = 0,015 (entspricht bei einseitigen t-Tests (FG(Z) = 1) α = 0,0075)

Test-stärke FG(Z)	0,1000	0,5000	0,6667	0,7500	0,8000	0,8500	0,9000	0,9250	0,9500	0,9750	0,9900	0,9925	0,9950	0,9975	0,9990
1	1,32	5,92	8,00	9,65	10,72	12,03	13,79	14,99	16,62	19,09	22,64	23,67	25,08	27,45	30,50
2	1,85	7,00	9,99	11,63	10,83	14,30	16,26	17,58	19,38	22,30	25,95	27,06	28,60	31,15	34,44
3	2,04	8,43	11,27	13,05	14,34	15,92	18,01	19,42	21,34	24,44	28,30	29,47	31,09	33,78	37,23
4	2,57	9,29	12,32	14,21	15,58	17,24	19,44	20,93	22,94	26,19	30,22	31,44	33,12	35,92	39,50
5	2,86	10,04	13,24	15,22	16,64	18,38	20,68	22,23	24,32	27,69	31,87	33,13	34,88	37,77	41,47
6	3,12	10,71	14,05	16,12	17,60	19,41	21,79	23,39	25,56	29,04	33,35	34,65	36,44	39,42	43,22
7	3,36	11,33	14,80	16,94	18,47	20,34	22,80	24,46	26,68	30,07	34,70	36,03	37,87	40,92	44,82
8	3,58	11,89	15,49	17,73	19,28	21,21	23,74	25,44	27,72	31,40	35,94	37,31	39,19	42,31	46,29
9	3,79	12,43	16,14	18,41	20,04	22,02	24,61	26,36	28,70	32,47	37,10	38,50	40,42	43,61	47,67
10	3,99	12,93	16,74	19,08	20,75	22,78	25,44	27,22	29,62	33,46	38,20	39,62	41,58	44,83	48,97
11	4,18	13,41	17,30	19,71	21,43	23,50	26,20	28,04	30,49	34,41	39,24	40,68	42,68	45,99	50,19
12	4,36	13,87	17,88	20,32	22,07	24,19	26,96	28,82	31,32	35,31	40,22	41,70	43,73	47,89	51,36
13	4,53	14,30	10,40	20,90	22,69	24,85	27,48	29,57	32,11	36,18	41,17	42,67	44,73	48,14	52,48
14	4,70	14,72	18,91	21,46	23,28	25,48	28,36	30,29	32,87	37,01	40,08	43,60	45,69	49,16	53,55
15	4,86	15,13	19,40	20,00	23,85	26,09	29,00	30,98	33,60	37,80	42,95	44,49	46,62	50,13	54,59
16	5,01	15,52	19,87	22,50	24,40	26,68	29,66	31,65	34,31	38,57	43,79	45,36	47,51	51,07	55,59
18	5,31	16,07	20,78	23,51	25,46	27,80	30,87	32,92	35,66	40,04	45,40	47,81	49,21	52,87	57,49
20	5,59	16,97	21,63	24,44	26,45	28,87	30,00	34,12	36,94	41,43	46,92	48,57	50,83	54,56	59,28
22	5,86	17,64	22,44	25,33	27,39	29,87	33,11	35,26	38,14	42,74	48,37	50,05	52,35	56,16	60,98
24	6,12	18,28	23,21	26,18	28,29	30,83	34,15	36,35	39,30	44,01	49,74	51,45	53,81	57,69	62,60

TPF-5

λ als Funktion der Teststärke und der Zählerfreiheitsgrade FG(Z) für F-, χ^2- und zwei-seitige t-Tests (FG(Z) = 1)

bei $\alpha = 0{,}02$ (entspricht bei einseitigen t-Tests (FG(Z) = 1) $\alpha = 0{,}01$)

Test-stärke	0,1000	0,5000	0,6667	0,7500	0,8000	0,8500	0,9000	0,9250	0,9500	0,9750	0,9900	0,9925	0,9950	0,9975	0,9990
FG(Z)															
1	1,09	5,41	7,60	9,00	10,04	11,31	13,02	14,10	15,77	18,37	21,65	22,64	24,03	26,35	29,34
2	1,54	6,80	9,32	10,92	12,08	13,51	15,41	16,71	18,46	21,32	24,90	25,98	27,49	30,00	33,22
3	1,88	7,80	10,55	12,28	13,54	15,00	17,12	18,50	20,37	23,41	27,20	28,35	29,93	32,55	35,97
4	2,16	8,62	11,56	13,40	14,73	16,35	18,51	19,96	21,93	25,11	29,07	30,27	31,93	34,68	38,21
5	2,41	9,33	12,43	14,37	15,76	17,46	19,71	21,23	23,27	26,59	30,69	31,93	33,64	36,49	40,14
6	2,64	9,96	13,22	15,23	16,68	18,45	20,79	22,36	24,48	27,90	32,14	33,41	35,18	38,11	41,85
7	2,85	10,54	13,93	16,02	17,52	19,35	21,76	23,38	25,57	29,09	33,45	34,76	36,57	39,58	43,42
8	3,04	11,09	14,59	16,75	18,30	20,19	22,67	24,34	26,08	30,20	34,66	36,01	37,86	40,94	44,87
9	3,22	11,59	15,21	17,43	19,03	20,97	23,52	25,23	27,53	31,23	35,80	37,17	39,07	42,21	46,22
10	3,40	12,07	15,79	18,08	19,71	21,70	24,31	26,07	28,42	32,20	36,87	38,27	40,20	43,41	47,49
11	3,56	12,52	16,35	18,69	20,37	22,40	25,07	26,86	29,27	33,13	37,88	39,31	41,28	44,54	48,69
12	3,72	12,95	16,87	19,27	20,99	23,06	25,79	27,62	30,07	34,01	38,84	40,30	42,30	45,62	49,83
13	3,87	13,37	17,38	19,83	21,50	23,70	26,48	28,34	30,84	34,84	39,77	41,24	43,28	46,65	50,93
14	4,01	13,76	17,86	20,36	22,15	24,31	27,14	29,04	31,58	35,65	40,65	42,15	44,22	47,64	51,98
15	4,15	14,15	18,33	20,80	22,70	24,90	27,70	29,71	32,29	36,43	41,50	43,02	45,12	48,59	53,00
16	4,29	14,52	18,78	21,38	23,23	25,47	28,40	30,35	32,98	37,18	42,33	43,87	45,99	49,51	53,97
18	4,55	15,22	19,65	22,33	24,24	26,55	29,57	31,59	34,29	38,61	43,89	45,48	47,66	51,27	55,83
20	4,79	15,89	20,46	23,23	25,20	27,58	30,68	32,75	35,52	39,95	45,37	46,99	49,24	52,92	57,59
22	5,02	16,53	21,23	24,08	26,11	28,55	31,73	33,86	36,70	41,23	46,79	48,44	50,72	54,48	59,25
24	5,25	17,13	21,97	24,89	26,97	29,47	32,74	34,91	37,82	42,45	48,12	49,82	52,14	55,98	60,83

TPF-6

λ als Funktion der Teststärke und der Zählerfreiheitsgrade FG(Z) für F-, χ^2- und zweiseitige t-Tests (FG(Z) = 1)

bei $\alpha = 0,05$ (entspricht bei einseitigen t-Tests (FG(Z) = 1) $\alpha = 0,025$)

Teststärke FG(Z)	0,1000	0,5000	0,6667	0,7500	0,8000	0,8500	0,9000	0,9250	0,9500	0,9750	0,9900	0,9925	0,9950	0,9975	0,9990
1	0,43	3,84	5,72	6,94	7,85	8,98	10,51	11,56	13,00	15,37	18,37	19,29	20,57	22,72	25,50
2	0,62	4,96	7,17	8,59	9,63	10,92	12,65	13,83	15,44	18,08	21,40	22,41	23,81	26,16	29,18
3	0,78	5,76	8,21	9,76	10,90	12,30	14,17	15,44	17,17	19,99	23,52	24,59	26,08	28,57	31,76
4	0,91	6,42	9,06	10,72	11,93	13,42	15,40	16,75	18,57	21,54	25,24	26,37	27,92	30,52	33,85
5	1,03	6,99	9,79	11,55	12,83	14,39	16,47	17,88	19,78	22,87	26,73	27,89	29,51	32,20	35,64
6	1,13	7,50	10,45	12,29	13,62	15,25	17,42	18,88	20,86	24,06	28,05	29,25	30,92	33,69	37,24
7	1,23	7,97	11,05	12,96	14,35	16,04	18,28	19,80	21,84	25,14	29,25	30,49	32,20	35,05	38,70
8	1,32	8,40	11,60	13,59	15,02	16,77	19,08	20,64	22,74	26,14	30,36	31,63	33,39	36,31	40,04
9	1,40	8,81	12,12	14,17	15,65	17,45	19,83	21,43	23,59	27,08	31,39	32,69	34,49	37,48	41,29
10	1,48	9,19	12,61	14,72	16,24	18,09	20,53	22,17	24,38	27,95	32,36	33,69	35,53	38,58	42,46
11	1,56	9,56	13,07	15,24	16,80	18,70	21,20	22,88	25,14	28,79	33,29	34,64	36,51	39,62	43,57
12	1,64	9,90	13,51	15,74	17,34	19,28	21,83	23,55	25,86	29,58	34,16	35,54	37,45	40,61	44,63
13	1,71	10,24	13,94	16,21	17,85	19,83	22,44	24,19	26,55	30,33	35,00	36,41	38,34	41,56	45,65
14	1,78	10,55	14,31	16,67	18,34	20,36	23,02	24,81	27,20	31,06	35,81	37,24	39,20	42,47	46,62
15	1,84	10,86	14,74	17,11	18,81	20,87	23,58	25,40	27,84	31,76	36,58	38,03	40,03	43,34	47,55
16	1,90	11,16	15,11	17,53	19,27	21,37	24,13	25,97	28,45	32,43	37,33	38,80	40,83	44,18	48,45
18	2,03	11,73	15,84	18,34	20,14	22,31	25,16	27,06	29,62	33,72	38,76	40,26	42,35	45,79	50,17
20	2,14	12,26	16,52	19,11	20,96	23,20	26,13	28,09	30,72	34,93	40,10	41,65	43,78	47,31	51,80
22	2,25	12,77	17,16	19,03	21,74	24,04	27,06	29,07	31,77	36,08	41,37	42,96	45,14	48,76	53,33
24	2,36	13,26	17,78	20,53	22,49	24,85	27,94	30,00	32,76	37,18	42,59	44,22	46,44	50,12	54,79

TPF-7

λ als Funktion der Teststärke und der Zählerfreiheitsgrade FG(Z) für F-, χ^2- und zweiseitige t-Tests (FG(Z) = 1)

bei $\alpha = 0{,}10$ (entspricht bei einseitigen t-Tests (FG(Z) = 1) $\alpha = 0{,}05$)

Teststärke	0,1000	0,5000	0,6667	0,7500	0,8000	0,8500	0,9000	0,9250	0,9500	0,9750	0,9900	0,9925	0,9950	0,9975	0,9990
FG(Z)															
1	0,00	2,70	4,31	5,30	6,18	7,19	8,56	9,51	10,82	13,00	15,77	16,62	17,81	19,82	22,42
2	0,00	3,56	5,50	6,77	7,71	8,88	10,46	11,54	13,02	15,47	18,56	19,50	20,82	23,03	25,87
3	0,00	4,18	6,36	7,76	8,02	10,08	11,80	12,97	14,57	17,20	20,51	21,52	22,92	25,27	28,29
4	0,00	4,69	7,06	8,57	9,68	11,05	12,88	14,13	15,83	18,60	22,09	23,15	24,62	27,07	30,23
5	0,00	5,13	7,67	9,27	10,45	11,89	13,82	15,13	16,91	19,81	23,44	24,55	26,07	28,63	31,90
6	0,00	5,53	8,21	9,90	11,13	12,64	14,65	16,02	17,87	20,88	24,65	25,79	27,37	30,01	33,39
7	0,00	5,90	8,70	10,47	11,75	13,32	15,41	16,83	18,75	21,86	25,74	26,92	28,55	31,26	34,74
8	0,00	6,24	9,16	10,99	12,32	13,95	16,11	17,58	19,55	22,76	26,76	27,96	29,63	32,42	35,98
9	0,00	6,55	9,59	11,49	12,86	14,54	16,77	18,27	20,31	23,60	27,70	28,94	30,65	33,50	37,14
10	0,00	6,85	9,99	11,90	13,37	15,10	17,39	18,93	21,02	24,39	28,59	29,85	31,60	34,51	38,23
11	0,00	7,13	10,37	12,39	13,85	15,62	17,97	19,55	21,69	25,14	29,42	30,52	32,50	35,47	39,26
12	0,00	7,40	10,74	12,81	14,30	16,12	18,53	20,15	22,33	25,86	30,22	31,54	33,36	36,38	40,24
13	0,00	7,66	11,09	13,21	14,74	16,60	19,06	20,71	22,94	26,54	30,99	32,33	34,18	37,25	41,17
14	0,00	7,91	11,42	13,59	15,16	17,06	19,57	21,26	23,53	27,19	31,72	33,08	34,97	38,09	42,07
15	0,00	8,15	11,75	13,96	15,56	17,50	20,06	21,76	24,09	27,82	32,43	35,81	35,72	38,89	42,94
16	0,00	8,38	12,06	14,32	15,95	17,93	20,54	22,29	24,64	28,43	33,11	34,51	36,45	39,67	43,77
18	0,00	8,82	12,65	15,01	16,70	18,74	21,44	23,25	25,68	29,59	34,40	35,85	37,84	41,15	45,36
20	0,00	9,24	13,22	15,65	17,40	19,51	22,30	24,16	26,66	30,68	35,62	37,11	39,15	42,54	46,85
22	0,00	9,64	13,75	16,26	18,07	20,24	23,11	25,02	27,59	31,71	36,78	38,30	40,39	43,86	48,28
24	0,00	10,01	14,26	16,85	18,70	22,94	23,88	25,84	28,48	32,70	37,88	39,44	41,58	45,13	49,63

TPF-8

λ als Funktion der Teststärke und der Zählerfreiheitsgrade FG(Z) für F-, χ^2- und zwei-seitige t-Tests (FG(Z) = 1)

bei $\alpha = 0{,}15$ (entspricht bei einseitigen t-Tests (FG(Z) = 1) $\alpha = 0{,}075$)

Test-stärke FG (Z)	0,1000	0,5000	0,6667	0,7500	0,8000	0,8500	0,9000	0,9250	0,9500	0,9750	0,9900	0,9925	0,9950	0,9975	0,9990
1	0,00	2,06	3,49	4,47	5,20	6,13	7,40	8,29	9,51	11,56	14,18	14,99	16,12	18,03	20,52
2	0,00	2,73	4,50	5,67	6,54	7,63	9,11	10,13	11,53	13,84	16,79	17,69	18,95	21,06	23,80
3	0,00	3,22	5,23	6,53	7,50	8,70	10,32	11,43	12,95	15,45	18,61	19,58	20,92	23,17	26,08
4	0,00	3,63	5,83	7,24	8,28	9,57	11,30	12,49	14,10	16,75	20,09	21,10	22,52	24,88	27,93
5	0,00	3,99	6,34	7,85	8,96	10,32	12,15	13,39	15,09	17,87	21,35	22,41	23,88	26,35	29,51
6	0,00	4,31	6,81	8,39	9,56	10,99	12,90	14,20	15,97	18,86	22,48	23,58	25,10	27,64	30,91
7	0,00	4,61	7,23	8,89	10,11	11,60	13,59	14,94	16,78	19,76	23,50	24,63	26,20	28,83	32,19
8	0,00	4,88	7,62	9,35	10,62	12,14	14,22	15,62	17,52	20,60	24,44	25,61	27,22	29,91	33,36
9	0,00	5,13	7,99	9,78	11,09	12,69	14,82	16,26	18,21	21,38	25,32	26,52	28,17	30,93	34,46
10	0,00	5,37	8,33	10,19	11,54	13,18	15,37	16,85	18,86	22,11	26,15	27,37	29,07	31,88	35,49
11	0,00	5,60	8,66	10,57	11,96	13,65	15,90	17,42	19,47	22,80	26,93	28,18	29,91	32,78	36,46
12	0,00	5,82	8,97	10,94	12,36	14,10	16,40	17,96	20,06	23,46	27,68	28,98	30,71	33,64	37,39
13	0,00	6,03	9,27	11,29	12,75	14,53	16,89	18,47	20,62	24,09	28,39	29,69	31,48	34,46	38,27
14	0,00	6,23	9,56	11,63	13,12	14,94	17,35	18,97	21,16	24,69	29,07	30,39	32,22	35,25	39,12
15	0,00	6,42	9,83	11,95	13,48	15,34	17,79	19,45	21,68	25,28	29,73	31,07	32,93	36,01	39,94
16	0,00	6,61	10,10	12,26	13,82	15,72	18,22	19,91	22,18	25,84	30,36	31,73	33,61	36,74	40,72
18	0,00	6,97	10,61	12,86	14,48	16,45	19,04	20,78	23,13	26,91	31,57	32,97	34,91	38,13	42,22
20	0,00	7,30	11,09	13,42	15,10	17,13	19,81	21,61	24,03	27,91	32,71	34,15	36,14	39,43	43,63
22	0,00	7,63	11,55	13,96	15,69	17,79	20,54	22,39	24,88	28,87	33,79	35,26	37,30	40,68	44,97
24	0,00	7,93	11,99	14,47	16,25	18,41	21,24	23,14	25,69	29,78	34,82	36,33	38,41	43,86	46,25

TPF-9

λ als Funktion der Teststärke und der Zählerfreiheitsgrade FG(Z) für F-, χ^2- und zweiseitige t-Tests (FG(Z) = 1)

bei $\alpha = 0,20$ (entspricht bei einseitigen t-Tests (FG(Z) = 1) $\alpha = 0,10$)

Test-stärke	0,1000	0,5000	0,6667	0,7500	0,8000	0,8500	0,9000	0,9250	0,9500	0,9750	0,9900	0,9925	0,9950	0,9975	0,9990
FG(Z)															
1	0,00	1,61	2,92	3,82	4,50	5,37	6,57	7,40	8,56	10,51	13,02	13,79	14,88	16,72	19,11
2	0,00	2,13	3,77	4,86	5,68	6,71	8,11	9,08	10,41	12,63	15,46	16,33	17,54	19,58	22,23
3	0,00	2,53	4,39	5,62	6,53	7,67	9,21	10,27	11,73	14,13	17,18	18,11	19,41	21,59	24,41
4	0,00	2,86	4,91	6,24	7,23	8,46	10,11	11,25	12,79	15,35	18,57	19,55	20,92	23,21	26,17
5	0,00	3,15	5,36	6,78	7,83	9,13	10,89	12,08	13,71	16,39	19,76	20,79	22,21	24,60	27,48
6	0,00	3,40	5,75	7,26	8,37	9,74	11,58	12,83	14,53	17,32	20,32	21,89	23,37	25,84	29,02
7	0,00	3,64	6,12	7,70	8,86	10,29	12,20	13,50	15,27	18,16	21,78	22,88	24,41	26,96	30,23
8	0,00	3,86	6,46	8,11	9,32	10,80	12,78	14,13	15,96	18,94	22,67	23,80	25,37	27,99	31,35
9	0,00	4,07	6,78	8,49	9,74	11,28	13,33	14,72	16,60	19,67	23,50	24,66	26,27	28,95	32,40
10	0,00	4,26	7,07	8,85	10,14	11,73	13,84	15,26	17,20	20,35	24,28	25,47	27,12	29,86	33,38
11	0,00	4,43	7,36	9,19	10,52	12,15	14,32	15,79	17,77	21,00	25,02	26,23	27,91	30,72	34,30
12	0,00	4,62	7,63	9,51	10,88	12,55	14,78	16,28	18,32	21,62	25,72	26,96	28,67	31,53	35,19
13	0,00	4,79	7,89	9,82	11,23	12,94	15,22	16,76	18,84	22,20	26,39	27,65	29,40	32,31	36,03
14	0,00	4,95	8,13	10,12	11,56	13,32	15,64	17,21	19,33	22,77	27,03	28,32	30,10	33,06	36,84
15	0,00	5,11	8,37	10,41	11,88	13,67	16,05	17,65	19,81	23,31	27,65	28,96	30,77	33,77	37,61
16	0,00	5,26	8,61	10,68	12,19	14,02	16,44	18,07	20,28	23,84	28,25	29,58	31,41	34,47	38,36
18	0,00	5,55	9,05	11,21	12,78	14,68	17,19	16,88	21,16	24,84	29,36	30,75	32,64	35,78	39,79
20	0,00	5,83	9,46	11,71	13,33	15,30	17,90	19,64	21,99	25,78	30,45	31,86	33,80	37,03	41,13
22	0,00	6,09	9,86	12,19	13,86	15,89,	18,57	20,36	22,78	26,67	31,47	32,91	34,90	38,20	42,41
24	0,00	6,33	10,24	12,64	14,36	16,45	19,21	21,05	25,53	27,52	32,44	33,91	35,95	39,33	43,62

TPF-10

λ als Funktion der Teststärke und der Zählerfreiheitsgrade FG(Z) für F-, χ^2- und zweiseitige t-Tests (FG(Z) = 1)

bei α = 0,40 (entspricht bei einseitigen t-Tests (FG(Z) = 1) α = 0,20)

Test-stärke	0,1000	0,5000	0,6667	0,7500	0,8000	0,8500	0,9000	0,9250	0,9500	0,9750	0,9900	0,9925	0,9950	0,9975	0,9990
FG(Z)															
1	0,00	0,46	1,49	2,21	2,76	3,47	4,47	5,17	6,16	7,84	10,03	10,71	11,67	13,31	15,46
2	0,00	0,59	1,87	2,75	3,43	4,28	5,47	6,29	7,45	9,38	11,88	12,65	13,74	15,57	17,97
3	0,00	0,70	2,18	3,19	3,95	4,91	6,23	7,14	8,41	10,52	13,24	14,08	13,25	17,22	19,79
4	0,00	0,79	2,44	3,55	4,38	5,43	6,86	7,84	9,21	11,47	14,35	15,24	16,48	18,56	21,24
5	0,00	0,87	2,67	3,87	4,76	5,88	7,40	8,45	9,89	12,28	15,31	16,24	17,54	19,72	22,53
6	0,00	0,95	2,88	4,16	5,11	6,29	7,89	9,00	10,51	13,00	16,17	17,13	18,48	20,74	23,66
7	0,00	1,02	3,07	4,42	5,42	6,66	8,34	9,49	11,07	13,66	16,94	17,95	19,34	21,68	24,69
8	0,00	1,08	3,25	4,66	5,71	7,01	8,75	9,95	11,59	14,27	17,66	18,69	20,13	22,54	25,64
9	0,00	1,14	3,42	4,89	5,98	7,33	9,14	10,38	12,07	14,84	18,33	19,39	20,87	23,34	26,52
10	0,00	1,20	3,58	5,11	6,24	7,63	9,51	10,78	12,53	15,38	18,96	20,05	21,56	24,09	27,35
11	0,00	1,25	3,73	5,31	6,48	7,99	9,85	11,17	12,96	15,88	19,56	20,67	22,22	24,81	28,13
12	0,00	1,30	3,87	5,51	6,71	8,20	10,18	11,53	13,37	16,37	20,12	21,26	22,85	25,49	28,88
13	0,00	1,35	4,01	5,70	6,94	8,46	10,50	11,88	13,76	16,83	20,67	21,83	23,44	26,14	29,59
14	0,00	1,40	4,14	5,88	7,15	8,71	10,80	12,22	14,14	17,27	21,19	22,37	24,02	26,76	30,28
15	0,00	1,45	4,27	6,05	7,36	8,96	11,09	12,54	14,50	17,70	21,69	22,90	24,57	27,36	30,93
16	0,00	1,49	4,39	6,22	7,56	9,19	11,38	12,85	14,86	18,11	22,17	23,40	23,10	27,94	31,57
18	0,00	1,58	4,63	6,54	7,94	9,64	11,91	13,45	15,52	18,90	23,09	24,36	26,12	29,04	32,78
20	0,00	1,66	4,15	6,85	8,29	10,07	12,42	14,01	16,16	19,64	23,96	25,27	27,07	30,08	33,91
22	0,00	1,74	5,06	7,13	8,64	10,47	12,90	14,54	16,76	20,34	24,78	26,12	27,98	31,06	34,99
24	0,00	1,81	5,26	7,41	8,96	10,86	13,36	15,05	17,33	21,01	25,57	26,94	28,84	32,00	36,02

Tabelle D: Fishers Z-Werte

(Quelle: Glass, G. V., & Stanley, J. C. (1970). *Statistical methods in education and psychology* (p. 534). Englewood Cliffs: Prentice-Hall.)

r	Z	r	Z	r	Z	r	Z	r	Z
0,000	0,000	0,165	0,167	0,330	0,343	0,495	0,543	0,660	0,793
0,005	0,005	0,170	0,172	0,335	0,348	0,500	0,549	0,665	0,802
0,010	0,010	0,175	0,177	0,340	0,354	0,505	0,556	0,670	0,811
0,015	0,015	0,180	0,182	0,345	0,360	0,510	0,563	0,675	0,820
0,020	0,020	0,185	0,187	0,350	0,365	0,515	0,570	0,680	0,829
0,025	0,025	0,190	0,192	0,355	0,371	0,520	0,576	0,685	0,838
0,030	0,030	0,195	0,198	0,360	0,377	0,525	0,583	0,690	0,848
0,035	0,035	0,200	0,203	0,365	0,383	0,530	0,590	0,695	0,858
0,040	0,040	0,205	0,208	0,370	0,388	0,535	0,597	0,700	0,867
0,045	0,045	0,210	0,213	0,375	0,394	0,540	0,604	0,705	0,877
0,050	0,050	0,215	0,218	0,380	0,400	0,545	0,611	0,710	0,887
0,055	0,055	0,220	0,224	0,385	0,406	0,550	0,618	0,715	0,897
0,060	0,060	0,225	0,229	0,390	0,412	0,555	0,626	0,720	0,908
0,065	0,065	0,230	0,234	0,395	0,418	0,560	0,633	0,725	0,918
0,070	0,070	0,235	0,239	0,400	0,424	0,565	0,640	0,730	0,929
0,075	0,075	0,240	0,245	0,405	0,430	0,570	0,648	0,735	0,940
0,080	0,080	0,245	0,250	0,410	0,436	0,575	0,655	0,740	0,950
0,085	0,085	0,250	0,255	0,415	0,442	0,580	0,662	0,745	0,962
0,090	0,090	0,255	0,261	0,420	0,448	0,585	0,670	0,750	0,973
0,095	0,095	0,260	0,266	0,425	0,454	0,590	0,678	0,755	0,984
0,100	0,100	0,265	0,271	0,430	0,460	0,595	0,685	0,760	0,996
0,105	0,105	0,270	0,277	0,435	0,466	0,600	0,693	0,765	1,008
0,110	0,110	0,275	0,282	0,440	0,472	0,605	0,701	0,770	1,020
0,115	0,116	0,280	0,288	0,445	0,478	0,610	0,709	0,775	1,033
0,120	0,121	0,285	0,293	0,450	0,485	0,615	0,717	0,780	1,045
0,125	0,126	0,290	0,299	0,455	0,491	0,620	0,725	0,785	1,058
0,130	0,131	0,295	0,304	0,460	0,497	0,625	0,733	0,790	1,071
0,135	0,136	0,300	0,310	0,465	0,504	0,630	0,741	0,795	1,085
0,14	0,141	0,305	0,315	0,470	0,510	0,635	0,750	0,800	1,099
0,145	0,146	0,310	0,321	0,475	0,517	0,640	0,758	0,805	1,113
0,150	0,151	0,315	0,326	0,480	0,523	0,645	0,767	0,810	1,127
0,155	0,156	0,320	0,332	0,485	0,530	0,650	0,775	0,815	1,142
0,160	0,161	0,325	0,337	0,490	0,536	0,655	0,784	0,820	1,157

r	Z		r	Z		r	Z		r	Z		r	Z
0,825	1,172		0,860	1,293		0,895	1,447		0,930	1,658		0,965	2,014
0,830	1,188		0,865	1,313		0,900	1,472		0,935	1,697		0,970	2,092
0,835	1,204		0,870	1,333		0,905	1,499		0,940	1,738		0,975	2,185
0,840	1,221		0,875	1,354		0,910	1,528		0,945	1,783		0,980	2,298
0,845	1,238		0,880	1,376		0,915	1,557		0,950	1,832		0,985	2,443
0,850	1,256		0,885	1,398		0,920	1,589		0,955	1,886		0,990	2,647
0,855	1,274		0,890	1,422		0,925	1,623		0,960	1,946		0,995	2,994

Tabelle E: *F*-Verteilung

Nenner-*df*	Fläche	Zähler-*df* 1	2	3	4	5	6	7	8	9	10	11	12
1	0,75	5,83	7,50	8,20	8,58	8,82	8,98	9,10	9,19	9,26	9,32	9,36	9,41
	0,90	39,90	49,50	53,60	55,80	57,20	58,20	58,90	59,40	59,90	60,20	60,50	60,70
	0,95	161,00	200,00	216,00	225,00	230,00	234,00	237,00	239,00	241,00	242,00	243,00	244,00
2	0,75	2,57	3,00	3,15	3,23	3,28	3,31	3,34	3,35	3,37	3,38	3,39	3,39
	0,90	8,53	9,00	9,16	9,24	9,29	9,33	9,35	9,37	9,38	9,39	9,40	9,41
	0,95	18,50	19,00	19,20	19,20	19,30	19,30	19,40	19,40	19,40	19,40	19,40	19,40
	0,99	98,50	99,00	99,20	99,20	99,30	99,30	99,40	99,40	99,40	99,40	99,40	99,40
3	0,75	2,02	2,28	2,36	2,39	2,41	2,42	2,43	2,44	2,44	2,44	2,45	2,45
	0,90	5,54	5,46	5,39	5,34	5,31	5,28	5,27	5,25	5,24	5,23	5,22	5,22
	0,95	10,10	9,55	9,28	9,12	9,10	8,94	8,89	8,85	8,81	8,79	8,76	8,74
	0,99	34,10	30,80	29,50	28,70	28,20	27,90	27,70	27,50	27,30	27,20	27,10	27,10
4	0,75	1,81	2,00	2,05	2,06	2,07	2,08	2,08	2,08	2,08	2,08	2,08	2,08
	0,90	4,54	4,32	4,19	4,11	4,05	4,01	3,98	3,95	3,94	3,92	3,91	3,90
	0,95	7,71	6,94	6,59	6,39	6,26	6,16	6,09	6,04	6,00	5,96	5,94	5,91
	0,99	21,20	18,00	16,70	16,00	15,50	15,20	15,00	14,80	14,70	14,50	14,40	14,40
5	0,75	1,69	1,85	1,88	1,89	1,89	1,89	1,89	1,89	1,89	1,89	1,89	1,89
	0,90	4,06	3,78	3,62	3,52	3,45	3,40	3,37	3,34	3,32	3,30	3,28	3,27
	0,95	6,61	5,79	5,41	5,19	5,05	4,95	4,88	4,82	4,77	4,74	4,71	4,68
	0,99	16,30	13,30	12,10	11,40	11,00	10,70	10,50	10,30	10,20	10,10	9,96	9,89
6	0,75	1,62	1,76	1,78	1,79	1,79	1,78	1,78	1,77	1,77	1,77	1,77	1,77
	0,90	3,78	3,46	3,29	3,18	3,11	3,05	3,01	2,98	2,96	2,94	2,92	2,90
	0,95	5,99	5,14	4,76	4,53	4,39	4,28	4,21	4,15	4,10	4,06	4,03	4,00
	0,99	13,70	10,90	9,78	9,15	8,75	8,47	8,26	8,10	7,98	7,87	7,79	7,72
7	0,75	1,57	1,70	1,72	1,72	1,71	1,71	1,70	1,70	1,69	1,69	1,69	1,68
	0,90	3,59	3,26	3,07	2,96	2,88	2,83	2,78	2,75	2,72	2,70	2,68	2,67
	0,95	5,59	4,74	4,35	4,12	3,97	3,87	3,79	3,73	3,68	3,64	3,60	3,57
	0,99	12,20	9,55	8,45	7,85	7,46	7,19	6,99	6,84	6,72	6,62	6,54	6,47
8	0,75	1,54	1,66	1,67	1,66	1,66	1,65	1,64	1,64	1,64	1,63	1,63	1,62
	0,90	3,46	3,11	2,92	2,81	2,73	2,67	2,62	2,59	2,56	2,54	2,52	2,50
	0,95	5,32	4,46	4,07	3,84	3,69	3,58	3,50	3,44	3,39	3,35	3,31	3,28
	0,99	11,30	8,65	7,59	7,01	6,63	6,37	6,18	6,03	5,91	5,81	5,73	5,67
9	0,75	1,51	1,62	1,63	1,63	1,62	1,61	1,60	1,60	1,59	1,59	1,58	1,58
	0,90	3,36	3,01	2,81	2,69	2,61	2,55	2,51	2,47	2,44	2,42	2,40	2,38
	0,95	5,12	4,26	3,86	3,63	3,48	3,37	3,29	3,23	3,18	3,14	3,10	3,07
	0,99	10,60	8,02	6,99	6,42	6,06	5,80	5,61	5,47	5,35	5,26	5,18	5,11
10	0,75	1,49	1,60	1,60	1,59	1,59	1,58	1,57	1,56	1,56	1,55	1,55	1,54
	0,90	3,28	2,92	2,73	2,61	2,52	2,46	2,41	2,38	2,35	2,32	2,30	2,28
	0,95	4,96	4,10	3,71	3,48	3,33	3,22	3,14	3,07	3,02	2,98	2,94	2,91
	0,99	10,00	7,56	6,55	5,99	5,64	5,39	5,20	5,06	4,94	4,85	4,77	4,71

Zähler-df												Fläche	Nenner-df
15	20	24	30	40	50	60	100	120	200	500	∞		
9,49	9,58	9,63	9,67	9,71	9,74	9,76	9,78	9,80	9,82	9,84	9,85	0,75	1
61,20	61,70	62,00	62,30	62,50	62,70	62,80	63,00	63,10	63,20	63,30	63,30	0,90	
246,00	248,00	249,00	250,00	251,00	252,00	252,00	253,00	253,00	254,00	254,00	254,00	0,95	
3,41	3,43	3,43	3,44	3,45	3,45	3,46	3,47	3,47	3,48	3,48	3,48	0,75	2
9,42	9,44	9,45	9,46	9,47	9,47	9,47	9,48	9,48	9,49	9,49	9,49	0,90	
19,40	19,40	19,50	19,50	19,50	19,50	19,50	19,50	19,50	19,50	19,50	19,50	0,95	
99,40	99,40	99,50	99,50	99,50	99,50	99,50	99,50	99,50	99,50	99,50	99,50	0,99	
2,46	2,46	2,46	2,47	2,47	2,47	2,47	2,47	2,47	2,47	2,47	2,47	0,75	3
5,20	5,18	5,18	5,17	5,16	5,15	5,15	5,14	5,14	5,14	5,14	5,13	0,90	
8,70	8,66	8,64	8,62	8,59	8,58	8,57	8,55	8,55	8,54	8,53	8,53	0,95	
26,90	26,70	26,60	26,50	26,40	26,40	26,30	26,20	26,20	26,20	26,10	26,10	0,99	
2,08	2,08	2,08	2,08	2,08	2,08	2,08	2,08	2,08	2,08	2,08	2,08	0,75	4
3,87	3,84	3,83	3,82	3,80	3,80	3,79	3,78	3,78	3,77	3,76	3,76	0,90	
5,86	5,80	5,77	5,75	5,72	5,70	5,69	5,66	5,66	5,65	5,64	5,63	0,95	
14,20	14,00	13,90	13,80	13,70	13,70	13,70	13,60	13,60	13,50	13,50	13,50	0,99	
1,89	1,88	1,88	1,88	1,88	1,88	1,87	1,87	1,87	1,87	1,87	1,87	0,75	5
3,24	3,21	3,19	3,17	3,16	3,15	3,14	3,13	3,12	3,12	3,11	3,10	0,90	
4,62	4,56	4,53	4,50	4,46	4,44	4,43	4,41	4,40	4,39	4,37	4,36	0,95	
9,72	9,55	9,47	9,38	9,29	9,24	9,20	9,13	9,11	9,08	9,04	9,02	0,99	
1,76	1,76	1,75	1,75	1,75	1,75	1,74	1,74	1,74	1,74	1,74	1,74	0,75	6
2,87	2,84	2,82	2,80	2,78	2,77	2,76	2,75	2,74	2,73	2,73	2,72	0,90	
3,94	3,87	3,84	3,81	3,77	3,75	3,74	3,71	3,70	3,69	3,68	3,67	0,95	
7,56	7,40	7,31	7,23	7,14	7,09	7,06	6,99	6,97	6,93	6,90	6,88	0,99	
1,68	1,67	1,67	1,66	1,66	1,66	1,65	1,65	1,65	1,65	1,65	1,65	0,75	7
2,63	2,59	2,58	2,56	2,54	2,52	2,51	2,50	2,49	2,48	2,48	2,47	0,90	
3,51	3,44	3,41	3,38	3,34	3,32	3,30	3,27	3,27	3,25	3,24	3,23	0,95	
6,31	6,16	6,07	5,99	5,91	5,86	5,82	5,75	5,74	5,70	5,67	5,65	0,99	
1,62	1,61	1,60	1,60	1,59	1,59	1,59	1,58	1,58	1,58	1,58	1,58	0,75	8
2,46	2,42	2,40	2,38	2,36	2,35	2,34	2,32	2,32	2,31	2,30	2,29	0,90	
3,22	3,15	3,12	3,08	3,04	3,02	3,01	2,97	2,97	2,95	2,94	2,93	0,95	
5,52	5,36	5,28	5,20	5,12	5,07	5,03	4,96	4,95	4,91	4,88	4,86	0,99	
1,57	1,56	1,56	1,55	1,55	1,54	1,54	1,53	1,53	1,53	1,53	1,53	0,75	9
2,34	2,30	2,28	2,25	2,23	2,22	2,21	2,19	2,18	2,17	2,17	2,16	0,90	
3,01	2,94	2,90	2,86	2,83	2,80	2,79	2,76	2,75	2,73	2,72	2,71	0,95	
4,96	4,81	4,73	4,65	4,57	4,52	4,48	4,42	4,40	4,36	4,33	4,31	0,99	
1,53	1,52	1,52	1,51	1,51	1,50	1,50	1,49	1,49	1,49	1,48	1,48	0,75	10
2,24	2,20	2,18	2,16	2,13	2,12	2,11	2,09	2,08	2,07	2,06	2,06	0,90	
2,85	2,77	2,74	2,70	2,66	2,64	2,62	2,59	2,58	2,56	2,55	2,54	0,95	
4,56	4,41	4,33	4,25	4,17	4,12	4,08	4,01	4,00	3,96	3,93	3,91	0,99	

Nenner-*df*		Zähler-*df*											
	Fläche	1	2	3	4	5	6	7	8	9	10	11	12
11	0,75	1,47	1,58	1,58	1,57	1,56	1,55	1,54	1,53	1,53	1,52	1,52	1,51
	0,90	3,23	2,86	2,66	2,54	2,45	2,39	2,34	2,30	2,27	2,25	2,23	2,21
	0,95	4,84	3,98	3,59	3,36	3,20	3,09	3,01	2,95	2,90	2,85	2,82	2,79
	0,99	9,65	7,21	6,22	5,67	5,32	5,07	4,89	4,74	4,63	4,54	4,46	4,40
12	0,75	1,46	1,56	1,56	1,55	1,54	1,53	1,52	1,51	1,51	1,50	1,50	1,49
	0,90	3,18	2,81	2,61	2,48	2,39	2,33	2,28	2,24	2,21	2,19	2,17	2,15
	0,95	4,75	3,89	3,49	3,26	3,11	3,00	2,91	2,85	2,80	2,75	2,72	2,69
	0,99	9,33	6,93	5,95	5,41	5,06	4,82	4,64	4,50	4,39	4,30	4,22	4,16
13	0,75	1,45	1,54	1,54	1,53	1,52	1,51	1,50	1,49	1,49	1,48	1,47	1,47
	0,90	3,14	2,76	2,56	2,43	2,35	2,28	2,23	2,20	2,16	2,14	2,12	2,10
	0,95	4,67	3,81	3,41	3,18	3,03	2,92	2,83	2,77	2,71	2,67	2,63	2,60
	0,99	9,07	6,70	5,74	5,21	4,86	4,62	4,44	4,30	4,19	4,10	4,02	3,96
14	0,75	1,44	1,53	1,53	1,52	1,51	1,50	1,48	1,48	1,47	1,46	1,46	1,45
	0,90	3,10	2,73	2,52	2,39	2,31	2,24	2,19	2,15	2,12	2,10	2,08	2,05
	0,95	4,60	3,74	3,34	3,11	2,96	2,85	2,76	2,70	2,65	2,60	2,57	2,53
	0,99	8,86	6,51	5,56	5,04	4,69	4,46	4,28	4,14	4,03	3,94	3,86	3,80
15	0,75	1,43	1,52	1,52	1,51	1,49	1,48	1,47	1,46	1,46	1,45	1,44	1,44
	0,90	3,07	2,70	2,49	2,36	2,27	2,21	2,16	2,12	2,09	2,06	2,04	2,02
	0,95	4,54	3,68	3,29	3,06	2,90	2,79	2,71	2,64	2,59	2,54	2,51	2,48
	0,99	8,68	6,36	5,42	4,89	4,56	4,32	4,14	4,00	3,89	3,80	3,73	3,67
16	0,75	1,42	1,51	1,51	1,50	1,48	1,48	1,47	1,46	1,45	1,45	1,44	1,44
	0,90	3,05	2,67	2,46	2,33	2,24	2,18	2,13	2,09	2,06	2,03	2,01	1,99
	0,95	4,49	3,63	3,24	3,01	2,85	2,74	2,66	2,59	2,54	2,49	2,46	2,42
	0,99	8,53	6,23	5,29	4,77	4,44	4,20	4,03	3,89	3,78	3,69	3,62	3,55
17	0,75	1,42	1,51	1,50	1,49	1,47	1,46	1,45	1,44	1,43	1,43	1,42	1,41
	0,90	3,03	2,64	2,44	2,31	2,22	2,15	2,10	2,06	2,03	2,00	1,98	1,96
	0,95	4,45	3,59	3,20	2,96	2,81	2,70	2,61	2,55	2,49	2,45	2,41	2,38
	0,99	8,40	6,11	5,18	4,67	4,34	4,10	3,93	3,79	3,68	3,59	3,52	3,46
18	0,75	1,41	1,50	1,49	1,48	1,46	1,45	1,44	1,43	1,42	1,42	1,41	1,40
	0,90	3,01	2,62	2,42	2,29	2,20	2,13	2,08	2,04	2,00	1,98	1,96	1,93
	0,95	4,41	3,55	3,16	2,93	2,77	2,66	2,58	2,51	2,46	2,41	2,37	2,34
	0,99	8,29	6,01	5,09	4,58	4,25	4,01	3,84	3,71	3,60	3,51	3,43	3,37
19	0,75	1,41	1,49	1,49	1,47	1,46	1,44	1,43	1,42	1,41	1,41	1,40	1,40
	0,90	2,99	2,61	2,40	2,27	2,18	2,11	2,06	2,02	1,98	1,96	1,94	1,91
	0,95	4,38	3,52	3,13	2,90	2,74	2,63	2,54	2,48	2,42	2,38	2,34	2,31
	0,99	8,18	5,93	5,01	4,50	4,17	3,94	3,77	3,63	3,52	3,43	3,36	3,30
20	0,75	1,40	1,49	1,48	1,46	1,45	1,44	1,42	1,42	1,41	1,40	1,39	1,39
	0,90	2,97	2,59	2,38	2,25	2,16	2,09	2,04	2,00	1,96	1,94	1,92	1,89
	0,95	4,35	3,49	3,10	2,87	2,71	2,60	2,51	2,45	2,39	2,35	2,31	2,28
	0,99	8,10	5,85	4,94	4,43	4,10	3,87	3,70	3,56	3,46	3,37	3,29	3,23

15	20	24	30	40	50	60	100	120	200	500	∞	Fläche	Nenner-df
1,50	1,49	1,49	1,48	1,47	1,47	1,47	1,46	1,46	1,46	1,45	1,45	0,75	11
2,17	2,12	2,10	2,08	2,05	2,04	2,03	2,00	2,00	1,99	1,98	1,97	0,90	
2,72	2,65	2,61	2,57	2,53	2,51	2,49	2,46	2,45	2,43	2,42	2,40	0,95	
4,25	4,10	4,02	3,94	3,86	3,81	3,78	3,71	3,69	3,66	3,62	3,60	0,99	
1,48	1,47	1,46	1,45	1,45	1,44	1,44	1,43	1,43	1,43	1,42	1,42	0,75	12
2,10	2,06	2,04	2,01	1,99	1,97	1,96	1,94	1,93	1,92	1,91	1,90	0,90	
2,62	2,54	2,51	2,47	2,43	2,40	2,38	2,35	2,34	2,32	2,31	2,30	0,95	
4,01	3,86	3,78	3,70	3,62	3,57	3,54	3,47	3,45	3,41	3,38	3,36	0,99	
1,46	1,45	1,44	1,43	1,42	1,42	1,42	1,41	1,41	1,40	1,40	1,40	0,75	13
2,05	2,01	1,98	1,96	1,93	1,92	1,90	1,88	1,88	1,86	1,85	1,85	0,90	
2,53	2,46	2,42	2,38	2,34	2,31	2,30	2,26	2,25	2,23	2,22	2,21	0,95	
3,82	3,66	3,59	3,51	3,43	3,38	3,34	3,27	3,25	3,22	3,19	3,17	0,99	
1,44	1,43	1,42	1,41	1,41	1,40	1,40	1,39	1,39	1,39	1,38	1,38	0,75	14
2,01	1,96	1,94	1,91	1,89	1,87	1,86	1,83	1,83	1,82	1,80	1,80	0,90	
2,46	2,39	2,35	2,31	2,27	2,24	2,22	2,19	2,18	2,16	2,14	2,13	0,95	
3,66	3,51	3,43	3,35	3,27	3,22	3,18	3,11	3,09	3,06	3,03	3,00	0,99	
1,43	1,41	1,41	1,40	1,39	1,39	1,38	1,38	1,37	1,37	1,36	1,36	0,75	15
1,97	1,92	1,90	1,87	1,85	1,83	1,82	1,79	1,79	1,77	1,76	1,76	0,90	
2,40	2,33	2,29	2,25	2,20	2,18	2,16	2,12	2,11	2,10	2,08	2,07	0,95	
3,52	3,37	3,29	3,21	3,13	3,08	3,05	2,98	2,96	2,92	2,89	2,87	0,99	
1,41	1,40	1,39	1,38	1,37	1,37	1,36	1,36	1,35	1,35	1,34	1,34	0,75	16
1,94	1,89	1,87	1,84	1,81	1,79	1,78	1,76	1,75	1,74	1,73	1,72	0,90	
2,35	2,28	2,24	2,19	2,15	2,12	2,11	2,07	2,06	2,04	2,02	2,01	0,95	
3,41	3,26	3,18	3,10	3,02	2,97	2,93	2,86	2,84	2,81	2,78	2,75	0,99	
1,40	1,39	1,38	1,37	1,36	1,35	1,35	1,34	1,34	1,34	1,33	1,33	0,75	17
1,91	1,86	1,84	1,81	1,78	1,76	1,75	1,73	1,72	1,71	1,69	1,69	0,90	
2,31	2,23	2,19	2,15	2,10	2,08	2,06	2,02	2,01	1,99	1,97	1,96	0,95	
3,31	3,16	3,08	3,00	2,92	2,87	2,83	2,76	2,75	2,71	2,68	2,65	0,99	
1,39	1,38	1,37	1,36	1,35	1,34	1,34	1,33	1,33	1,32	1,32	1,32	0,75	18
1,89	1,84	1,81	1,78	1,75	1,74	1,72	1,70	1,69	1,68	1,67	1,66	0,90	
2,27	2,19	2,15	2,11	2,06	2,04	2,02	1,98	1,97	1,95	1,93	1,92	0,95	
3,23	3,08	3,00	2,92	2,84	2,78	2,75	2,68	2,66	2,62	2,59	2,57	0,99	
1,38	1,37	1,36	1,35	1,34	1,33	1,33	1,32	1,32	1,31	1,31	1,30	0,75	19
1,86	1,81	1,79	1,76	1,73	1,71	1,70	1,67	1,67	1,65	1,64	1,63	0,90	
2,23	2,16	2,11	2,07	2,03	2,00	1,98	1,94	1,93	1,91	1,89	1,88	0,95	
3,15	3,00	2,92	2,84	2,76	2,71	2,67	2,60	2,58	2,55	2,51	2,49	0,99	
1,37	1,36	1,35	1,34	1,33	1,33	1,32	1,31	1,31	1,30	1,30	1,29	0,75	20
1,84	1,79	1,77	1,74	1,71	1,69	1,68	1,65	1,64	1,63	1,62	1,61	0,90	
2,20	2,12	2,08	2,04	1,99	1,97	1,95	1,91	1,90	1,88	1,86	1,84	0,95	
3,09	2,94	2,86	2,78	2,69	2,64	2,61	2,54	2,52	2,48	2,44	2,42	0,99	

Nenner-*df*	Fläche	\multicolumn{12}{l}{Zähler-*df*}											
		1	2	3	4	5	6	7	8	9	10	11	12
22	0,75	1,40	1,48	1,47	1,45	1,44	1,42	1,41	1,40	1,39	1,39	1,38	1,37
	0,90	2,95	2,56	2,35	2,22	2,13	2,06	2,01	1,97	1,93	1,90	1,88	1,86
	0,95	4,30	3,44	3,05	2,82	2,66	2,55	2,46	2,40	2,34	2,30	2,26	2,23
	0,99	7,95	5,72	4,82	4,31	3,99	3,76	3,59	3,45	3,35	3,26	3,18	3,12
24	0,75	1,39	1,47	1,46	1,44	1,43	1,41	1,40	1,39	1,38	1,38	1,37	1,36
	0,90	2,93	2,54	2,33	2,19	2,10	2,04	1,98	1,94	1,91	1,88	1,85	1,83
	0,95	4,26	3,40	3,01	2,78	2,62	2,51	2,42	2,36	2,30	2,25	2,21	2,18
	0,99	7,82	5,61	4,72	4,22	3,90	3,67	3,50	3,36	3,26	3,17	3,09	3,03
28	0,75	1,38	1,46	1,45	1,43	1,41	1,40	1,39	1,38	1,37	1,36	1,35	1,34
	0,90	2,89	2,50	2,29	2,16	2,06	2,00	1,94	1,90	1,87	1,84	1,81	1,79
	0,95	4,20	3,34	2,95	2,71	2,56	2,45	2,36	2,29	2,24	2,19	2,15	2,12
	0,99	7,64	5,45	4,57	4,07	3,75	3,53	3,36	3,23	3,12	3,03	2,96	2,90
30	0,75	1,38	1,45	1,44	1,42	1,41	1,39	1,38	1,37	1,36	1,35	1,35	1,34
	0,90	2,88	2,49	2,28	2,14	2,05	1,98	1,93	1,88	1,85	1,82	1,79	1,77
	0,95	4,17	3,32	2,92	2,69	2,53	2,42	2,33	2,27	2,21	2,16	2,13	2,09
	0,99	7,56	5,39	4,51	4,02	3,70	3,47	3,30	3,17	3,07	2,98	2,91	2,84
40	0,75	1,36	1,44	1,42	1,40	1,39	1,37	1,36	1,35	1,34	1,33	1,32	1,31
	0,90	2,84	2,44	2,23	2,09	2,00	1,93	1,87	1,83	1,79	1,76	1,73	1,71
	0,95	4,08	3,23	2,84	2,61	2,45	2,34	2,25	2,18	2,12	2,08	2,04	2,00
	0,99	7,31	5,18	4,31	3,83	3,51	3,29	3,12	2,99	2,89	2,80	2,73	2,66
60	0,75	1,35	1,42	1,41	1,38	1,37	1,35	1,33	1,32	1,31	1,30	1,29	1,29
	0,90	2,79	2,39	2,18	2,04	1,95	1,87	1,82	1,77	1,74	1,71	1,68	1,66
	0,95	4,00	3,15	2,76	2,53	2,37	2,25	2,17	2,10	2,04	1,99	1,95	1,92
	0,99	7,08	4,98	4,13	3,65	3,34	3,12	2,95	2,82	2,72	2,63	2,56	2,50
120	0,75	1,34	1,40	1,39	1,37	1,35	1,33	1,31	1,30	1,29	1,28	1,27	1,26
	0,90	2,75	2,35	2,13	1,99	1,90	1,82	1,77	1,72	1,68	1,65	1,62	1,60
	0,95	3,92	3,07	2,68	2,45	2,29	2,17	2,09	2,02	1,96	1,91	1,87	1,83
	0,99	6,85	4,79	3,95	3,48	3,17	2,96	2,79	2,66	2,56	2,47	2,40	2,34
200	0,75	1,33	1,39	1,38	1,36	1,34	1,32	1,31	1,29	1,28	1,27	1,26	1,25
	0,90	2,73	2,33	2,11	1,97	1,88	1,80	1,75	1,70	1,66	1,63	1,60	1,57
	0,95	3,89	3,04	2,65	2,42	2,26	2,14	2,06	1,98	1,93	1,88	1,84	1,80
	0,99	6,76	4,71	3,88	3,41	3,11	2,89	2,73	2,60	2,50	2,41	2,34	2,27
∞	0,75	1,32	1,39	1,37	1,35	1,33	1,31	1,29	1,28	1,27	1,25	1,24	1,24
	0,90	2,71	2,30	2,08	1,94	1,85	1,77	1,72	1,67	1,63	1,60	1,57	1,55
	0,95	3,84	3,00	2,60	2,37	2,21	2,10	2,01	1,94	1,88	1,83	1,79	1,75
	0,99	6,63	4,61	3,78	3,32	3,02	2,80	2,64	2,51	2,41	2,32	2,25	2,18

Zähler-df												Fläche	Nenner-df
15	20	24	30	40	50	60	100	120	200	500	∞		
1,36	1,34	1,33	1,32	1,31	1,31	1,30	1,30	1,30	1,29	1,29	1,28	0,75	22
1,81	1,76	1,73	1,70	1,67	1,65	1,64	1,61	1,60	1,59	1,58	1,57	0,90	
2,15	2,07	2,03	1,98	1,94	1,91	1,89	1,85	1,84	1,82	1,80	1,78	0,95	
2,98	2,83	2,75	2,67	2,58	2,53	2,50	2,42	2,40	2,36	2,33	2,31	0,99	
1,35	1,33	1,32	1,31	1,30	1,29	1,29	1,28	1,28	1,27	1,27	1,26	0,75	24
1,78	1,73	1,70	1,67	1,64	1,62	1,61	1,58	1,57	1,56	1,54	1,53	0,90	
2,11	2,03	1,98	1,94	1,89	1,86	1,84	1,80	1,79	1,77	1,75	1,73	0,95	
2,89	2,74	2,66	2,58	2,49	2,44	2,40	2,33	2,31	2,27	2,24	2,21	0,99	
1,33	1,31	1,30	1,29	1,28	1,27	1,27	1,26	1,25	1,25	1,24	1,24	0,75	28
1,74	1,69	1,66	1,63	1,59	1,57	1,56	1,53	1,52	1,50	1,49	1,48	0,90	
2,04	1,96	1,91	1,87	1,82	1,79	1,77	1,73	1,71	1,69	1,67	1,65	0,95	
2,75	2,60	2,52	2,44	2,35	2,30	2,26	2,19	2,17	2,13	2,09	2,06	0,99	
1,32	1,30	1,29	1,28	1,27	1,26	1,26	1,25	1,24	1,24	1,23	1,23	0,75	30
1,72	1,67	1,64	1,61	1,57	1,55	1,54	1,51	1,50	1,48	1,47	1,46	0,90	
2,01	1,93	1,89	1,84	1,79	1,76	1,74	1,70	1,68	1,66	1,64	1,62	0,95	
2,70	2,55	2,47	2,39	2,30	2,25	2,21	2,13	2,11	2,07	2,03	2,01	0,99	
1,30	1,28	1,26	1,25	1,24	1,23	1,22	1,21	1,21	1,20	1,19	1,19	0,75	40
1,66	1,61	1,57	1,54	1,51	1,48	1,47	1,43	1,42	1,41	1,39	1,38	0,90	
1,92	1,84	1,79	1,74	1,69	1,66	1,64	1,59	1,58	1,55	1,53	1,51	0,95	
2,52	2,37	2,29	2,20	2,11	2,06	2,02	1,94	1,92	1,87	1,83	1,80	0,99	
1,27	1,25	1,24	1,22	1,21	1,20	1,19	1,17	1,17	1,16	1,15	1,15	0,75	60
1,60	1,54	1,51	1,48	1,44	1,41	1,40	1,36	1,35	1,33	1,31	1,29	0,90	
1,84	1,75	1,70	1,65	1,59	1,56	1,53	1,48	1,47	1,44	1,41	1,39	0,95	
2,35	2,20	2,12	2,03	1,94	1,88	1,84	1,75	1,73	1,68	1,63	1,60	0,99	
1,24	1,22	1,21	1,19	1,18	1,17	1,16	1,14	1,13	1,12	1,11	1,10	0,75	120
1,55	1,48	1,45	1,41	1,37	1,34	1,32	1,27	1,26	1,24	1,21	1,19	0,90	
1,75	1,66	1,61	1,55	1,50	1,46	1,43	1,37	1,35	1,32	1,28	1,25	0,95	
2,19	2,03	1,95	1,86	1,76	1,70	1,66	1,56	1,53	1,48	1,42	1,38	0,99	
1,23	1,21	1,20	1,18	1,16	1,14	1,12	1,11	1,10	1,09	1,08	1,06	0,75	200
1,52	1,46	1,42	1,38	1,34	1,31	1,28	1,24	1,22	1,20	1,17	1,14	0,90	
1,72	1,62	1,57	1,52	1,46	1,41	1,39	1,32	1,29	1,26	1,22	1,19	0,95	
2,13	1,97	1,89	1,79	1,69	1,63	1,58	1,48	1,44	1,39	1,33	1,28	0,99	
1,22	1,19	1,18	1,16	1,14	1,13	1,12	1,09	1,08	1,07	1,04	1,00	0,75	∞
1,49	1,42	1,38	1,34	1,30	1,26	1,24	1,18	1,17	1,13	1,08	1,00	0,90	
1,67	1,57	1,52	1,46	1,39	1,35	1,32	1,24	1,22	1,17	1,11	1,00	0,95	
2,04	1,88	1,79	1,70	1,59	1,52	1,47	1,36	1,32	1,25	1,15	1,00	0,99	

Tabelle F: *Q*-Tabelle für den Tukey HSD-Test

(Quelle: Glass, G. V., & Stanley, J. C. (1970). *Statistical methods in education and psychology* (p. 530–532). Englewood Cliffs: Prentice-Hall.)

1. *r* in einer einfaktoriellen Varianzanalyse = Anzahl Stufen; $r = p$
2. *r* in einer zweifaktoriellen Varianzanalyse:
    - Haupteffekt A: r = Anzahl Stufen des Faktors A; $r = p$
    - Haupteffekt B: r = Anzahl Stufen des Faktors B; $r = q$
    - Wechselwirkung A×B: r = Anzahl Stufen auf A × Anzahl Stufen auf B; $r = p \times q$

Error *df*	α	Anzahl Mittelwerte *r*									
		2	3	4	5	6	7	8	9	10	11
2	0,05	6,08	8,33	9,80	10,90	11,70	12,40	13,00	13,50	14,00	14,40
	0,01	14,00	19,00	22,30	24,70	26,60	28,20	29,50	30,70	31,70	32,60
3	0,05	4,50	5,91	6,82	7,50	8,04	8,48	8,85	9,18	9,46	9,72
	0,01	8,26	10,60	12,20	13,30	14,20	15,00	15,60	16,20	16,70	17,80
4	0,05	3,93	5,04	5,76	6,29	6,71	7,05	7,35	7,60	7,83	8,03
	0,01	6,51	8,12	9,17	9,96	10,6	11,10	11,50	11,90	12,30	12,60
5	0,05	3,64	4,60	5,22	5,67	6,03	6,33	6,58	6,80	6,99	7,17
	0,01	5,70	6,98	7,80	8,42	8,91	9,32	9,67	9,97	10,24	10,48
6	0,05	3,46	4,34	4,90	5,30	5,63	5,90	6,12	6,32	6,49	6,65
	0,01	5,24	6,33	7,03	7,56	7,97	8,32	8,61	8,87	9,10	9,30
7	0,05	3,34	4,16	4,68	5,06	5,36	5,61	5,82	6,00	6,16	6,30
	0,01	4,95	5,92	6,54	7,01	7,37	7,68	7,94	8,17	8,37	8,55
8	0,05	3,26	4,04	4,53	4,89	5,17	5,40	5,6	5,77	5,92	6,05
	0,01	4,75	5,64	6,20	6,62	6,96	7,24	7,47	7,68	7,86	8,03
9	0,05	3,20	3,95	4,41	4,76	5,02	5,24	5,43	5,59	5,74	5,87
	0,01	4,60	5,43	5,96	6,35	6,66	6,91	7,13	7,33	7,49	7,65
10	0,05	3,15	3,88	4,33	4,65	4,91	5,12	5,30	5,46	5,60	5,72
	0,01	4,48	5,27	5,77	6,14	6,43	6,67	6,87	7,05	7,21	7,36
11	0,05	3,11	3,82	4,26	4,57	4,82	5,03	5,20	5,35	5,49	5,61
	0,01	4,39	5,15	5,62	5,97	6,25	6,48	6,67	6,84	6,99	7,13
12	0,05	3,08	3,77	4,20	4,51	4,75	4,95	5,12	5,27	5,20	5,31
	0,01	4,32	5,05	5,50	5,84	6,10	6,32	6,51	6,67	6,44	6,55
13	0,05	3,06	3,73	4,15	4,45	4,69	4,88	5,05	5,19	5,15	5,26
	0,01	4,26	4,96	5,40,	5,73	5,98	6,19	6,37	6,53	6,35	6,46
14	0,05	3,03	3,70	4,11	4,41	4,64	4,83	4,99	5,13	5,11	5,21
	0,01	4,21	4,89	5,32	5,63	5,88	6,08	6,26	6,41	6,27	6,38
15	0,05	3,01	3,67	4,08	4,37	4,59	4,78	4,94	5,08	5,07	5,17
	0,01	4,17	4,84	5,25	5,56	5,80	5,99	6,16	6,31	6,20	6,31

Error df	α	Anzahl Mittelwerte r									
		2	3	4	5	6	7	8	9	10	11
16	0,05	3,00	3,65	4,05	4,33	4,56	4,74	4,90	5,03	5,04	5,14
	0,01	4,13	4,79	5,19	5,49	5,72	5,92	6,08	6,22	6,14	6,25
17	0,05	2,98	3,63	4,02	4,30	4,52	4,70	4,86	4,99	5,01	5,11
	0,01	4,10	4,74	5,14	5,43	5,66	5,85	6,01	6,15	6,09	6,19
18	0,05	2,97	3,61	4,00	4,28	4,49	4,67	4,82	4,96	4,92	5,01
	0,01	4,07	4,70	5,09	5,38	5,60	5,79	5,94	6,08	5,92	6,02
19	0,05	2,96	3,59	3,98	4,25	4,47	4,65	4,79	4,92	4,82	4,92
	0,01	4,05	4,67	5,05	5,33	5,55	5,73	5,89	6,02	5,76	5,85
20	0,05	2,95	3,58	3,96	4,23	4,45	4,62	4,77	4,90	4,73	4,82
	0,01	4,02	4,64	5,02	5,29	5,51	5,69	5,84	5,97	5,60	5,69
24	0,05	2,92	3,53	3,90	4,17	4,37	4,54	4,68	4,81	4,65	4,73
	0,01	3,96	4,55	4,91	5,17	5,37	5,54	5,69	5,81	5,45	5,53
30	0,05	2,89	3,49	3,85	4,10	4,30	4,46	4,60	4,72	4,56	4,64
	0,01	3,89	4,45	4,80	5,05	5,24	5,40	5,54	5,65	5,30	5,37
40	0,05	2,86	3,44	3,79	4,04	4,23	4,39	4,52	4,63	4,47	4,55
	0,01	3,82	4,37	4,70	4,93	5,11	5,26	5,39	5,50	5,16	5,23
60	0,05	2,83	3,4	3,74	3,98	4,16	4,31	4,44	4,55	5,20	5,31
	0,01	3,76	4,28	4,59	4,82	4,99	5,13	5,25	5,36	6,44	6,55
120	0,05	2,80	3,36	3,68	3,92	4,10	4,24	4,36	4,47	5,15	5,26
	0,01	3,70	4,20	4,50	4,71	4,87	5,01	5,12	5,21	6,35	6,46
∞	0,05	2,77	3,31	3,63	3,86	4,03	4,17	4,29	4,39	5,11	5,21
	0,01	3,64	4,12	4,40	4,60	4,76	4,88	4,99	5,08	6,27	6,38

Tabelle G: *U*-Test Tabellen

(Quelle: Clauss, G. & Ebner, H. (1971). *Grundlagen der Statistik* (S. 345–349). Frankfurt a.M.: Harri Deutsch.)

Wahrscheinlichkeitsfunktionen für den *U*-Test von Mann und Whitney

U	n_1:	$n_2 = 3$			$n_2 = 4$			
		1	2	3	1	2	3	4
0		0,250	0,100	0,050	0,200	0,067	0,028	0,014
1		0,500	0,200	0,200	0,400	0,133	0,057	0,029
2		0,750	0,400	0,350	0,600	0,267	0,114	0,057
3			0,600	0,500		0,400	0,200	0,100
4				0,650		0,600	0,314	0,171
5							0,429	0,243
6							0,571	0,343
7								0,443
8								0,557

U	n_1:	$n_2 = 5$					$n_2 = 6$					
		1	2	3	4	5	1	2	3	4	5	6
0		0,167	0,047	0,018	0,008	0,004	0,143	0,036	0,012	0,005	0,002	0,001
1		0,333	0,095	0,036	0,016	0,008	0,286	0,071	0,024	0,010	0,004	0,002
2		0,400	0,190	0,071	0,032	0,016	0,428	0,143	0,048	0,019	0,009	0,004
3		0,667	0,286	0,125	0,056	0,028	0,571	0,214	0,083	0,033	0,015	0,008
4			0,429	0,196	0,095	0,048		0,321	0,131	0,057	0,026	0,013
5			0,571	0,286	0,143	0,075		0,429	0,190	0,086	0,041	0,021
6				0,393	0,206	0,111		0,571	0,274	0,129	0,062	0,032
7				0,500	0,278	0,155			0,357	0,176	0,089	0,047
8				0,607	0,365	0,210			0,452	0,238	0,123	0,066
9					0,452	0,274			0,548	0,305	0,165	0,090
10					0,548	0,345				0,381	0,214	0,120
11						0,421				0,457	0,268	0,155
12						0,500				0,545	0,331	0,197
13						0,579					0,396	0,242
14											0,465	0,294
15											0,535	0,350
16												0,409
17												0,469
18												0,531

U	n₁:	n₂ = 7							n₂ = 8							
		1	2	3	4	5	6	7	1	2	3	4	5	6	7	8
0		0,125	0,028	0,008	0,003	0,001	0,001	0,000	0,111	0,022	0,006	0,002	0,001	0,000	0,000	0,000
1		0,250	0,056	0,017	0,006	0,003	0,001	0,001	0,222	0,044	0,012	0,004	0,002	0,001	0,000	0,000
2		0,375	0,111	0,033	0,012	0,005	0,002	0,001	0,333	0,089	0,024	0,008	0,003	0,001	0,001	0,000
3		0,500	0,167	0,058	0,021	0,009	0,004	0,002	0,444	0,133	0,042	0,014	0,005	0,002	0,001	0,001
4		0,625	0,250	0,092	0,036	0,015	0,007	0,003	0,556	0,200	0,067	0,024	0,009	0,004	0,002	0,001
5			0,333	0,133	0,055	0,024	0,011	0,006		0,267	0,097	0,036	0,015	0,006	0,003	0,001
6			0,444	0,192	0,082	0,037	0,017	0,009		0,356	0,139	0,055	0,023	0,010	0,005	0,002
7			0,556	0,258	0,115	0,053	0,026	0,013		0,444	0,188	0,077	0,033	0,015	0,007	0,003
8				0,333	0,158	0,074	0,037	0,019		0,556	0,248	0,107	0,047	0,021	0,010	0,005
9				0,417	0,206	0,101	0,051	0,027			0,315	0,141	0,064	0,030	0,014	0,007
10				0,500	0,264	0,134	0,069	0,036			0,388	0,184	0,085	0,041	0,020	0,010
11				0,583	0,324	0,172	0,090	0,049			0,461	0,230	0,111	0,054	0,027	0,014
12					0,394	0,216	0,117	0,064			0,539	0,285	0,142	0,071	0,036	0,019
13					0,464	0,265	0,147	0,082				0,341	0,177	0,091	0,047	0,025
14					0,536	0,319	0,183	0,104				0,404	0,218	0,114	0,060	0,032
15						0,378	0,223	0,130				0,467	0,262	0,141	0,076	0,041
16						0,438	0,267	0,159				0,533	0,311	0,172	0,095	0,052
17						0,500	0,314	0,191					0,362	0,207	0,116	0,065
18						0,562	0,365	0,228					0,416	0,245	0,140	0,080
19							0,418	0,267					0,472	0,286	0,168	0,097
20							0,473	0,310					0,528	0,331	0,198	0,117
21							0,527	0,355						0,377	0,232	0,139
22							0,582	0,402						0,426	0,268	0,164
23								0,451						0,475	0,306	0,191
24								0,500						0,525	0,347	0,221
25								0,549							0,389	0,253
26								0,598							0,433	0,287
27															0,478	0,323
28															0,522	0,360
29															0,567	0,399
30																0,439
31																0,480
32																0,520

Kritische Werte für den Test von Mann und Whitney

Für den zweiseitigen Test bei α = 0,02; für den einseitigen Test bei α = 0,01:

n_1	n_2 9	10	11	12	13	14	15	16	17	18	19	20
1												
2					0	0	0	0	0	0	1	1
3	1	1	1	2	2	2	3	3	4	4	4	5
4	3	3	4	5	5	6	7	7	8	9	9	10
5	5	6	7	8	9	10	11	12	13	14	15	16
6	7	8	9	11	12	13	15	16	18	19	20	22
7	9	11	12	14	16	17	19	21	23	24	26	28
8	11	13	15	17	20	22	24	26	28	30	32	34
9	14	16	18	21	23	26	28	31	33	36	38	40
10	16	19	22	24	27	30	33	36	38	41	44	47
11	18	22	25	28	31	34	37	41	44	47	50	53
12	21	24	28	31	35	38	42	46	49	53	56	60
13	23	27	31	35	39	43	47	51	55	59	63	67
14	26	30	34	38	43	47	51	56	60	65	69	73
15	28	33	37	42	47	51	56	61	66	70	75	80
16	31	36	41	46	51	56	61	66	71	76	82	87
17	33	38	44	49	55	60	66	71	77	82	88	93
18	36	41	47	53	59	65	70	76	82	88	94	100
19	38	44	50	56	63	69	75	82	88	94	101	107
20	40	47	53	60	67	73	80	87	93	100	107	114

Für den zweiseitigen Test bei α = 0,05; für den einseitigen Test bei α = 0,025:

n_1	n_2 9	10	11	12	13	14	15	16	17	18	19	20
1												
2	0	0	0	1	1	1	1	1	2	2	2	2
3	2	3	3	4	4	5	5	6	6	7	7	8
4	4	5	6	7	8	9	10	11	11	12	13	13
5	7	8	9	11	12	13	14	15	17	18	19	20
6	10	11	13	14	16	17	19	21	22	24	25	27
7	12	14	16	18	20	22	24	26	28	30	32	34
8	15	17	19	22	24	26	29	31	34	36	38	41
9	17	20	23	26	28	31	34	37	39	42	45	48

n_1	n_2 9	10	11	12	13	14	15	16	17	18	19	20
10	20	23	26	29	33	36	39	42	45	48	52	55
11	23	26	30	33	37	40	44	47	51	55	58	62
12	26	29	33	37	41	45	49	53	57	61	65	69
13	28	33	37	41	45	50	54	59	63	67	72	76
14	31	36	40	45	50	55	59	64	67	74	78	83
15	34	39	44	49	54	59	64	70	75	80	85	90
16	37	42	47	53	59	64	70	75	81	86	92	98
17	39	45	51	57	63	67	75	81	87	93	99	105
18	42	48	55	61	67	74	80	86	93	99	106	112
19	45	52	58	65	72	78	85	92	99	106	113	119
20	48	55	62	69	76	83	90	98	105	112	119	127

Für den zweiseitigen Test bei $\alpha = 0,10$; für den einseitigen Test bei $\alpha = 0,05$:

n_1	n_2 9	10	11	12	13	14	15	16	17	18	19	20
1											0	0
2	1	1	1	2	2	2	3	3	3	4	4	4
3	3	4	5	5	6	7	7	8	9	9	10	11
4	6	7	8	9	10	11	12	14	15	16	17	18
5	9	11	12	13	15	16	18	19	20	22	23	25
6	12	14	16	17	19	21	23	25	26	28	30	32
7	15	17	19	21	24	26	28	30	33	35	37	39
8	18	20	23	26	28	31	33	36	39	41	44	47
9	21	24	27	30	33	36	39	42	45	48	51	54
10	24	27	31	34	37	41	44	48	51	55	58	62
11	27	31	34	38	42	46	50	54	57	61	65	69
12	30	34	38	42	47	51	55	60	64	68	72	77
13	33	37	42	47	51	56	61	65	70	75	80	84
14	36	41	46	51	56	61	66	71	77	82	87	92
15	39	44	50	55	61	66	72	77	83	88	94	100
16	42	48	54	60	65	71	77	83	89	95	101	107
17	45	51	57	64	70	77	83	89	96	102	109	115
18	48	55	61	68	75	82	88	95	102	109	116	123
19	51	58	65	72	80	87	94	101	109	116	123	130
20	54	62	69	77	84	92	100	107	115	123	130	138

Kritische Werte für den Wilcoxon-Test

Fehlerwahrscheinlichkeit α für den einseitigen Test									
	0,025	0,01	0,005				0,025	0,01	0,005
Fehlerwahrscheinlichkeit α für den zweiseitigen Test									
n	0,05	0,02	0,01			*n*	0,05	0,02	0,01
6	0					16	30	24	20
7	2	0				17	35	28	23
8	4	2	0			18	40	33	28
9	6	3	2			19	46	38	32
10	8	5	3			20	52	43	38
11	11	7	5			21	59	49	43
12	14	10	7			22	66	56	49
13	17	13	10			23	73	62	55
14	21	16	13			24	81	69	61
15	25	20	16			25	89	77	68

Tabelle H: Chi-Quadrat-Verteilung (χ^2-Verteilung)

(Quelle: Hays, W. L. & Winkler, R. L. (1970). *Statistics, Vol. I.* (pp. 604–605). New York: Holt, Rinehart and Winston.)

Fläche df	0,005	0,01	0,025	0,05	0,1	0,250	0,500
1			0,001	0,004	0,016	0,101	0,455
2	0,010	0,020	0,051	0,103	0,211	0,575	1,386
3	0,072	0,115	0,216	0,352	0,584	1,212	2,366
4	0,207	0,297	0,484	0,711	1,064	1,923	3,357
5	0,412	0,554	0,831	1,145	1,610	2,675	4,351
6	0,676	0,872	1,237	1,635	2,204	3,455	5,348
7	0,989	1,239	1,690	2,167	2,833	4,250	6,346
8	1,344	1,646	2,180	2,733	3,490	5,071	7,344
9	1,735	2,088	2,700	3,325	4,168	5,899	8,343
10	2,156	2,558	3,247	3,940	4,865	6,737	9,342
11	2,603	3,053	3,816	4,575	5,578	7,584	10,341
12	3,074	3,571	4,404	5,226	6,304	8,438	11,340
13	3,565	4,107	5,009	5,892	7,042	9,299	12,340
14	4,075	4,660	5,629	6,571	7,790	10,165	13,339
15	4,601	5,229	6,262	7,261	8,547	11,037	14,339
16	5,142	5,812	6,908	7,962	9,312	11,912	15,339
17	5,697	6,408	7,564	8,672	10,085	12,792	16,338
18	6,265	7,015	8,231	9,390	10,865	13,675	17,338
19	6,844	7,633	8,907	10,117	11,651	14,562	18,338
20	7,434	8,260	9,591	10,851	12,443	15,452	19,337
21	8,034	8,897	10,283	11,591	13,240	16,344	20,337
22	8,643	9,542	10,982	12,338	14,041	17,240	21,337
23	9,260	10,196	11,689	13,091	14,848	18,137	22,337
24	9,886	10,856	12,401	13,848	15,659	19,037	23,337
25	10,520	11,524	13,120	14,611	16,473	19,939	24,337
26	11,160	12,198	13,844	15,379	17,292	20,843	25,336
27	11,808	12,879	14,573	16,151	18,114	21,749	26,336
28	12,461	13,565	15,308	16,928	18,939	22,657	27,336
29	13,121	14,256	16,047	17,708	19,768	23,567	28,336
30	13,787	14,953	16,791	18,493	20,599	24,478	29,336
40	20,707	22,164	24,433	26,509	29,051	33,660	39,335
50	27,991	29,707	32,357	34,764	37,689	42,942	49,335
60	35,534	37,485	40,482	43,188	46,459	52,293	59,335
70	43,275	45,442	48,758	51,739	55,329	61,698	69,334
80	51,172	53,540	57,153	60,391	64,278	71,145	79,334
90	59,196	61,754	65,647	69,126	73,291	80,624	89,334
100	67,328	70,065	74,222	77,929	82,358	90,133	99,334
z	-2,576	-2,326	-1,960	-1,645	-1,282	-0,675	0,000

Übersicht über die Korrelationstechniken

In Kapitel 4 haben wir die drei wichtigsten Korrelationstechniken – Produkt-Moment-Korrelation, punktbiseriale Korrelation und Rangkorrelation – kennen gelernt. Damit sind aber nicht alle Kombinationsmöglichkeiten von Skalenniveaus der beteiligten Variablen abgedeckt. In der folgenden Tabelle findet sich ein Überblick über weitere Fälle. Kapitel 9.3.1 in Band II stellt den Phi-Koeffizienten als Zusammenhangsmaß für nominalskalierte Daten vor. Die hier nicht besprochene Technik der punktbiserialen Rangkorrelation finden Sie im Lehrbuch von Bortz & Schuster (2010).

	Intervallskala	Rangskala	Nominalskala (dochotom)
Intervallskala	Produkt-Moment-Korrelation	Rangkorrelation	Punktbiseriale Korrelation
Rangskala		Rangkorrelation	Punktbiseriale Rangkorrelation
Nominalskala (dichotom)			Phi-Koeffizient

Literaturverzeichnis

Die folgenden Literaturquellen bilden den theoretischen Unterbau dieses Buches. Auf die sonst üblichen Zitierungen im Text haben wir aus Gründen der Lesefreundlichkeit weitgehend verzichtet.

Backhaus, K., Erichson, B., Plinke, W., & Weber, R. (2006). *Multivariate Analysemethoden. Eine anwendungsorientierte Einführung* (11. Aufl.). Berlin: Springer.

Bortz, J., & Schuster, C. (2010). *Statistik für Human- und Sozialwissenschaftler* (7. Aufl.). Heidelberg: Springer.

Bortz, J., Lienert, G. A., & Boehnke, K. (1990). *Verteilungsfreie Verfahren in der Biostatistik*. Heidelberg: Springer.

Box, G. E. P. (1954). Some theorems on quadratic forms applied in the study of analysis of variance problems, II. effects of inequality of variance and of correlation between errors in the two-way classification. *Annals of Mathematical Statistics*, 25, 484–498.

Buchner, A., Erdfelder, E., & Faul, F. (1996). Teststärkeanalysen. In: E. Erdfelder, R. Mausfeld, T. Meiser & G. Rudinger (Hrsg.), *Handbuch Quantitative Methoden* (S.123–136). Weinheim: Psychologie Verlags Union.

Cohen, J. (1962). The statistical power of abnormal-social psychological research: A review. *Journal of Abnormal and Social Psychology*, 65, 145–153.

Cohen, J. (1988). Statistical power analysis for the behavioral sciences. Hillsdale: Erlbaum.

Craik, F. I., & Lockhard, R. S. (1972). Levels of processing: A framework for memory research. *Journal of Verbal Learning and Verbal Behavior*, 11, 671–684.

Fahrmeir, L., Künstler, R., Pigeot, I., & Tutz, G. (2004). *Statistik. Der Weg zur Datenanalyse* (5. Aufl.). Berlin: Springer.

Fallik, F., & Brown, B. (1983). Statistics for the behavioral sciences. Homewood: The Dorsey Press.

Faul, F., Erdfelder, E., Lang, A.-G., & Buchner, A. (2007). G*Power 3: A flexible statistical power analysis program for the social, behavioral, and biomedical sciences. *Behavior Research Methods*, 39, 175–191.

Geisser, S., & Greenhouse, S. W. (1958). An extension of Box's results on the use of the f-distribution in multivariate analysis. *Annals of Mathematical Statistics*, 29, 885–891.

Gilbert, D. T., Pinel, E. C., Wilson, T. D., Blumberg, S. J., & Wheatley, T. P. (1998). Immune neglect: A source of durability bias in affective forecasting. *Journal of Personality and Social Psychology*, 75, 617–638.

Hays, W. L. (1994). *Statistics* (5th ed.). Fort Worth: Holt, Rinehart and Winston.

Huynh, H., & Feldt, L. S. (1976). Estimation of the box correction for degrees of freedom from sample data in randomized block and split plot designs. *Journal of Educational Statistics*, 1, 69–82.

Lehmann, E. L. (1975). *Nonparametrics: Statistical methods based on ranks*. San Francisco: Holden-Day.

Naumann, E., & Gollwitzer, M. (1997). *Quantitative Methoden in der Psychologie (1)* (2. Aufl.). Trier: Universität Trier.

Naumann, E., & Gollwitzer, M. (1998). *Quantitative Methoden in der Psychologie (2)* (2. Aufl.). Trier: Universität Trier.

Rosenthal, R. (1994). Parametric measures of effect size. In: H. Cooper & L. Hedges (Eds.), *The handbook of research synthesis*. New York: Russel Sage Foundation.

Rosnow, R. L., & Rosenthal, R. (1989). Statistical procedures and the justification of knowledge in psychological science. *American Psychologist*, 44, 1276–1284.

Sedlmeier, P., & Gigerenzer, G. (1989). Do studies of statistical power have an effect on the power of studies? *Psychological Bulletin*, 105, 309–316.

Stevens, J. (1996). *Applied multivariate statistics for the social sciences* (3rd ed.). Mahwah: Lawrence Erlbaum.

Steyer, R., & Eid, M. (1993). *Messen und Testen*. Berlin: Springer.

Vaughan, E. D. (1998). *Statistics: Tools for understanding data in the behavioral sciences*. Upper Saddle River: Prentice Hall.

Vaughan, R. J. (1998). *Communicating social science research to policymakers*. Thousand Oaks: Sage.

Westermann, R. (2000). *Wissenschaftstheorie und Experimentalmethodik. Ein Lehrbuch zur Psychologischen Methodenlehre*. Göttingen: Hogrefe.

Stichwortverzeichnis